FAMILY POLICY

가족정책론

FAMILY POLICY

가족정책론

권금주 지음

(주)교 문 사

머리말

가족은 사회가 변화함에 따라 직·간접적으로 영향을 받는 유기체와 같은 존재이다. 따라서 과거에 비해 급변하는 현대사회에서는 다양한 가족유형이 등장하고 있으며, 가족 구성원 개별 욕구도 다양하게 표출되고 있다. 특히 현대에 들어서는 지식기반사회의 변화 속에서 글로벌 경제의 양극화 및 유연적 문화의 확대로 출산 기피, 경제적 빈곤 및 가족부양 부담 등의 문제를 가족 스스로가 해결하지 못하고 위기상황에 몰려 가족이 해체되는 등, 가족문제가 증가하고 있다.

가족은 사회 구조의 기본이며 동시에 사회 유지의 필수적 요소이다. 현대 사회구조적 환경에서 개별 가족 차원에서의 대응은 많은 한계가 있다는 것이 인지되고 있으며, 국가적 차원의 가족정책 필요성이 그 어느 때보다도 요구되고 있다. 따라서 사회는 가족의 위기 문제 또는 기능 약화에 관심을 갖고 적절한 대응책을 마련하고 지원할 필요가 있다.

우리나라는 저출산과 고령화사회로 급변하면서 가족정책의 공감대가 확대되기 시작하였고, 2006년부터 제1차 저출산·고령화사회기본계획(새로마지플랜2010)을 시작으로, 2011년 제2차 저출산·고령화사회기본계획(새로마지플랜2015)을 마련하여, 그 어느 때와 견줄 수 없을 만큼 적극적으로 가족정책을 실시하고 있다. 그러나 정책의 시행에 앞서 문제를 진단하고 문제를 해결하는 가족정책의 방향 및 관점에 대한 논의는 간과되고 있으며, 각 관련 부처와의 체계적 협조, 그리고 공사 영역 간의 공감대 형성과 적극적 참여가 미흡한 실정이어서, 현 가족정책을 좀 더 폭넓고 다양한 측면에서 공감하고 상호 협조하며 실천하는 노력이 필요하다. 그러기 위해서는 현 사회에서 가족정책이 왜 필요하며, 필요하다면 어떻게 정책을 실시해야 바람직한지 이해하고 분석할 수 있는 장이 마련되어야 할 것이다.

본 저서는 위와 같은 필요성에 의해 미력하나마 가족정책에 대한 관심을 확대하고 이해를 높이고자 하는 목적을 갖고, 가족정책에 관심을 갖고 있지만 가족정책에 대해 전반적인 이해가 필요한 독자를 대상으로 가족정책이 무엇이며, 어떤 관점에서 가족정책을 보아야 하며, 구체적으로 가족정책에는 무엇이 있는지 소개하고 분석하는 내용으로 구성되었다.

이를 위해, 먼저 가족정책이 중요하게 부각된 사회변화를 이해하고 그 속에서 가족은 어떤 변화를 겪었는지 알아보고자 한다. 그와 동시에, 가족정책의 기본적 이론과 개념, 그리고 범주를 설명한 후, 현 사회에서 가족구성원 모두가 일과 가정을 양립할 수 있는 가족친화 정책에 대해 살펴보고자 한다.

두 번째로, 정책은 법과 맞물려 시행된다는 점에서 가족과 관련된 법에 대해 기초적인 이해를 도모하고, 외국의 가족정책을 먼저 살펴보아 우리의 가족정책과 비교할 수 있는 시야를 갖고자 하며, 우리나라 가족실태에 대해 최근 조사된 결과를 중심으로 주요 내용을 살펴보고자 한다.

마지막으로, 다양한 가족정책 가운데 주요한 정책 7개의 주제를 선택하여 살펴보고자 한다. 저출산 및 보육문제, 가족의 빈곤과 폭력 문제, 한부모, 조손, 다문화 등 다양한 가족유형들이 갖는 문제를 중심으로 각 주제의 개념과 현재 우리나라에서 시행되고 있는 정책 내용을 알아보고 평가하면서, 앞으로 담아야 할 바람직한 방향과 정책 내용은 무엇인지 생각해 보고자 한다.

이 책을 통해서, 독자들이 현대사회 가족의 다양성을 수용하면서 어떤 가족도 사회로부터 배제시키지 않는 포괄적이고 통합적인 관점을 갖게 되고, 더 나아가 모든 가족구성원이 건강한 가족을 유지하면서 일도 양립할 수 있도록 하는 가족정책에 관심을 갖고, 더 깊이 있는 공부와 실천을 할 수 있기를 바란다.

끝으로 이 책을 출간하는 데 여러 가지로 애를 써 주신 정명희 선생님과 (주)교문사의 류제동 사장님 및 관계자에게 감사의 마음을 전한다.

2011년 8월

저자

차 례

Chapter

6

외국의 가족 정책

Chapter

7

우리나라 가족실태

Chapter 12

한부모 가족 정책

Contents

Chapter 13

조손 가족 정책

Chapter 14

다문화 가족 정책

1 Chapter

사회와 가족의 변화

1. 사회 변화 전망
2. 가족의 변화

Chapter 1 사회와 가족의 변화

가족은 사회의 기초라고 말한다. 따라서 건강한 가족생활이 유지될 때 사회도 건강할 수 있다. 즉, 가족과 사회는 상호연관되어 영향을 주고받는다고 할 수 있다. 그러므로 먼저 가족과 관련하여 현대사회는 어떤 양상을 보이며, 이와 같은 사회변화 속에서 가족은 어떻게 변화되었는지 살펴볼 필요가 있다. 특히 산업사회를 지나 정보화 시대라 일컬어지는 현대사회에서 사회는 어떻게 변화되고 있으며, 그 변화 안에 가족은 어떤 변화를 초래하고 있는지 알아보도록 한다.

1. 사회 변화 전망

1) 사회의 양극화 심화

이제 글로벌 시대라는 말이 낯설지 않을 만큼 현대사회는 국내 경쟁이 아닌 세계경쟁의 시대가 되었다. 즉, 세계시장주의 확대로 치열한 경쟁도구에 놓여 있게 되었다. 세계화 추세 속에 세계경제화의 경쟁이 불가피하게 되어 있고, 그래서 무한경쟁

시스템에 노출되는 상태에서 국가와 국가, 기업과 기업 간의 경쟁뿐 아니라, 사람과 사람 간에도 경쟁이 심화되면서 우리 사회는 양극화라는 말이 흔하게 등장하고 있다. 양극화는 크게 계층과 소득의 양극화, 그리고 인적자본 투자 및 사회적 자본의 획득 기회의 양극화로 나눠볼 수 있다.

첫째, 앞으로 우리 사회는 계층과 소득의 양극화가 심해질 것이다. 경제협력개발기구인 OECD 기준으로 2009년 우리나라의 중산층은 66.7%로 발표되었는데, 2003년 조사에서는 70.1%였다. 즉, 중산층이 6년 만에 3.4%가 감소하였고, 같은 기간 상류층은 1.9%, 빈곤층은 1.5% 증가하는 등 해마다 계층 간 격차가 심해지고 있다. 이와 같은 결과로 고숙련·고임금, 저숙련·저임금의 일자리 양극화가 고숙련 근로자와 그렇지 못한 계층 간의 소득격차를 낳고 그 결과 지위의 양극화가 두드러지게 나타나고 있다.

이와 같은 저숙련·저임금의 일자리는 주로 하위직종과 소규모 사업체에서 일하는 여성과 고령자, 그리고 최근에는 외국인 거주자, 청년실업자들도 이 대열에 포함되어 근로 빈곤층 또는 신빈곤층이 등장했으며, 이들은 일자리를 보장받지 못하는 비정규직, 일하지만 가난한 근로 빈곤층인 워킹푸어(Working Poor)가 될 가능성이 높다. 사회정책을 통해 빈곤으로 떨어지는 것을 막기 위한 4대 사회보장이 실시되고 있지만 저숙련·저임금을 받는 노동자들은 직업의 단절, 보험 가입 비율의 저조 등으로 사회 안전망의 보호조차도 쉽지 않다.

둘째, 계층과 소득의 양극화는 다시 인적투자의 격차 및 사회적 자본획득의 기회를 심화시키는 결과를 가져오고 있다. 통계청(2009)이 발표한 '한국의 사회동향 2009' 에 따르면 학생 1인당 월평균 사교육비 지출액이 월소득 100만 원 미만에서는 5만 4천 원이지만 700만 원 이상의 소득 가구에서는 47만 4천 원으로 약 9배의 격차가 발생하고 있어 계층과 소득 간 양극화는 인적투자와 사회적 자본 획득의 기회까지도 격차가 벌어지게 하고 있다. 이 격차를 소득 5분위 비율로 보면 2009년 1/4분기 도시 근로자 가구(2인 이상)의 소득 상위 20%(5분위) 가구는 월평균 교육비로 71만 5천 308원을 지출하지만 소득 하위 20% 가구(1분위)는 16만 5천 842원을 지출하여 상위 20%가 4.31배 더 많았으며, 이 격차는 그림 1-1에서 보듯이 해마다 점점 그 차이가 넓어지고 있다.

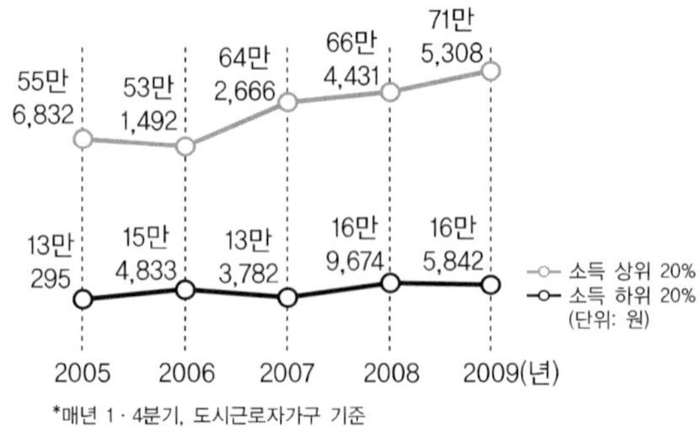

그림 1-1 소득 상 · 하위 20% 교육비 지출 규모

자료 : 경향신문(2009. 6. 4)

이와 같은 인적자원의 투자의 양극화는 당연히 사회에서 유리한 위치를 선점하게 되어 소득계층별로 자본을 보다 많이 가지고 있는 상위집단이 질 높은 정보를 획득하게 되고, 그로 인해 보다 더 유리한 위치를 선점하는 등 불평등한 구조를 낳게 한다. 이 현상은 앞서 살펴본 노동시장에서 고숙련이 아니면, 저숙련으로 일하는 결과를 가져오고 자연스럽게 고숙련자는 고임금, 저숙련자는 저임금을 받는 소득자로 고착화되어 바퀴처럼 순환하며 더욱 양극화현상을 자극하게 될 것이다.

특히 우리나라는 지난 40여 년간 경제 성장위주의 정책을 실시하였기 때문에 분배와 나눔을 주요 가치로 삼거나 제대로 논의하고 실현하지 못하고 있어 계층 간 갈등과 소득의 빈부격차는 그 어느 국가보다 심각한 상황으로 치닫을 것으로 예측된다.

2) 저출산 및 고령화의 심화

저출산과 고령화라는 사회문제는 국내뿐만 아니라 여러 선진 나라에서 일찍이 이슈가 되고 있다. 그 이유는 저출산 지속 및 고령화의 급속한 진전이 역으로 생산인구는 줄어들고 부양인구는 증가하는 등의 총 부양부담의 증가를 의미하기 때문이다.

우리나라의 출산율은 1980년 중반 이후부터 지속적으로 감소를 해 왔으며, 이와 같은 추세는 2000년 이후 국가의 적극적 홍보와 정책으로 향후 약간의 조정은 있으나, 크게 회복되지 않을 것으로 전망하고 있다. 현재 우리나라의 출산율은 1970년

4.53명에서 2005년 1.08명까지로 감소(통계청, 2008)한 이후 2010년 1.22명으로 소폭 상승할 뿐, 저출산 현상은 지속되고 있다. 이는 경제협력개발기구(OECD) 평균인 1.6명보다 더 낮은 수준으로 '출산율 1.1 시대' 라고 말이 나올 정도로 출산율은 저조한 상태이다. 이와 같은 추세로 간다면 우리나라 전체인구조차도 줄어들게 되는데, 우리나라의 총 인구는 2011년 현재 4천 800만 명에서 2030년에는 5천만 명으로 고점을 찍은 뒤 이후부터는 계속 줄어 2100년에는 3천 700만 명 수준까지 떨어질 것으로 예상하고 있다(기획재정부, 2011).

한편 우리나라는 2000년에 이미 고령화 사회에 진입하여 18년 후인 2018년에 고령사회(14% 이상), 2026년에는 초(超)고령사회(20% 이상)에 도달할 것으로 전망되고 있다(그림 1-2). 그러나 이와 같은 고령화 예상추이는 해마다 더 빠른 진행을 보고하고 있는데, 한국보건사회연구원(2011)은 통계청 예상보다 평균수명이 약 3년 연장되고 있으며, 출산율은 1.28 수준에서 개선되지 않으면 2050년 노인 수는 1천 871만 명으로, 2050년 예상했던 비중 38.2%를 넘어 42.3%에 이를 것으로 추산하여 발표하기도 하였다. 따라서 고령인구의 증가뿐 아니라 고령화 속도가 급박하게 진행되고 있는 것이 더 큰 문제인데, 우리나라는 OECD(경제협력개발기구) 회원국 가운데 고령화 속도가 가장 빠르게 진행되고 있다. 이러한 추세 속에서 전체 공공지출 가운데, 고령화와 관련한 지출은 2002년에는 15% 내외였으며, 2050년대에는 50%까지 증가할 것으로 예측하고 있다.

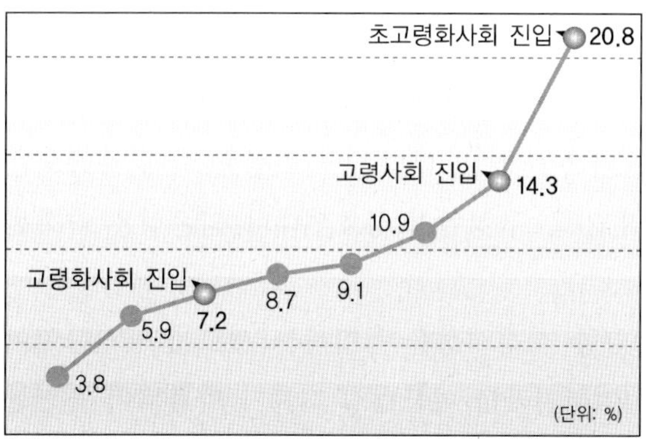

고령인구비율 증가추이

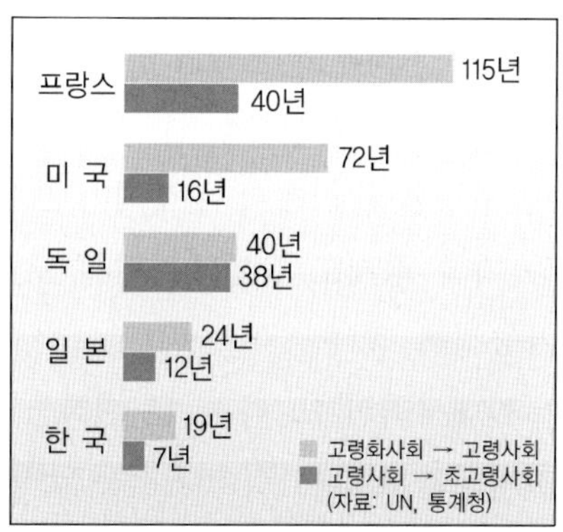

*65세 이상 인구 비중이 총 인구의 7% 이상이면 고령화사회, 14% 이상이면 고령사회, 20% 이상이면 초고령사회

인구고령화 속도 국제 비교

그림 1-2 우리나라 고령인구비율 증가추이 및 인구고령화 속도 국제비교

저출산 지속으로 인한 생산인구의 부족, 고령사회의 진입으로 인한 공적연금, 공적 의료 등 고령화 지출의 급속한 증가는 결국 한 나라의 존립까지도 위협할 수 있는 매우 큰 사회문제로 부각되어, 이에 대한 대책들이 다양한 측면에서 모색되어야 한다.

3) 기술의 발전과 유연 문화 확대

하루가 다르게 기술이 발전하고 있다. 특히 정보통신 및 생명공학 등 신기술로 인해 대규모의 변화가 전망된다. 예를 들면, 정보통신 기술이 사람, 사물, 환경 속으로 스며들고, 이들이 네트워크로 연결되어 컴퓨터의 존재를 의식하지 않은 상태에서 생활공간 전체가 거대한 네트워크로 연결되는 유비쿼터스 사회를 실현해 나가고 있다(여성가족부, 2005). 유비쿼터스 사회라는 것은 거대한 네트워크로 연결되어 언제 어디서나 자신의 의도와 상관없이도 연결되는 사회로 인간의 삶과 환경에 다양하고 광범위한 영향을 줄 뿐 아니라 사회전반의 본질적인 변화를 초래할 것으로 전망된다.

이런 기술의 변화는 영역의 경계를 무너뜨리고 있다. 예를 들면, 공·사 영역의 경계가 무너지면서 일과 삶이 융합되어 일과 놀이의 경계가 약화되는 등 노동의 시·공간적 유연화가 나타나고 있다. 그렇기 때문에 스마트폰과 같은 다양한 기기와 크라우드 컴퓨팅 기술 등으로 언제, 어디서나 일과 동시에 여가도 즐길 수 있는 사회로 변화하고 있다. 일과 여가의 동시 수행은 재택근무 가능성도 높아 가족의 결속력 증가에 영향을 줄 것이라 예측되지만, 반면 가족의 고유기능과 역할이 가족 내 구성원에 의해서 수행되기보다는 가족 외부의 다양한 시스템에 의해 충족되는 등 가족 경계도 유연해지면서 오히려 가족 구성원의 상호연대나 의존성은 약화될 가능성이 많다.

현대사회의 또 다른 큰 변화는 다양한 성정체성을 통합하는 새로운 패러다임이 전개되고 있다는 것이다. 즉, 남성과 여성이라는 이분법적 경계가 약화되어 유연한 성담론이 확대되고 차별금지 및 인권보장에 대한 요구가 다양한 측면에서 요구될 것이다. 따라서 성, 세대, 계층별로 요구하는 내용이 상충되고 주장하는 관점도 다양한 가치에 기반하고 있어 사회갈등은 보다 복잡하게 전개될 것이다.

4) 지식노동자의 중요성 부각

지식기반 경제로의 이행에 따라 직종구조의 변화도 현재와는 다른 모습일 것으로 전망되는 가운데, 고숙련·고기술직종이 중심이 되는 지식기반사회에서 지속가능한 발전을 유지하기 위한 인적자원개발의 지속성 강조될 것이다. 우리나라는 다른 나라에 비해 젊은 세대 및 여성이 높은 교육수준을 갖추어 지식정보화 시대의 인적자원으로 활용 가능성이 높다고 볼 수 있으나 한편, 한정적인 고숙련·고기술직종 영역에 유입되기 위한 경쟁이 더욱 치열해지고 그 외 직종은 선호도가 낮아 노동력 부족 현상이 나타날 것으로 전망한다.

여기서 지식노동자는 골드컬러로 칭하고 있는데, 생산노동자인 블루컬러와 사무노동자인 화이트컬러에 이어 등장한 용어로 디지털(digital)과 지식계급을 뜻하는 리테라티(literati)의 합성어인 디제라티(Digerati : 새 밀레니엄 시대를 이끌어 갈 미래 사회의 주역) 계급으로, 전문기술직에 종사하는 지식노동자를 말한다.

이 지식노동자들은 평생직장이 아닌 평생직업인으로 기본적으로 자신의 부가가치를 높이기 위해 끊임없이 지식을 쌓고 개선하며 개발하고 혁신할 것을 요구하고 있어, 이들은 사회적 요구에 얼마나 부응하느냐가 주요 선발 기준이 될 것이다. 따라서 연령이나 성 등이 선발 및 참여의 기준이 되기보다는, 지식기반사회에 지속가능한 발전을 유지할 수 있는 인재 선발에 주안점을 두기 때문에, 여성의 노동시장 참여를 견인하는 추동력이 될 것이며, 연공서열이 아닌 능력 위주의 지위향상이 가능한 사회가 될 것이다.

2. 가족의 변화

1) 결혼 및 출산율의 감소

우리나라는 지속적인 출산율 감소를 경험하며, 향후에도 이러한 감소세는 지속적으로 나타날 것으로 추이하고 있고, 출산율의 급속한 감소로 전체 인구가 줄어들 가능성에 직면하고 있다. 저출산 현상이 증가하는 이유는 기혼가구의 출산율 하락도 영향을 미치지만, 결혼을 지체하거나 결혼 자체를 하지 않는 만혼 또는 비혼 현상에 기인하는 것으로 분석되고 있다.

만혼화와 비혼화를 초래하는 원인은 고용 불안정 및 소득 불안정 등의 경제적 요인, 교육기간 증가, 여성의 경제활동 증가 등이 영향을 주고 있다. 실제 우리나라 남녀 평균 초혼연령은 1990년 남성 27.8세, 여성 24.8세에서 2000년에는 남성 29.3세 여성 26.5세, 그리고 2010년에는 연령은 남성 31.8세, 여성 28.9세였다. 이로 인해 혼인건수도 지속적으로 줄고 뿐만 아니라 결혼 이후에도 자녀를 낳지 않거나 적게 낳는 등의 출산율 감소 현상을 보이고 있다.

2) 가족 구성의 변화

최근에는 가구 구성이 부모와 자녀로 이뤄진 2세대 핵가족에서 1인 또는 2인으로 구성된 1세대 가족이 대표적 가족형태가 되고 있다. 통계청 '2010 인구주택총조사' 가구·주택 부문 전수집계 결과에 따르면 우리나라 평균 가구원 수는 2.69명으로 2005년 2.88명보다 0.19명 감소하였고, 2인 가구 비율이 24.3%(420만 5,000 가구)로 가장 많이 차지하여 우리나라의 대표적인 가구 형태로 자리 잡았다(그림 1-3). 이젠 부부와 미혼자녀로 구성되는 핵가족까지 분화되면서 1~2인 가구로 구성된 가족을 일컫는 '전자가족(electron family)' 이 등장하고 있다.

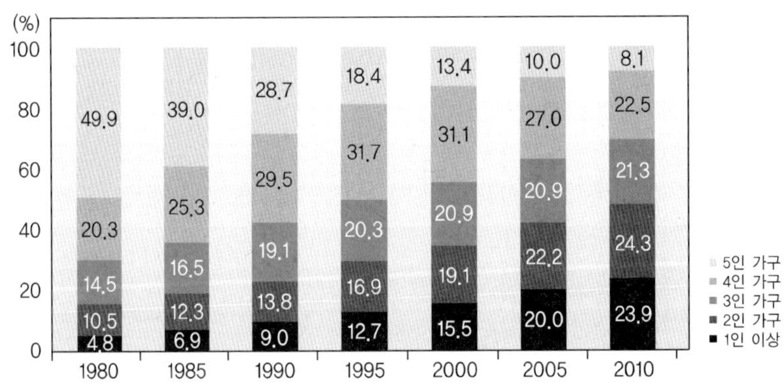

그림 1-3 가구원 수 규모(1980~2010)

자료 : 통계청(2010)

이와 같은 전자가족의 증가는 출산의 지연 등으로 부부가족이 증가하는 것과도 연관이 있지만 노인인구의 급속한 증가로 자녀 출가 후에 노부부 또는 노인 홀로 사는 가구의 증가와도 상관이 깊다. 2010년 통계청 발표에 의하면 1인 가구 비율은 23.9%(4,142천 가구)로 2005년 20.0%에서 3.9% 증가하는 양상을 보였다.

3) 가족형태의 다양성 증가

가족은 개인의 행복과 삶의 질을 위해 선택 가능한 영역이라는 가족의식이 확산되면서 가족형태의 다양성이 증가하고 있다. 따라서 부부와 자녀로 형성되지 않은 다양한 형태의 가족이 나타나고 또 새롭게 형성되고 있다.

이러한 가족형태의 다양성과 관련하여 몇 가지 특성을 제시하면 첫째, 과거 전통적인 가족형태였던 남성연상의 결혼형태는 감소 추세이며, 동갑과 여성연상의 결혼은 증가하고 있다. 둘째, 자녀에 대한 인식변화로 '자녀의 필요성'에 대한 동의 정도가 감소되고 있어 부부형태로 가족을 구성하며 자녀출산을 필수가 아닌 선택으로 보는 경우가 늘어나고 있다. 셋째, 전통적 사유인 사별요인은 감소하고 이혼이 증가하면서 한부모 가족 또는 재혼 가족이 지속적으로 증가하고 있다. 넷째, 국제적인 인구이동에 따른 국제결혼의 건수와 비중이 크게 증가하고 있다. 다섯째, 맞벌이 가구, 주말부부, 기러기 가족, 생계부양자 아내와 전업주부인 남편, 조손 가구 등 가구형태와 생활방식은 더욱 다양해지고 있다.

4) 가족 가치관의 다양화

정보통신기술의 발달은 지엽적인 생활문화의 노출이 동시간대에 광범위하게 노출이 가능해지면서 가족 또한 가족의 가치규범과 행위방식에서의 다양성도 증가되고 있다. 특히 가족 가치 또는 보편적 가치 속에서 가족 구성원 개개인이 요구는 억압되고 무시되었던 과거에 비해, 가족 구성원이 추구하는 가치와 행위를 수용하는 다양한 가족문화가 형성되고 있다. 예를 들면, 얼마 전까지만 해도 가족 안에서 남녀의 역할을 어느 가족이든 명확히 구분하고 수행했다면, 최근에는 역할 수행이 성별이 아닌 가족이 처한 상황 또는 가족 구성원 합의로 다양한 형태의 역할 수행이 가능해졌다. 또한 가족이 반드시 함께 한 가구에 거주하지 않으면서도 가족이라는 기능적 역할을 수행하거나, 이성이 아닌 동성으로, 혈연이 아닌 관계로, 가족을 구성하는 등의 가족의 다양성과 개별성이 확대되고 있다.

더욱이 가족 가치관에서 가장 현저한 변화는 가족주기의 구성 및 기간 등이 다양화되고 있다. 결혼을 하여 자녀를 기른 후 진수기와 노년기를 맞이하는 형태에서 선택적으로 결혼하거나 자녀를 출산하고, 결혼도 해체할 수 있다는 가치관이 확대되면서 가족의 동질성은 사라지고 다양한 욕구에 따라 다양한 가족가치와 생활양식이 표출되고 있다.

정리하자면, 가족에 대한 의미와 구성원리의 변화로 현대의 가족은 개인의 선택과 의지에 좌우된다고 볼 수 있다. 또한 가족중심주의가 상당부분 강하게 유지되어 왔으나, 개인의 행복추구가 가장 중요한 가족구성의 원리로 부각됨에 따라 가족구성의 자율성과 합리적 선택권이 강조되고 있다.

5) 가족 내 평등관계의 요구 증가

호주제 철폐를 계기로 평등가족문화에 대한 기대가 한층 높아졌다. 또한 여성의 교육수준의 증가와 사회참여의 확대, 가족형태의 단순화와 가구원 수 감소 등 가족구조의 변화로 소통적이고 민주적인 가족문화조성의 여건이 마련되었다. 동시에 재택근무자가 점차 증가하고, 개인 네트워크의 발달, 디지털 홈 등의 발전은 가족의 결속력을 가져오는 조건으로 작용하는 동시에 가족 구성원의 개인화로 인한 상호연대나 의존성이 약화될 수 있는 가능성도 높아졌다. 그럼에도 불구하고 현재까지 가족에서 남녀의 역할분담은 대단히 미비하여 가사노동의 대부분을 여성에게 의존함으로써 가족갈등이 유발되고 있다.

6) 가족경제의 불안정 심화

양극화가 심화되면서 중간계층의 비중은 지속적으로 감소되고 있다. 또한 청년실업 및 중장년층 명예퇴직 증가로 미래소득에 대한 불안감이 가중되고 있다. 실제로 우리나라 국민들은 선진국에 비해 경제적 불안감을 많이 느끼고 있다. 이러한 근거

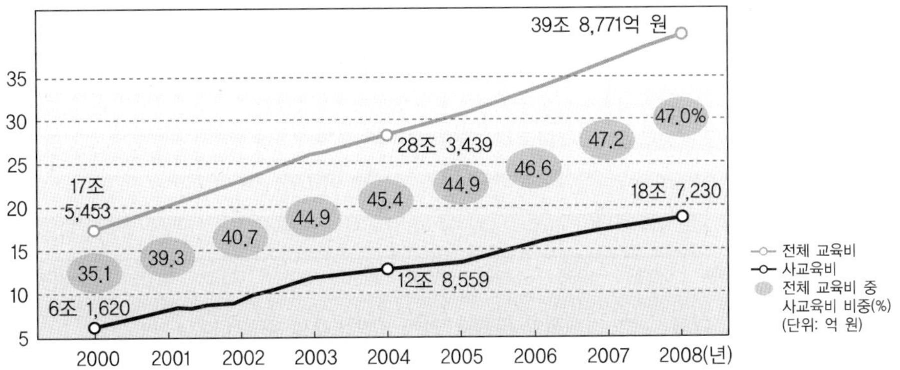

그림 1-4 우리나라의 전체 교육비 및 사교육비 지출
자료 : 한국은행(2008)

로써 소득과 일자리의 안전성을 보여 주는 ILO 경제안전지표(Economic Security Index : ESI)에서 한국은 세계 32위(2004)를 차지(삼성경제연구소, 2005)하고 있다고 보고되고 있다.

평생직장의 개념 붕괴 및 노동시장의 불안정성 증가로 인한 가족생활의 경제적 기반의 불안정과 함께 주택가격이 급등함으로써 불안정한 주거확보 상황, 다양한 소비 내구재와 소비문화의 발달로 주거유지 및 관리비용 증가, 자녀교육비에 대한 부담의 지속적 증가 등 가족유지비가 증가하는 추세가 나타나고 있다. 특히 자녀교육비의 지속적인 상승과 가구 부담의 증가는 자녀출산을 최소화하는 경향을 초래해 출산율 저하 및 가족구성의 변화에 영향을 주고 있다(그림 1-4).

한편 가정의 경제적 불안정은 가족해체를 가져오고 있다. 우리나라는 IMF 이후 '경제적인 이유'로 이혼하는 부부의 비율이 지속적으로 증가하고 있다. 그림 1-5에서도 제시된 바와 같이 1990년부터 2004년까지의 경제적인 문제로 인한 이혼비율의 추이를 살펴보면 매년 증가되고 있음을 알 수 있다. 특히, IMF 경제금융위기가 발생될 무렵인 1997년 이후부터 1999년 사이에는 상대적으로 이혼비율이 큰 폭으로 상승되는 것을 통해서도 경제적 불안이 가족에게 주는 영향이 크다는 것을 알 수 있다.

가족의 경제적 불안정은 여성노동력을 주요한 사회적 자원으로 부각시켜 일과 가정을 병행하는 여성이 증가하는 요인이 되고, 기혼여성의 경제활동참가는 가구의

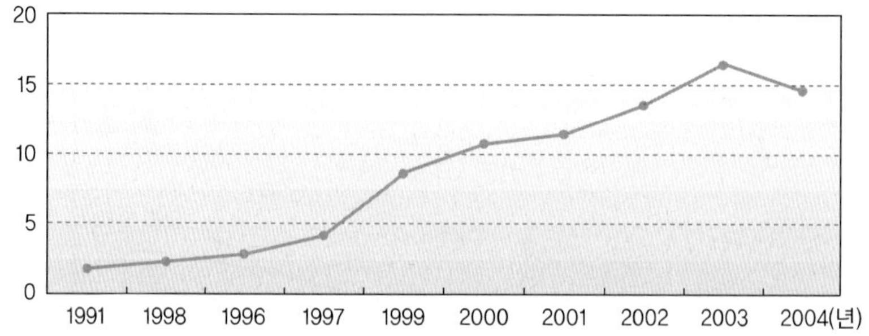

그림 1-5 경제적인 문제로 인한 이혼비율의 증가(1990~2004)

자료 : 통계청(2005)

보조소득원의 지위에서 주생계부양자의 지위로 변화시키고 있다. 이런 변화 속에서 저소득층과 고소득층에서 기혼여성의 취업증가 폭이 크게 나타나고 있는데, 저소득층 기혼여성의 경우는 가족의 경제적 불안정이 경제활동에 참여하는 이유가 되고 있다.

7) 조형적 섹슈얼리티 등장

기존 남녀관계, 성적 욕망, 재생산에 대한 인간의 선택권이 향상(피임약의 개발과 보급, 성전환, 시험관 시술, 생명복제 기술)됨에 따라 조형적 섹슈얼리티가 대거 등장하고 있다. 조형적 섹슈얼리티란 피임법의 발달과 자녀 수의 제한 경향이 확산되면서, 섹슈얼리티는 점차 재생산이라는 출산으로부터 해방되어, 개인이 자신의 성적 정체성을 만들어가는 것을 말한다. 즉, 인간 배아 복제의 추진으로 여성의 재생산 능력을 대체하는 인공물이 발달하게 되면서 결혼, 성관계, 자녀출산의 전통적이고 생물학적 필연성이 변화되고 있다. 따라서 부부의 성관계를 통한 재생산 기능은 축소되고 자녀 양육을 통한 사회 구성원의 배출 기능도 약화될 것으로 전망된다.

8) 가족의 돌봄 기능 약화

자녀를 통한 노후부양에 대한 기대는 크게 감소하고 있다. 서울시정개발연구원(2011)의 정책 보고서에 의하면 서울시민 45세 이상 1,000명을 대상으로 조사한 결과 65세 이상 응답자의 28.1%가 자녀의 부양을 기대하지만, 55~64세 응답자의 18.6%, 그리고 베이비붐 세대인 45~54세 응답자가 노후에 자녀가 자신을 부양하기를 원하는 응답자 비율은 11%로 나타났다.

이런 가운데, 노인부부 가구와 노인단독 가구의 증가로 가족주의에 기반한 돌봄노동이 약화되고 돌봄노동의 사회적 분담에 대한 요구는 더욱 확대될 전망이다. 2010년의 노인 단독가구 비율은 전체가구의 1/3에 달할 것이라는 점에서 향후 고령노인 및 와병노인의 간호와 부양문제가 주요한 사회적 문제로 부각될 것이다. 따라서 노인부양은 가족 부담을 증가시키지만, 소가족화와 2인 가족 또는 단독가족 증가는 가족돌봄 기능을 약화시켜 돌봄노동에 대한 사회적 분담 인프라가 더욱 요구될 것으로 보인다.

요점정리

- 한국사회는 글로벌 경제의 양극화 심화, 저출산의 지속과 고령화의 심화, 기술발전과 유연적 문화 확대, 지식기반사회와 여성 인적자원 활용도가 제고되는 주요 여건을 경험하고 있다.
- 한국사회의 가족은 저출산 및 고령사회로의 진입, 섹슈얼리티의 경계 이완과 가족문화의 변화, 가족경제의 불안정성 심화, 가족관계 및 형태의 변화, 가족 가치관의 다양화, 가족 내 평등관계 요구, 가족경제의 불안정 심화, 조형적 섹슈얼리티 등장, 가족돌봄 기능 약화 등을 경험하고 있다.
- 사회구조적 환경에서 가족환경 또한 상호영향을 주면서 가족 관련 정책의 필요성이 어느 때보다 높아지고 있다.

생각넓히기

1. 가족변화에 영향을 주는 사회 여건 중 가장 영향이 크다고 생각되는 것을 하나 선택해서 그 사회적 변화가 가족에게 주는 영향은 무엇인지 이야기를 나눠보자.
2. 최근 여성노동력은 주요한 사회적 자원으로 부각되어 일과 가정을 병행하는 여성이 증가하고 있다. 기혼여성의 경제활동 참가로 가족에게 나타나는 변화는 어떤 것이 있는지 실생활에서 사례를 찾아보자.

2

Chapter

가족 개념 이해

1. 가족의 개념
2. 이론적 관점에서의 가족
3. 다양한 가족형태의 특성 및 실태
4. 탈근대적 측면의 다양한 가족

2 Chapter 가족 개념 이해

가족이라는 의미는 시대에 따라 다양하게 변화하며 진화하고 있다. 왜냐하면 가족은 사회와 상호의존관계인 사람의 집합체이기 때문이다. 따라서 사회의 변화와 함께 가족이라는 의미를 조망해 보아야 하는데, 현대사회의 가족은 탈제도화, 다양화, 개인화라는 변화 속에서, 과거에는 사회적 기본단위로 묶여 의무와 역할을 기반으로 노동력 재생산 기능을 수행했던 제도적 속성을 벗어나, 애정과 친밀감을 바탕으로 개인 간 자유로운 계약으로 변화하고 있다(윤홍식 외, 2010).

따라서 본 장에서는 다양하게 변화하고 진화하고 있는 가족과 관련한 제 개념과 가족을 어떻게 이론적으로 정의하고 있는지 이해한 후, 현대사회에 등장하고 있는 다양한 가족형태를 살펴보겠다.

1. 가족의 개념

1) 가족의 일반적 정의

먼저, 가족이라는 의미를 어원에서 살펴보면 라틴어에서는 'famulus'라는 표현으로 '가내 노예'를 의미하는 것으로 사용이 되었다. 고대 로마에서는 'familia'라서 해서 '논 밭, 가옥, 금전, 노예 등 한 남자에 속한 생산도구'의 의미로써 사용되었다. 한편, 고대 희랍에서는 'oikos'라는 표현으로 경제(economy) 또는 경제적(economic)이라는 단어의 희랍 어원으로 '재산 또는 주거'를 의미하는 용어로 사용되었다. 이렇듯, 가족의 어원의 역사를 살펴보았을 때, 나타나는 공통점은 가족이라는 의미를 정서적 유대집단 혹은 혈연조직이라는 의미보다는, 경제적 조직체로 간주하며 출발했음을 알 수 있다.

가족의 사전적 정의는 '부부, 부모, 자녀, 형제 등 혈연에 의하여 맺어지며, 생활을 함께하는 공동체, 또는 그 성원(새우리말 큰 사전, 1991)'으로 설명을 하고 있으며, 위키 백과사전에서는 '대체로 혈연이나 입양, 결혼 등으로 관계되어 같이 생활하는 사람들의 집단(공동체) 또는 그 구성원'으로, 네이버 백과사전에서는 '부부를 중핵으로 그 근친인 혈연자가 주거를 같이하는 생활공동체'로 정의하여 가족은 주로 혈연에 의한 성원이 생활을 함께 하는 공동체 개념으로 보고 있다.

민법에서 가족의 개념 정의를 살펴보면, ① 배우자, 직계혈족과 형제자매, ② 생계를 같이하는 직계 혈족의 배우자, 배우자의 직계혈족 및 배우자의 형제자매(민법 제4편(친족편)의 제2장 제779조)로 보고 있다. 여기서 중요한 것은 가족의 정의를 내리는 기준에 있어서, 민법 개정 전에는 가족을 호주 기준으로 범위를 정했으나, 개정 후에는 본인 기준으로 가족을 정의하기에, 어느 기준으로 보느냐에 따라 상대적으로 가족의 범위가 달라진다.

2) 전통적 가족의 정의

(1) 머 독

머독(Murdock)은 가족이란 사회적으로 인정받은 성적 관계를 유지하는 최소한 두 명의 성인 남녀와 한명 이상의 자녀를 포함하는 의미로 설명을 하였다. 즉, 가족이라는 것은 공동거주, 경제적 협력, 생식의 특성을 갖는 사회집단이며, 성관계가 허용되는 성인남녀의 출산자녀 및 입양자녀로 구성된다고 정의를 내리고 있다. 머독의 정의는 일반적 정의라고 할 수 있지만, 가족이라는 것을 사회적으로 인정받은 부부와 자녀가 중심이 되는 핵가족에 치중하여 설명하고 있어 핵가족 정의라고도 한다. 따라서 가족의 의미를 너무 좁게 정의하고 있을 뿐 아니라, 현대 다양한 가족 형태는 포함할 수 없어 보편적 정의로 보기 힘들다.

(2) 짐머만

짐머만(Zimmerman)은 가족은 혈연, 결혼, 입양에 의해 관련되는 둘 또는 그 이상의 사람들과 같이 하는 생물학적이고 구조적인 관계로 보아 머독의 정의보다는 좀 더 넓게 가족을 정의하고 있다. 그러나 관계에 있어서도 기능적인 면보다는 혈연이라는 생물학적 관계나 부모와 자녀라는 이름으로 구성된 구조적인 관계만에 치중하여 정의하는 한계가 있다.

(3) 레비스트로스

레비스트로스(Levi-Strauss)는 가족이란 결혼에 의하여 출발하고, 구성은 부부와 자녀, 다른 근친자가 포함될 수 있으며, 가족 구성원은 법적유대, 경제적 및 성적 의무와 권리, 존경 및 애정 등과 같은 다양한 심리적 감정으로 통합되어 있다고 정의를 내리고 있다. 즉, 레비스트로스는 머독에 비해 좀 더 확대된 범위로 가족을 보았으며, 공동거주 또는 경제적 협력을 넘어 가족원의 유대, 관계, 결합의 운명공동체적 성격을 강조했다. 따라서 레비스트로스의 정의는 확대 가족적 정의라고 할 수 있다.

(4) 버제스와 로크

버제스와 로크(Burgess & Locke)는 가족이란 혼인, 혈연 또는 입양에 의해 결합된 집단으로 하나의 가구를 형성하고 남편과 아내, 아버지와 어머니, 아들과 딸, 형제와 자매라는 각각의 사회적 역할 속에서 상호작용하며 의사를 소통하고 공통의 문화를 창조·유지하는 집단으로 정의를 하고 있다. 버제스와 로크의 정의는 혼인만이 아닌 다른 형태의 가족구성을 인정했으며, 가족 내에서 구성원 간의 상호관계 및 공통된 문화를 공유하는 등의 기능적 측면을 강조하고 있다.

앞에서 살펴본 것처럼 전통적인 면에서 가족의 정의는 가족의 형태를 어떻게 구성할 것인가에 관심을 둔 편이었다. 이를 정리하면 첫째, 가족은 결혼과 혈연 혹은 양자 관계를 통하여 맺어지며, 둘째, 가족은 부부와 자녀 등의 직계 외 방계까지도 포함할 수 있으며, 셋째, 가족은 생활공동체로서 함께 살고 경제적 단위를 형성하며 자녀의 출산과 양육에 중점을 두고 공동체 의식 또는 고유한 가풍을 가지며 상호작용하는 집단으로 보았다. 그러나 이 정의에 의하면 현대사회에 새롭게 등장한 동거가족, 무자녀 가족, 단독 가구 등은 가족에 포함되지 않는 한계점이 있다.

3) 현대적 가족의 정의

(1) 브란트

브란트(Burant)는 정서적이고 물질적인 지지에 기반을 둔 둘 또는 그 이상의 사람들이 상호 간에 기대를 하는 구성이 가족이며, 그들의 삶의 유형과 상관없이 상호 책임감, 친밀감, 계속적인 돌봄을 주고받는 관계가 가족이라고 하였다. 즉, 가족을 관계성에 기반을 두고, 혈연만이 아닌 서로 간의 공통된 기대에 상호 관심을 가지며, 친밀하게 상호작용을 하는 것을 강조하고 있다.

(2) 하트만과 라이드

하트만과 라이드(Hartman & Laird)는 둘 이상의 사람들이 친숙한 가족이라고 여기고, 밀접한 감정적 유대와 가정이라는 생활공간, 그리고 생물학적·사회적·심리학적 요구의 충족에 필요한 역할과 과제를 공유하는 것으로 정의하였다. 이 정의를 보면, 가족이라는 형태는 크게 염두해 두지 않고, 구성원 간의 감정적 유대 및 상호 충족을 위한 역할과 과제를 공유하는 기능적인 측면을 강조하고 있다.

(3) 구티스

구티스(Gutis)는 비전통적인 가족으로 삶을 살아가는 사람들, 예를 들어 결혼하지 않은 부부, 혹은 파트너와 동거관계하에 있는 사람들은 어떤 방법으로든 서로가 같이 살고 돌보는 것을 선택한 사람들의 집단으로 가족을 정의하였다. 즉, 가족의 선택의 자율성과 더불어 가족가능에서 돌봄을 강조하고 있다.

이외에도 슐즈(Schulze)는 가족은 혈연관계라는 획일적인 가족개념보다는 가족의 다양성을 인정하는 기능적인 측면에서 가족을 정의하여 다양한 형태의 가족을 모두 포함하는 의미로 가족을 보았고, NASW(National Association of Social Workers) 가족분과위원회(1982)의 정의인 '가족을 그들 스스로 가족이라고 생각하고 건강한 가족생활에 필수적인 의무, 기능 책임을 수행하는 두 명 이상의 사람들'의 정의와 일맥상통하고 있다. 한편 유엔의 가족에 관한 일반적 정의(1994)에서는 '형태와 다양성에 상관없이 가족은 여전히 사회의 기본적인 단위이며, 사회화의 주도적인 역할을 수행하며, 가족은 배우자 간의 파트너십은 물론, 세대 간, 가족 내 구성원 간의 결속을 도모하는 주요한 역할을 수행하고, 부모는 기본적으로 민주주의 사회의 기본 가치에 따라 아동을 양육하는 것'이라고 정의하고 있어 가족의 다양성과 부부의 파트너십을 인정하는 현대적 정의와 함께 아동양육이라는 전통적 정의를 동시에 포함하고 있다.

유럽의 일부국가(네덜란드, 스웨덴, 노르웨이 등)는 두 명의 레즈비언 여자 또는 게이 남자가 함께 헌신하는 관계(commitment)도 가족으로 간주하고 있다. 여기에서는 애착 혹은 친밀성의 개념에서, 사람들은 낮에는 서로 떨어져 있지만, 밤에는 함께 저녁을 먹고 운동을 하고 영화도 보는 관계를 파트너로서 기술하면서, 교제를 강조(법적으로는 가족으로 간주되지 않음)하기도 한다.

이와 같이 가족의 개념이 과거 전통적으로 정의에서 상당히 변화되었음에도 불구하고, 현대사회에서 가족은 가족 구성원들 간의 정서적인 유대를 기반으로 한 사회의 기초제도로서, 질서 유지의 기능과 문화전달 매체로서의 기능이 강조되고 있으며, 아울러 건전한 소비주체로서의 가족역할은 여전히 강조되고 있다.

4) 가족 관련 유사용어

(1) 가 정

가정(home)이라는 의미는 가족과 같은 뜻으로 흔히 사용되고 있는데, 가정은 가족이 안주할 수 있는 장소를 의미하는 편이다. 사전적 의미에서 가정이란 "부부를 중심으로 어버이와 자녀 등 근친자들이 한데 모여 의·식·주 등의 일상생활을 공동으로 하는 생활 공동체"로 정의하고 있는데, 여기서 가정은 부부·자식·부모 등 가족이 공동생활하는 조직체로 가족이 공동생활을 하고 있는 장소(네이버 백과사전)를 의미하는 것이 보편적이다. 즉, 공동생활을 하는 사람들을 '가족', 가족들이 생활하는 장소를 '가정', 가족들이 하는 공동생활을 '가정생활'이라고 정의할 수 있다.

그러므로 가정은 온정이나 사랑에 기반한 정서적 유대와 서로 소속감을 느끼는 연대의식을 가진 공동체로서, 결혼과 공간(장소)적 성격을 의미하는 개념이다. 결국 가정의 의미를 집약해본다면 인간의 생활과 생존유지를 위해서 필수 불가결한 실존적인 생활단위이다. 즉, 가정은 물질적인 것만을 의미하는 것이 아니라 심신의 피로를 풀고 휴식을 취할 수 있으며, 안식과 애정이 있는 따뜻한 보금자리를 의미하는 것이다.

(2) 가 구

가구(household)란 1인 또는 2인 이상이 모여 취침, 취사 및 생계를 같이 하는 단위로서, 결혼이나 혈연관계 등을 고려하지 않고 생활하는 공간과 가계라는 경제적 협력만을 기준으로 분류하는 집단을 말한다. 즉, 가구란 생계단위를 구성하는 개념으로 혈연만이 아닌 비혈연 관계도 가구에 속할 수 있다. 예를 든다면, 분가하여 다른 집에 단독으로 거주하는 가족원은 가구에 속하지 않지만, 혈연이 아니더라도 같은 집에서 생계를 같이하면 가구에 속한다.

가구는 혈연이든 비혈연이든 2명 이상이 모여서 생계유지의 방편으로 형성된 단위를 개체로 이루어진 가구인 보통 가구, 가구주 혼자 사는 단독 가구를 포함한 일반 가구와 교도소, 보육원, 양로원, 수녀원 등 소수 가구 외에 공동으로 생계를 영위하는 집단 가구(준가구)로 구분할 수 있는데, 집단 가구의 경우는 특정 통계조사에서 편의상 사용할 뿐 가구로 보지는 않는다.

최근 우리나라는 2인 이상의 보통 가구보다 가구주 혼자 하나의 가구를 이룬 단독 가구가 사회적 이슈로 대두되고 있다. 단독 가구는 미혼자녀들이 부모로부터 독립하여 단독 가구를 형성하는 경우만이 아닌 독거노인 가구라고 칭하는 노인단독 가구도 급속히 증가되면서 노인돌봄, 고독사 등의 사회문제가 나타나고 있다.

'1인 가구 시대'가 낳을 재앙

최근 통계청이 발표한 '2010 인구주택 총 조사' 결과에 따르면 1인 가구는 414만 2,000가구로 5년 전과 비교할 때 30.6%나 급증하며 가장 빠른 증가속도를 보이고 있다. 이런 추세라면 앞으로 4년 뒤인 오는 2015년에는 한국사회에서 1인 가구가 가장 주된 가구단위로 떠오를 것으로 전망된다. 이제는 홀로 살다 홀로 죽는 것이 일반화되고 상대방에 대한 철저한 무관심과 극단적인 이기주의, 가족가치관 해체에 따른 도덕성 붕괴 등이 수반될 가능성이 높다.

우리보다 먼저 1인 가구 시대로 접어든 일본은 현재 3가구 중 1가구가 '나홀로 가구'이고 개인이 더 이상 타인과 인연을 맺지 않으려는 무연사회(無緣社會) 진입에 대한 우려가 크다. 특히 핏줄과도 인연을 끊으면서 아무도 모르게 쓸쓸히 죽는 고독사(孤獨死)가 매년 급증하고 있다.

자료 : 서울경제 오프니언(2011. 7. 13) 내용 중 일부 발췌

(3) 가 문

가문(clan)이라는 의미는 동거하는 가족의 범위를 훨씬 넘어선 혈연관계를 기반으로 한 집단을 의미한다. 사전적으로는 가족 또는 가까운 일가로 이루어진 공동체. 또는 그 사회적 지위라고 정의하며, 우리나라에서는 보통 좁은 범위의 부계를 중심으로 한 혈연집단으로 고조의 자손들로 구성된 유복친을 의미하기도 하고, 이보다 넓게 문중까지 포함하여 가문이라고 표현한다. 가문(문중)에는 제사를 주장하는 종손(宗孫)과 가문을 대표하는 문장(門長)이 중심을 형성하고 있다(네이버 백과사전).

(4) 집

집은 사람이나 동물이 거주하기 위해 지은 건물로, 보통 벽과 지붕이 있으며, 추위와 더위, 비바람을 막아 주는 인간이 사는 집, 곧 주택(住宅)만을 가리키는 것(위키 백과사전)이지만, 우리나라는 집이라는 용어에는 복잡한 의미를 포함하고 있다. 예를 들면, "우리 집은 네 식구이다"라는 것은 가족 구성원의 의미이고. "우리 집은 서울이다."라고 하면 거주지의 의미이며, "우리 집은 양반 집안이다."라는 것은 가족의 사회적 배경을 말하는 것이다.

따라서 집은 기후라든지, 외부의 위험성으로부터 가족을 안전하게 지켜주는 공간이라는 협의의 개념에서, 가족이 함께 모여 즐겁게 지내는 장소, 긴장감을 해소하고

정신적 안정을 취하며, 자녀를 양육하고 남은 인생을 보내는 곳으로, 여기서 집이라는 의미는 과거에서 현재로 연속될 뿐 아니라 미래까지를 포함하는 연속 지향성을 내포하고 있다.

2. 이론적 관점에서의 가족

가족의 개념과 정의는 이론적 시각을 통해서도 매우 다양하게 설명되고 있다. 본문에서는 가족에 대한 이해를 하기 위해서 상징적 상호작용이론, 구조기능론, 갈등이론, 교환이론, 페미니즘이론, 포스트모던 가족론 등 5가지 관점에 입각하여 정의와 기능을 살펴보도록 하겠다.

1) 상징적 상호작용이론

상징적 상호작용이론(Interactionism)은 가족연구가 하나의 과학으로 정착되는 시기였던 1920~1930년대부터 가족연구에서 중요한 위치를 차지한 이론이다. 본 이론에서는 가족을 하나의 사회집단이라고 전제하고, 개인들은 가족의 사회적 상호작용을 통해서 자아개념과 자기 정체성을 발달시킨다고 본다. 또한 개인의 성장, 자아성취 등 개인의 정서적 웰빙을 가족생활을 통해서 보장받을 수 있다고 보고 있다. 더 나아가 이 이론에서는 가족을 사회 규범과 가치를 학습하는 환경적 장소임을 강조하고 가족 안에서의 현상들에 관심을 집중하고 있다.

한편 상징적 상호작용이론을 제시한 대표적인 세 명의 학자들을 살펴보면 다음과 같다. 본 이론에 입각하여 버제스(E. Burgess, 1886~1966)는 최초로 가족을 상징적 상호작용론적 관점에서 보았다 즉, 가족은 법적개념이나 다른 공식적 계약상에서 존재되는 것이 아닌, 가족 구성원들의 상호작용에서 존재의 의미를 가진다고 강조하고 있다. 월러(W. Waller, 1900~1945)는 가족 구성원들 간 또는 인간 간의 역동적 거래과정(dynamic bargaining process)에 초점을 두고 연구하였는데, 예를 들면, 남녀 간의 데이트에서 남자들은 성적 욕구충족의 기회로, 여자들은 엔터테인먼트, 그리고 사회적 상류층과 연결됨으로써 그들의 사회지위를 강화하는 기회로 이용한다고 주장했다. 마지막으로 힐(R. Hill, 1912~1985)은 가족 연구에 역할이론을 사용하였다. 즉, 가족들의 역할은 가족 구성원들의 기대에 따라 정의된다고 보고, 가족은 역할이 적당히 수행될 때 안정적으로 유지되므로 역할기대에 변화가 오거나 행위의 적응이 요구될 때 가족은 위기를 겪게 된다고 하였다.

2) 구조기능론

1940~1950년대 학자들은 점점 망가지기 쉬운 사회의 보존과 건강성을 위해서 가족이 어떤 역할을 할 수 있는가에 관심을 가졌다(Kingsbury & Scanzoni, 1993). 이것은 2차 세계대전 후, 전쟁으로 인해 붕괴될 수밖에 없었던 전통적 성역할을 다시 회복하여 사회질서와 국가적 결속을 강화하고자 하는 남성중심의 사회적 필요에 의한 것이었다.

구조기능론(Structural functionalism)의 대표적 학자인 파슨스(T. Parsons)는 가족을 사회에 없어서는 안 되는 하위체계로 보았다. 즉, 사회는 하나의 체계로 구성되었고 그 체계를 구성하는 하위체계들과 상호관련되어 역동성을 보이는 가정을 가지고 있다. 그러므로 이 이론에서는 사회체계가 정상적 상태와 병리적 상태를 가지고 있는데, 가족은 내재적으로 성분화된 역할, 즉 남성의 도구적 역할(instrumental role)과 여성의 정서표출 역할(expressive role)의 분리를 중시하고 이러한 가족만이 자연스럽고 당연한 것으로 보았다.

특히 이 이론은 가족과 사회 간의 목표와 기능이 조화를 이루는 것을 중시하여, 그 당시 산업사회에서는 개인들에게 빈번한 지역적 이동과 사회적 이동을 요구하기 때문에, 이상적으로 어울리는 가족형태는 핵가족으로 보았다. 그러므로 산업사회는 분화가 증대되는 사회여서, 가족과 일터를 분리시켰을 뿐 아니라 가족의 기능도 축소되어, 그 이전 사회에서 가졌던 경제적·교육적 기능은 약화되고, 사회·심리적 기능만이 남았다고 보았다. 결국 여기에서는 사회유지를 위해서 가족의 구조와 적응, 안정성, 성공한 가족생활을 강조하면서 합의, 조화, 안정성 등을 '정상적' 가족의 질(quality)로 강조하고 이를 가족의 이상으로 제시하고 있다.

구조기능론은 궁극적으로 거시적 체계인 사회와 하위체계인 가족은 상호의존성을 가지고 있기 때문에, 사회가 요구하는 조건을 갖춘 가족을 정상적으로 보고, 그렇지 못한 가족은 병리적으로 보는 보수적 태도와 성분업에 기인하는 성차별이 강조되고 있어, 진보적 가족이론가들에게 비판을 받게 된다.

3) 갈등이론

갈등이론(Conflict theory)의 등장배경은 '가족이 과연 잘 통합되고 조화되고 서로 충족된 사회단위인가?' 라는 사실에 근본적 의문을 던지면서, 가족도 다른 사회집단이나 제도와 마찬가지로 갈등을 유발할 수 있는 구조적 특징을 갖는다는 입장을 취하고 있다. 이 이론은 갈등론적 관점 자체가 근본적으로 사회의 본질을 갈등과 투쟁으로 규정하고, 그 근본적인 원인을 자본주의에서 특성에서 찾고 있기 때문에 가족을 자본주의 사회에서 계급적 불평등을 재생산하는 중심제도로 보았다. 따라서 갈등이론은 기존의 기능론적 패러다임으로는 설명할 수 없는 '가족문제' 를 인식하도록 하는 것을 시작으로 여성차별, 인종이나 민족, 계층이나 계급에 따른 불리한 가족생활 조건, 가족 구성원 간에 이루어지는 학대 등에 관심을 가지고, 가족을 새로운 입장에서 조명하기 시작하였다.

이 이론의 대표학자들은 마르크스(Marx)와 짐멜(Simmel)인데, 마르크스주의자들은 가족이 가족 밖의 자본주의 질서와 사회계급적 불평등을 재생산한다고 보았다. 그러므로 가족을 갈등의 원인이면서 갈등관리, 또는 갈등규제의 메커니즘이기도 해서 가족은 이중적 존재, 또는 양가성(ambivalence)을 가진 존재일 수밖에 없음을 시사하고 있다.

그러나 마르크스주의 이론에서는 가족과 가족 밖의 경제체계의 관계에 초점을 맞추어 분석을 시도하였으나 경험적 검증이 결여되어 있으며, 또 가족을 지나치게 의존적인 변인으로 인식하기 때문에 비판을 받고 있다. 즉, 마르크스주의 이론이 친족, 재산, 국가, 계급 등과 연관된 다른 제도의 시대적 구분에 따라 가족의 특징이 달라진다고 보는 것은 가족의 자율성을 고려하지 않은 결과로 보는 것이다. 또한 가족에 대한 분석 시, 계급은 고려하였으나 젠더는 고려하지 않았다는 것이 본 이론의 한계로 지적되고 있다(이진숙 외, 2010).

4) 교환이론

교환이론은 사회적 행동은 '적어도 두 사람 사이에서 일어나는 교환적인 활동'으로 사람들은 서로 간의 관계에서 자신에게 이익 혹은 보상이 계속적으로 교환되어야 사회적 관계가 유지된다는 이론이다. 즉, 유형·무형의 재화와 용역, 사회적 인정, 동정까지를 포함한 교환자원을 가지고 인간은 상호호혜성 원리에 입각하여 사회적 행위를 한다는 것이다. 더 나아가 최소한의 비용으로 최대한의 보상을 추구하여 비용 이상의 보상(순이익)을 얻으려 애쓰며, 이익이 없는 상황에서 사람들은 항상 적은 불이익의 행동을 선택한다고 본다(박재홍, 1991).

교환이론은 가족연구에서 구혼과정(courtship)과 배우자 선택, 가족 구성원의 권위와 의사결정 등을 연구하는 데에 묵시적으로 사용되었다. 연애하는 과정에서 사랑에 덜 빠진 사람이 더 유리한 입장에 서게 된다는 월러(Waller)의 '최소 관심의 원칙(the principle of least interest)'이 한 예이다(박민자, 2009).

교환이론에 근거하면 상호관계에 있어서 서로 대등한 입장에서 교환관계를 유지하려는 경향이 있기에 분배의 공평성이 이루어지지 않거나, 단절이 되면 갈등 또는 문제가 발생할 수 있기에 가족 안에서도 이와 같은 현상이 발생하면, 가족 구성원 간의 갈등과 문제가 초래된다고 보았다.

교환이론은 이후 가족 내 의사결정 연구에 지배적으로 사용되었던 자원이론(Resources theory)이 1970년대에 교환분석틀과 접목되면서 가족관계 분석에 폭넓게 사용되었다. 즉, 본 이론은 가족분야 중 주로 미시적인 부분, 부부관계나 가족 구성원 간의 자원불균형 문제에 관심의 초점을 두므로, 배우자의 선택, 부부관계의 불균형, 별거 및 이혼 등에 대해 경제학적으로 설명하는 데 유용하다(이진숙 외, 2010 : 30).

5) 페미니즘 이론

페미니즘(Feminism) 이론은 구조기능론을 공격했던 갈등이론의 한 줄기이다. 이 이론에서는 가족 간에 견고하게 확립되어 불변하는 성별분업, 생물학적으로 결정되었다고 보는 가족 구성원들 간의 기능과 역할의 배열 등이, 여성들의 억압과 밀접히

관련되어 있는 것을 밝히는 데에 초점을 모았다. 따라서 본 이론에서는 가족은 자원의 생산과 재분배가 이루어지는 장소이고, 그 때문에 거기에는 상이한 활동을 하고 상이한 이해관계를 가진 사람들이 상호작용하는 과정에서, 갈등은 발생할 수밖에 없는 장소(Hartmann, 1981)라고 보고 있다.

한편 본 이론에서는 구조기능론에서 주장하는 핵가족의 보편성과 이상화는 신화일 뿐이라고 비판한다. 즉, 가족은 역사 속에서 늘 핵가족 이외에도 다세대 가족, 한부모 가족, 동거 가족 등 다양한 모습으로 존재해 왔으며, 핵가족의 수적 우세는 산업화 이후에 두드러지는 했지만, 새로운 현상은 아니라고 주장한다. 또한 가족은 가족 구성원 모두에게 안식처의 역할을 하는 것은 아니며, 이런 설명은 가족생활의 장이 곧 노동의 현장이 되는 여성의 현실을 간과한 처사라는 것이다.

따라서 본 이론에서는 남성과 구분되는 여성만의 독특한 생애주기적 특성과 경험에 관심을 두며, 결혼과 가족을 젠더, 연령, 세대에 따라 다르게 나타나는 것으로 탈구조화(deconstructed)하려 한다(이진숙 외, 2010). 즉, 페미니즘 이론에서는 여성의 생애를 기존의 남성 중심의 시각에서가 아니라 여성의 시각에서 조명함으로써 여성의 삶을 객관적으로 제시하고자 하였다.

6) 포스트모던 가족론

1980년에서 90년 초반까지 가족에 대한 논의에서 막대한 영향을 미쳤던 페미니즘 이론에 이어서 점점 활성화되고 있는 담론인 포스트모던 가족론은 현재의 시점에서 공존하고 있는 여러 가족문화를 한 개의 단어로 표현할 수 없는 것, 그것이 포스트모던 가족이라고 말한다(박만자, 2009). 즉, 가족이 사회변화 과정에서 자연스럽게 형성된 제도라는 가정에 도전하면서 이제는 정형화된 하나의 가족이 아니라, 유동적인 성격을 지니고 있는 다양한 형태의 가족들이 존재함을 인정해야 한다고 주장하여, 기존의 구조론적 입장에서 가족과 관련된 다양한 주체에 관심을 환기시키고 가치개입적 가족 이론에서 벗어나게 하는 계기를 마련하였다(김태현, 2002).

본 이론에서는 가족형태의 다양성, 시각의 다양성, 이론과 방법론의 다양성 등의 다양성을 강조하고 있는데, 예를 들면 구조기능론의 단일적 가족론을 비판하면서 여성의 입장과 시각을 반영한 것이 패미니즘이었다면, 포스트모던 가족론은 성 외에도 인종, 계층계급, 문화의 시각까지도 포함시키고 있다(한국가족문화원, 2009).

따라서 포스트모던 가족관점은 다양성과 개연성이라는 입장에서 가족과 그 배경을 이해하기 때문에 가족형태, 가족관계 및 가족생활 그리고 이들의 변화를 이해하는 데 유용하다. 특히, 동성애 가족 독신 가족, 미혼모 가족 등 새로운 가족형태를 이해하는 데 많이 활용되고 있다. 그러나 가족을 이해하는 해석 틀이 가족을 얼마나 정확하게 설명하고 있는지에 대해서 비판을 받고 있다.

3. 다양한 가족형태의 특성 및 실태

산업화시대에는 확대 가족제도는 점차 사라지고 핵가족화로 진행된다는 논의(Godde, 1963)가 지배적이었다. 그러나 산업화사회 이전에도 그리고 산업화사회에도 지역별로 또한 계층별로 다양한 형태의 가족이 존재하고 있었다. 특히, 최근 한국사회는 다양한 차원에서 가치관의 급격한 변화를 경험하고 있으며, 이는 가족, 결혼, 자녀 등에 대해 많은 영향을 초래하고 있다. 이로 인해 부모자녀 중심의 핵가족이 아닌 다양한 가족형태들이 나타나고 증가하고 있는데, 이러한 한국 가족의 다양한 변화를 가져오게 한 원인을 김승권(2005)은 사회적 요인, 가치관적 요인, 인구학적 요인, 개인적 및 가족요인으로 언급을 하였다. 또한 가족의 형태와 기능상의 변화는 앞으로도 계속될 것으로 전망하고 있다. 한편 김승권(2005)은 가족의 형태를 구조적 측면, 가족원의 특성, 생활양식의 변화, 탈근대적 측면에서 가족을 분류하고 있는데, 본 장에서는 이를 기준으로 다양한 가족유형의 특성과 실태를 살펴보겠다.

1) 구조적 측면의 가족형태

(1) 한부모 가족

전통적 가족구조를 기준으로 볼 때, 한부모 가족은 자녀의 입장에서 부 또는 모가 부재한 가족이다. 한부모 가족의 일반적 개념은 이혼, 유기, 별거 및 미혼모(부)로 인하여 한쪽 부모가 없거나 법적으로 또는 현실적으로 한쪽 부모역할을 할 수 없는 한부, 한모로 (자녀가 18세 미만인 자) 이루어진 가족을 말한다.

표 2-1 혼인상태별 한부모 가구의 비율

연 도	총 가구 수	한부모 가구의 혼인상태					한부모 가구 비율[2)]
		유배우[1)]	사별	이혼	미혼	소계	
1990	11,354,540	226,731 (25.5)	497,867 (56.0)	78,861 (8.9)	85,394 (9.6)	803,459 (100.0)	7.8
1995	12,958,181	216,067 (22.5)	526,320 (54.8)	123,969 (12.9)	93,616 (9.8)	866,356 (100.0)	7.4
2000	14,311,807	252,917 (22.5)	502,284 (44.7)	245,987 (21.9)	122,666 (10.9)	1,001,188 (100.0)	7.9
2005	15,887,128	327,864 (23.9)	501,095 (36.6)	398,532 (29.1)	142,452 (10.4)	1,369,943 (100.0)	8.6

1) 한부모 가구의 혼인상태가 유배우인 경우는 배우자가 가출, 유기, 장기복역 상태임을 의미함
2) 총 가구 수 대비 한부모 가구 수의 비율임
자료 : 통계청. 인구주택총조사. 각 연도(도미향 외, 2009 재인용).

한부모 가구는 매년 증가추세를 보이고 있다. 제시된 표 2-1을 중심으로 살펴보면 1990년에는 7.8%, 1995년에는 7.4%, 2000년은 7.9%. 2005년은 8.6%로 매년 증가하는 것을 알 수 있다. 이 중 배우자의 가출 또는 유기, 장기복역, 배우자의 사망 등으로 한부모가 된 경우는 감소한 반면, 이혼의 경우에 있어서는 매년 증가를 하고 있으며, 이는 앞으로도 계속될 것으로 예측한다.

또한 한부모 가족을 성별로 보면 모자가족이 차지하는 비율이 부자가족보다 월등히 많이 차지하고 있으나, 해마다 부자가족이 차지하는 비율이 조금씩 증가하고 있어 이들에 대해 관심을 기울일 필요가 있다. 한부모 가족은 부 또는 모의 부재에 따르는 가족원 전체가 일시적 또는 항구적으로 역할에 대한 혼란과 갈등을 경험할 수 있으며, 특히 부자가족은 자녀양육과 가사에 어려움을 호소하고 모자가족은 경제적 어려움으로 빈곤에 처할 위험성이 높다.

(2) 미혼모 가족

미혼모 가족은 혼인 경험이 없는 여성이 임신 중이거나 출산한 경우로, 자녀로서는 부가 부재한 상황이다. 양육 미혼모를 대상으로 한 조사결과에 따르면, 미혼모 가족의 가족자원상의 문제는 경제적 어려움 이외에도 자녀양육문제, 건강문제, 주택문제 등으로 나타나고 있다.

미혼모도 하고 싶은 것이 많아요!!

중학교 때 실수로 낳은 딸~
그리고 그 딸은 고등학생 때 미혼모가 되고....
할아버지 미혼부는 이 사실도 모르고 총각처럼 자유분방하게 살다가
미혼모가 되어 갑자기 나타난 손자와 딸을 만난다 …….
그 딸이 미혼모로 살아가면서 부딪히는 사회적 편견과 차별에 대해
자신도 꿈을 꾸고 그 꿈을 실현하고픈 사람이라고 호소합니다.

특히 이 가족유형은 사회적 편견으로 인한 죄의식 때문에 심리적 문제를 경험하고 있다.

한편 미혼모 가족이 겪는 가장 큰 어려움은 경제적 어려움이지만 이들을 위한 정부지원 수준은 매우 미흡한 실정이다. 특히 자녀양육을 결정할 경우, 과중한 역할부담으로 어려움을 겪고 있으나, 가족이나 미혼부 또는 주변으로부터 도움을 받지 못하고 모든 것을 혼자서 감당하는 경우가 많다(변화순·조은희, 2003).

(3) 무자녀 가족

부모와 자녀관계의 의미가 약화되고 부부 각자의 개인적 삶이 강조되면서 자녀출산을 계획하지 않는 부부인, 자발적 무자녀 가족과 비자발적 무자녀 가족이 등장하고 있다.

무자녀 가족은 부모의 입장에서 자녀가 없는 가족으로 두 가지 유형이 있다. 하나는 비자발적 무자녀 가족으로, 정상적인 부부관계를 가진 상태에서 12개월 이내에 임신이 되지 않거나, 생존아를 출산할 수 있는 임신을 지속할 수 없는 상태의 부부가족이다. 다른 하나는 자발적 무자녀 가족으로, 자녀의 출산을 혼인과 함께 반드시 수행해야 하는 의무가 아니라, 선택의 시각에서 바라보고 있다.

30대 박무찬씨 부부는 맞벌이를 하면서 자식이 없는 일명 '딩크족'이다. 아이를 낳지 않는 가장 큰 이유는 자유로운 생활을 포기하고 싶지 않아서다. 박씨 부부는 자녀 교육에 들이는 비용과 정성을 자신들에게 투자한다. 그들은 자식을 낳아 기르는 것이 불변의 가치는 아니라고 말한다. 아이가 없어도 얼마든지 행복한 가족으로 살아갈 수 있다는 것이다.

무자녀 가족의 등장배경 속에는 1990년대 미국에서 등장한 딩크족(DINK-Double Income, No Kids)이 우리나라를 비롯한 동양권에서도 신세대 전문직 종사자 부부들 사이에서 급속히 퍼지고 있다.

(4) 노인가족

노인부부 가족은 만 65세 이상의 노인이 자녀 및 다른 가족원과 동거하지 않고 부부로 만 1개월 이상 독립된 가구형태로 생활하고 있는 가구이다. 2008년 노인실태조사 결과에 따르면, 조사대상자 중 65세 이상 노인 중 자녀와 동거하는 가구는 27.6%에 불과하고, 노인부부 가족은 47.1%, 노인독거 가족은 19.7%로, 노인만으로 이루어진 순수한 노인 가족이 전체의 66.8%로 나타나고 있다(표 2-2 참조). 이러한 노인단독 가족이나 노인부부 가족 형태는 앞으로도 증가할 추세인데, 이와 같은 노인가족은 노인만으로 가족이 구성되어 긴급하고 어려운 상황에서 도움을 청할 수 있는 사회적 지지망이 결핍되거나, 가족관계 및 가족과정과 접촉 부족으로 외로움과 소외감 등의 어려움을 겪을 수 있다.

표 2-2 노인가구 현황 (단위 : %)

60세 이상			65세 이상		
노인부부 가구	자녀동거 가구	노인독거 가구	노인부부 가구	자녀동거 가구	노인독거 가구
47.4	29.9	16.6	47.1	27.6	19.7

※ 2008년도 노인실태 조사대상 : 노인 60세 이상 노인 15,146명, 65세 이상 노인 10,798명
자료 : 보건복지부(2011)

2) 가족원 특성 측면의 다양한 가족

(1) 재혼 가족

재혼 가족이란 부부 중 한사람 혹은 둘 모두가 결혼한 경력이 있고 이후, 이혼이나 사별을 경험한 사람이 다시 결혼하여 가족을 형성하는 것을 의미한다. 재혼 가족의 발생원인은 직접적으로는 별거, 사망, 이혼 및 유기 등으로 인한 가족해체를 들 수 있으며, 이외에도 개인주의적 성윤리와 여성지위 향상 및 재정적인 이유 등도 제시된다.

표 2-3 재혼비율의 변화추이 (단위: 천 건, %)

구 분	1990		1995		2000		2005	
전체 혼인건수	399,3	(100.0)	395,2	(100.0)	334,0	(100.0)	316,4	(100.0)
초혼부부	366,6	(89.3)	341,5	(86.5)	273,1	(81.8)	233,7	(73.9)
재혼부부	42,4	(10.7)	53,7	(13.5)	59,8	(17.9)	79,6	(12.1)

※ 1990년 이후는 신고기준 및 미상포함
자료 : 통계청. 인구동태통계연보(혼인, 이혼편). 각 연도.

우리나라의 총 혼인건수는 1990년~2005년을 기준으로 볼 때, 매년 감소하고 있는 추세이고 이 감소 추세의 주요 이유는 초혼 건수의 감소 때문이다. 한편 우리나라의 재혼가족의 규모는 이혼의 증가와 함께 상승하는 추세를 나타내고 있는데, 혼인구성비의 변화를 보면 전체 혼인건수에서 재혼이 차지하는 비율이 1990년 10.7%, 1995년 13.5%, 2000년 17.9%, 2005년 12.1%로 나타난다. 2005년은 감소를 보이지만, 실제 재혼건수에서는 5년 전인 2000년보다 19만 8천 건 많아진 것으로, 전반적으로 재혼이 증가추세에 있음을 알 수 있다(표 2-3 참조).

재혼가족은 다양한 가족구성이 나타날 수 있는데, 이는 재혼유형 및 횟수, 재혼자의 연령에 따라 달라질 수 있다. 예를 들면, 모두 자녀 없이 재혼하는 경우, 두 사람 중 하나 혹은 모두 이전 혼인관계에서 출생한 자녀들이 있어 함께 가족을 이루는 경우, 함께 거주하지는 않지만 이미 분가한 성인자녀가 있는 경우 등 다양한 가족형태를 이룬다. 따라서 재혼가족은 기존 가족관계의 상실감, 친부모와의 애정유지와 계부모와의 애정 사이의 갈등, 혼인 전 자녀들과의 관계 및 갈등 등으로 가족의 적응과 통합을 저해하는 요소가 가족 위기 문제로 나타나고 있다.

(2) 입양 가족

입양 가족이란 입양이라는 법률적 과정을 통해 새로운 가족관계를 형성하는 가정이다. 국내입양은 양적으로 전체 입양에서 차지하는 비중 면에서도 점차 증가하는 추세이다. 그러나 우리나라의 입양실태에 있어서는 개별적 독립입양이나 비밀입양이 많기 때문에 입양의 통계적 추이를 정확하게 파악할 수 있는 공식적 자료는 없는 실정이다. 통계청에서 집계한 입양실태 조사를 인용하면 국내입양은 1995년 이후 증가하는 경향을 보여서 1,025명에서 2000년에는 1,686명으로 증가하다가, 2005년에는

1,461명으로 감소하였다고 보고하고 있다. 한편, 전체 입양건수에서 국내입양이 차지하는 비율도 1995년에는 31.9%에서 2000년에는 41.6%로 증가하였으나, 2005년에는 41.0%로 다소 감소하였다고 집계하고 있다. 입양가족의 경우 새로운 부모를 만나 가족이라는 이름으로 살아가면서 적응과 통합이 어려움을 가질 수 있다.

(3) 국제결혼 가족

국제결혼 가족이란 국적을 달리하는 남녀가 결혼으로 가족을 형성하는 것이다. 최근 국제화 또는 세계화, 한국의 경제성장 발전을 배경으로 국제결혼 가족이 증가하고 있다. 특히, 동남아를 비롯한 저개발 국가의 여성과 한국인 남성과의 결혼이 급속히 늘어나고 있다. 따라서 이러한 추세에 따라 최근 우리나라의 국제결혼 가족은 증가 경향을 보이며, 사실혼 관계를 포함하면 훨씬 많을 것으로 예상된다. 이들 간의 결혼이 증가한 것은 결혼을 '이주를 위한 합법적인 수단' 으로 활용하려는 공급자의 요구와, 자국 내 '결혼시장' 에서 상대자를 찾을 수 없는 일부 계층 남성들의 이해가 결합된 결과(변화순·조은희, 2003) 라고 볼 수 있다. 이러한 증가추이의 원인에 따라 양산되는 국제결혼 가족 속에는 가족문제가 다분히 나타나고 있다.

한편, 통계청의 자료에 따르면 2005~2008년까지의 다문화 가정 학생 수의 집계 결과, 매년 큰 폭으로 증가하고 있음이 보고되었다. 2005년의 경우 6,121명 대비 2008년의 경우에는 18,778명으로 무려 3배가량 증가함을 볼 수 있다(표 2-4 참조). 어머니가 외국계인 학생 수에 있어서도 2006~2007년을 보더라도 큰 폭으로 증가함을 알 수 있다. 그러나 다문화 가정 학생 수만 산출하였을 때 이 정도의 수치를 나타내지만, 법률혼인 및 사실혼 관계를 포함하면 국제결혼의 실제 건수는 훨씬 많을 것으로 예측된다.

표 2-4 다문화 가정 초·중·고교생 현황 (단위: 명)

연 도	2005	2006	2007	2008
다문화 가정 학생 수	6,121	7,998	13,445	18,778
어머니가 외국계인 학생 수	–	6,695	11,825	–

※ 다문화 가정 학생 수는 2005년부터, 어머니가 외국계인 학생 수는 2006년부터 집계되어 옴
자료 : 통계청. 각 연도(한겨레 신문 2009. 5. 4. 보도자료 재인용).

(4) 북한이탈주민 가족

북한이탈주민(새터민)의 국내 입국은 1990년대 중반 이후 급격히 증가하기 시작하여, 2008년 4월까지 그 규모가 1만 3,516명에 이르고 있다(표 2-5 참조). 성별에서는 1990년에는 남성이 여성보다 월등히 높았으나, 점차 그 격차가 줄면서 2002년부터 남성보다 여성이 차지하는 비율이 높아져 2007년에는 3배 이상이 되었다.

표 2-5 새터민 입국 현황 (단위 : 명)

구 분	1999 까지	2000	2001	2002	2003	2004	2005	2006	2007	2008. 4월까지	합 계
전 체	1,095	312	583	1,139	1,281	1,894	1,383	2,018	2,544	1,267	13,516
남	921	180	294	514	468	626	422	509	570	274	4,778
여	174	132	289	625	813	1,268	961	1,509	1,974	993	8,738

자료 : 통일부(2008)

이들의 가족 형태는 북한이탈 당시 가족 전체가 입국한 경우, 혹은 남한에서 가족을 이루어 사는 경우 등이 있다. 이들이 경험하는 갈등은 다양한 상황과 맥락을 고려해야 되지만, 근본적으로는 북한출신의 소수자 집단으로서 겪어야 하는 정체성의 갈등이 본질을 이루고 있다. 또한 세대 간 갈등의 예로서, 가부장적 가족문화 속에서 살아온 부모세대와 남한생활에 빠르게 적응하는 자녀세대와의 갈등 등도 나타나고 있다.

3) 생활양식 측면의 다양한 가족

(1) 맞벌이 가족

맞벌이 가족은 부부가 모두 직업을 가진 경우로 여성의 취업동기에 따라 생계유지형, 내조형, 자아실현형, 여가활용형으로 구분이 된다(조애저, 2005). 이 가족은 가사 및 자녀양육의 역할 간 갈등을 경험하기 쉬우며, 이러한 역할 간 갈등은 엄청난 스트레스의 원천(특히 부모역할 중 자녀양육 및 교육문제에 큰 어려움)이 된다. 맞벌이 비율은 전체 41%로, 여자의 연령이 높아질수록 맞벌이 비율은 높아지는 추세이다. 한편 여자의 교육수준이 높을수록 맞벌이 비율은 낮아졌다.

맞벌이 가족은 부부관계 및 부모자녀관계에서 전형적인 핵가족과는 다른 모습을 나타낸다. 맞벌이 가족 부부관계에서 나타나는 새로운 특성은 남편과 아내 상호 간의 역할분담과 부부 간의 평등한 권위관계라는 두 가지 변화를 살펴볼 수 있다. 이렇듯 맞벌이 가족은 여성의 자아욕구의 증대와, 생활수준을 유지하려는 문화적 압력과, 소득증대에 대한 강한 욕구가 어우러지면서, 더욱 보편적인 가족형태로 발전하고 있다. 앞으로 기혼여성의 사회적 진출로 맞벌이 가족의 증가는 지속될 것으로 전망된다.

(2) 주말부부

주말부부란 결혼생활을 유지하면서 부부가 서로 다른 지역에 직업과 거주지를 두고, 일주일에 3일 이상을 떨어져 사는 가족을 말한다. 주말부부의 증가는 경제적 요인, 여성취업의 증가, 직장소재지 이동, 자녀교육 등의 이유를 들 수 있는데, 기본적으로 부부 각자가 개인의 직업적 성취를 추구하면서, 결혼생활을 유지하려는 2가지 동기를 동시에 갖고 있기 때문이다.

특히, 우리나라의 경우 1980년대부터 본격화된 정부의 지방산업 육성으로 노동력의 이동을 가속화시켰으나, 교육과 문화, 그리고 기관이 수도권에 집중되어 있는 현실적 제약으로, 취업한 가족 구성원만이 직장을 따라 이동하는 형태가 이뤄진 것도 주말부부 증가 요인이라 할 수 있다. 또한 최근에는 기혼여성의 지속적인 경제활동의 지지와 가치를 중요시하면서, 결혼생활 때문에 직업을 포기하지 않는 의식이 보편화되는 것도 영향을 미치고 있다(백지애 · 최수찬, 2006).

주말부부는 전통적 가치관에서는 비동거 가족에 해당되는데, 이에 대한 편견이 여전히 잔존하고 있어, 비동거 가족 구성원이 겪게 되는 고독감이나 소외감은 각종 스트레스의 원인이 되기도 하며(김승권 외, 2004), 이들의 스트레스를 해결하기 위해 서비스를 제공하거나, 지원하는 사회의 지원은 거의 없기 때문에, 전통적인 동거가족에 비해 상대적으로 더 많은 개인 및 가족 갈등을 경험할 수 있다. 한 예로 주말부부 남편의 25%가 가사노동 기술이 없어 직장 거주지에서 하숙 또는 파출부에 의존하고 있다.

(3) 기러기 가족

기러기 가족이란 자녀의 유학을 위해서 부모 중 한 사람과 자녀가 해외에 거주하고, 다른 부모가 국내에서 생업에 종사하는 가족이다. 이러한 기러기 가족의 대부분은 30~40대이며, 초등학생과 중학생 자녀를 둔 대졸 이상의 고학력자들이라는 특징을 갖고 있으며, 배우자의 직업은 무역업, 고위직 공무원, 교수, 변호사, 의사 등 한국의 중산층 이상의 재력을 가진 사람들이고, 이들 중 대부분은 아버지는 국내에 남고 어머니와 자녀는 해외에 거주하는 한부모 가족의 형태를 이루고 있다(조애저, 2005).

기러기 가족에 대한 정확한 통계는 없으나 조기 유학생 통계로 그 규모를 추산해 볼 때, 1996년에 3,573명이던 연간 조기 유학생은 2003년도에는 10,149명이었다고 보고(조선일보 2005. 1. 26. 보도자료 ; 도미향 외, 2009 재인용)하고, 2006년에는 29,511명까지 정점을 찍은 뒤, 조금씩 줄어들어 2009년 현재 18,118명을 기록하고 있다(문화일보 2011. 7. 27. 보도자료).

6년간 원룸 살다 한 줌 재가 된 기러기 아빠

가족을 해외로 보내고 홀로 생활하다 사망 5일 만에 발견된 '기러기 아빠'의 사연이 안타까움을 사고 있다. '마시다 만 맥주병, 널브러진 빨랫감, 수북이 쌓인 빈 그릇…'

가족들을 외국에 보내고 혼자 지내던 중 숨진 50대 '기러기 아빠'가 마지막으로 남긴 것들이다.

17일 오전 9시 50분쯤 서울 서초구 양재동의 원룸 빌라에서 건축설계사 구모(52)씨가 속옷 차림으로 코에서 피를 흘린 채 숨져 있는 것을 회사 동료 김모(51)씨가 발견해 경찰에 신고했다. 대학생 딸(21)과 아들(19)을 부인과 함께 미국에 유학 보내고 6년째 홀로 생활하다 사망 5일 만인 17일 발견된 '기러기 아빠' 구모(53)씨의 보금자리는 10평이 채 안 되는 전세 4500만원의 원룸이었다.

구씨의 한 직장 동료는 "구씨가 평소 외롭다는 말은 하지 않았지만 누가 봐도 쓸쓸한 생활을 했다."며 "저녁 시간은 항상 술로 보냈고, 담배도 하루에 두 갑 정도를 피웠다."라고 말했다. 구씨의 한 친구는 "1년에 3천만 원 정도를 가족이 있는 미국에 보낸다는 정도만 이야기했을 뿐 평소 가족에 대해 잘 이야기하지 않았다"며 "부인과 이혼한 사실도 최근에 알게 됐다"고 밝혔다. 구씨의 부인과 두 자녀는 구씨의 시신이 경기도 벽제 화장터로 향하기 직전인 19일 새벽 4시께 한국에 도착했다. 그때까지 강남 성모 병원에 마련된 구씨의 빈소는 구씨의 형제들과 조카들이 지켰다.

자료 : 오마이뉴스(2005. 10. 19) www.paichai89.or.kr

한편, 기러기 가족은 주말부부와 다르게 거리상의 이유로 가족이 함께 할 시간이 상대적으로 매우 부족하며, 주변의 편견, 기러기 아빠의 경우 가사일 처리 등의 문제, 외국생활에 익숙해진 자녀들과의 가치관 차이와 단절감 등의 문제가 부각되고 있다. 특히 기러기 가족은 점차 경제적 부담이 증대될 뿐만 아니라, 부부관계의 안정감이 결여되는 것으로도 파악되어 가족갈등과 해체 가능성이 높다고 본다.

4. 탈근대적 측면의 다양한 가족

1) 미혼독신 가족, 비혼독신 가족

독신 가구는 ① 법적혼인상태(미혼, 이혼, 사별), ② 사실적인 혼인상태(동거, 계약결혼, 동성애), ③ 성관계를 맺는 기준(자유·유동적 커플교환, 개방된 커플, 폐쇄적 커플, 유사 결혼, 순응자), ④ 독신에 대한 자기의사의 반영여부와 기간(일시적, 장기적, 자발적, 비자발적)을 기준으로 구분되는데, 미혼독신 가족이란 결혼경험이 없는 사람으로서, 현재 법적으로 배우자가 없는 사람이며 사별·이혼으로 현재 혼자 사는 사람은 제외하는 것을 의미한다.

미혼 가족은 사회적으로 왜곡된 시선을 가장 많이 힘들어하며 사회적 편견, 부당한 차별, 부모님의 결혼 압력, 고독감과 외로움, 미래 불안, 곤경에 처했을 때, 성적인 편견, 경제적인 곤란, 성욕 해소 문제를 어려움으로 호소하고 있다. 미혼 독신가구의 증가는 개인주의, 가부장제 가족제도에 대한 반발, 여성의 경제적 자립, 적절한 배우자감의 부재와 이혼율 증가, 그리고 고령화의 상승에 기인하는 것으로 여겨진다.

한편, 아직 결혼하지 않았다는 뜻의 '미혼(未婚)'과 달리 '비혼(非婚)' 가족은 '결혼하지 않은 상태에 있는 사람들'을 일컫는 말로, 결혼하지 않은 미혼 가구와 배우자의 죽음이나 이혼 등으로 싱글이 된 1인 가구까지 포괄하는 개념이다. 우리나라 비혼 가구는 통계청 조사에서 2005년 기준 280만 2,636가구로 집계되었는데, 1995년 144만 3,439가구에 비해 10년 동안 59%가 증가하였다.

2) 동거 가족

동거 가족은 법률이 정하는 방식의 혼인을 하지 않고 남녀가 결합하여 살고 있는 형태 중, 사실혼과는 달리 혼인의사가 없거나 혼인의사가 불명확한 남녀결합에 기반을 둔 관계이다. 과거에는 동성동본 금혼이나 여타의 사유들로 인해 법적인 결혼을 하지 못하는 사례들이 주를 이루었다면, 최근에는 동거를 통해 결혼생활을 미리 경험하고 결혼할 것인지 여부를 결정하고자 하는 것과, 결혼으로 발생되는 의무와 책임에서 자유롭고자 동거를 선택하기도 한다. 즉, 기존의 결혼제도의 틀을 거부하거나 유보하는 하나의 방식으로 자발적으로 동거를 선택하는 사례가 늘고 있다. 특히, 결혼은 생애의 필수가 아닌 선택이라고 보는 인식과 가족구성이 기존 결혼의 형태로 구성하는 방식에 비판적인 시각이 동거 가족 발생 기저에 깔려 있는 가치이다.

현재 우리나라에서 사실혼이나 동거에 대한 정확한 통계는 없으나, 결혼정보업체나 가정법률상담소에 따르면 결혼식을 올린뒤 1~2년 이내에 혼인신고를 하지 않는 부부가 절반에 이르는 것으로 추산하고 있다(도미향 외, 2009).

20대 남녀 60% "혼전 동거 상관없다."

혼전 동거에 대한 20대의 생각이 점차 더 개방적으로 변해가는 것으로 조사됐다. 26일 통계청이 발표한 '2010년 사회조사(가족·교육·보건·안전·환경부문)' 결과에 따르면 "20대 10명 가운데 6명은 남녀가 결혼하지 않더라도 함께 살 수 있다"고 생각하는 것으로 밝혀졌다. 이는 통계청이 지난 5월 전국의 15세 이상의 국민 3만 7천 명을 대상으로 사회인식을 조사한 결과로 20대의 59%가 혼전 동거에 긍정적인 반응을 보인 것으로 집계돼 놀라움을 자아냈다.

자료 : mbc뉴스(2010. 10. 26)

3) 공동체 가족

기본적으로 가족은 하나의 공동체로서 다음과 같은 기능을 가진다. 첫째, 개인에 대한 차별 없이 사랑과 협동에 기반을 둔 인간관계로서 이해타산이나 경쟁보다 협조와 이해를 강조하며 부모, 자녀, 형제가 전인격적인 관계를 지속하며 개인적 성장

들꽃 피는 마을에는 잔디네, 토끼풀네, 해바라기네, 코스모스네, 민들레네 이렇게 여러 가족이 살고 있죠. 들꽃? 그건 바로 우리 아이들이에요. 우리 들꽃들은 여러 가지 개인적인 사정으로 들꽃 피는 마을에서 새로운 가정을 꾸렸답니다. 쉿! 개인적인 사정에 대해서는 궁금해하지 마세요. 누구나 한가지쯤은 말하고 싶지 않은 이야기 거리가 있잖아요. 지금 내게 중요한 건 지금 현재의 가정을 아주 소중하게 생각하고 가꾸어나가고 있다는 거에요. 우린 들꽃 피는 마을의 너른 품에서 룰루랄라 즐겁게 산답니다. 히히 부럽지요?

자료 : 들꽃피는 마을. 청소년 쉼터(그룹홈).

을 위해 서로 지지하는 것을 기대하며 노력하는 것이다. 둘째, 노동과 소비를 공동으로 수행한다. 또한 생로병사를 서로 돌봄으로써 물질적 풍요를 누리지 못하는 경우에도 심리적 안정을 얻을 수 있다. 셋째, 가족공동체는 자율적·자치적·총체적 삶의 단위로서 외부의 간섭이나 억압적 권력의 지배없이 자립적으로 생활을 영위하는 단위이다(이효재, 1985).

공동체 가족은 혼인과 혈연에 기반한 가족의 틀을 벗어나 공동체적 기능을 회복하고, 핵가족이 가질 수 있는 경제생활의 안정, 자녀교육문제, 노후문제, 여성문제 문제점을 극복하려는 개인 및 가족들의 복합체이다. 공동체 가족은 세대 간 문제, 가족문제, 여성문제, 놀이와 일의 가치문제, 정체감문제, 인간혁명문제 등의 해결방안에서 등장했다고 볼 수 있다.

이러한 공동체 가족은 공동체가 생산과 소비를 공동으로 행하여 공동체 전체가 하나의 대가족처럼 기능하는 형태와 소규모공동체로 8~10명이 모여 구성된 소비공동체로 집합적 주거(collective houshold) 유형으로 나눌 수 있는데, 앞으로 가치의 다원화, 생활양식의 다양화에 대한 요구가 강한 만큼 새로운 가족생활, 대안적 공동체에 대한 방법으로 이 유형의 가족은 증가할 것이다.

4) 동성애 가족

동성애 가족이란 자신과 같은 성의 사람에게 감정적·정서적·성적·신체적으로 끌리는 성 지향성을 지닌 사람들이 가족을 이루는 것을 말한다. 이들은 동성의 커플로만 구성되는 경우 외에도, 생물학적인 자녀, 입양자녀, 의붓자녀 등이 구성원과도 함께 공동체를 이루고 살기도 한다.

우리나라의 동성애자는 약 10만 명으로 추산되지만, 미국·프랑스의 경우에 전체 인구의 약 5~10% 정도가 동성애자라는 사실을 감안한다면 그 수가 생각보다 많을 것으로 추측하고 있다(도미향 외, 2009).

한편, 동성애 또는 동성애 가족에 대한 서구의 연구결과에 의하면 동성애부부의 지속기간은 일반부부보다 짧고, 독점적·배타적 성격이 덜하다고 보고하고 있다. 우리나라는 동성애 가족의 전망과 관련해 한국의 강한 유교적 전통을 이유로 부정적 입장이며, 현재 동성애자의 결혼을 인정하지 않고 있다. 그러나 세계적인 추세로 볼 때, 동성애 가족의 법적 보호에 대한 논의가 진행되고 있고 이미 동성혼 혹은 생활동반자 관계로 법적으로 인정하고 있는 나라들인 유럽의 국가들을 비추어 봤을 때, 우리나라에서도 이에 대한 논의가 시작되고 있다.

요점정리

- 가족의 개념은 구조적이며 핵가족 중심의 개념에서 기능적이며 다양한 가족형태를 수용하는 개념으로 변화되고 있다.
- 가족에 대한 관점과 개념, 그리고 주요 요인은 상호작용이론, 구조기능론, 갈등이론, 교환이론, 페미니즘이론, 포스트모던가족론에 따라 다르게 정의되고 주장되었다.
- 오늘날 가족의 형태는 점점 다양해지고 있는데 가족의 구조, 특성, 생활양식, 탈근대적 측면으로 나누어 다양한 가족유형들이 나타나고 있다.

생각넓히기

1. 영화, 드라마, 소설 등을 보면 다양한 가족형태가 제시되고 있다. 이 중 드라마 속에서 가족유형의 한 사례를 찾아보고 여기서 보여 주는 그들의 특성과 현실적으로 다양한 가족이 갖는 특성 등과 비교해 보자.
2. 다양한 가족의 등장을 포스터모던가족론의 관점에서 설명해 보고 이론의 장점과 단점을 나열해 보자.

가 족 정 책 론

3 Chapter

가족 정책의 이해

1. 가족 정책의 개념과 필요성
2. 가족 정책의 범주
3. 가족 정책 분석을 위한 이론적 틀

Chapter 3 가족 정책의 이해

가족 정책이라는 용어는 흔하게 사용되고 있으나, 가족 정책의 개념을 정의하는 것은 쉽지 않다. 즉, 가족 정책 개념은 시대의 흐름이나 학자들마다 다양한 정의가 존재할 정도로 합의된 정의는 없다. 결과적으로 가족 정책의 개념이 명확하지 못하다는 의미는 정책의 대상과 관련된다. 즉, 정책의 대상인 '가족'의 개념이 명확하지 않으며, 이는 가족의 구성원과 기능에 따르는 범주의 논의, 가족문제에 대한 정의와 해결방법에 대한 인식이 시대에 따라 변화하기 때문이다(권진숙 외, 2006).

그렇다면 본 장에서는 가족 정책의 기본 이해를 목적으로 먼저, 정책이라는 개념은 어떻게 정의가 되고 있으며 이를 토대로 다양한 관점에서 제시하고 있는 가족 정책에 대한 개념을 살펴보고 가족 정책의 범주, 그리고 관점 및 이론에 대해서도 검토해 보겠다.

1. 가족 정책의 개념과 필요성

1) 보편적 정책의 개념

정책(policy)은 정의사회 구현을 위해 가치를 권위적으로 배분하는 활동이다

(Easton, 1953). 즉, 바람직한 사회를 실현하려는 목적 지향성과 행동, 그리고 수단 지향성을 가지며, 변화 지향성과 미래 지향성, 그리고 부분이익의 선택성을 지니기 때문에 정치와 연관성이 있으며, 공익을 실현시키고자 하는 공익 지향성과 정책을 선택적으로 받아들일 수 없는 가치의 강제 배분성과 제약성, 문제해결 지향성, 인과성, 의사결정망의 포괄성, 공식성, 합리성과 효율성을 수단선택으로 하는 양면성, 결정수준의 상위성 등을 특징으로 하고 있다(Enderson, 1964).

보편적으로 정의하고 있는 정책의 개념을 정리하면 다음과 같다(신현기 외, 2003; 유계숙 외, 2008 재인용)

① 정책은 정책목표의 달성을 위한 조치로 의도성과 목표 지향성을 전제로 한다.
② 정책은 특정문제에 대한 법규 제정의 의사결정뿐만 아니라, 이를 집행하고 강화하는 것과 관련된 의사결정도 포함하여 일련의 행동과정을 갖고 있다.
③ 정책은 의도하여 발생한 결과뿐 아니라, 의도했으나 발생하지 않은 결과와 의도하지 않았으나 발생한 결과에 대해서도 분석하는 등, 특정한 조치를 취하는 것뿐 아니라 반대로 하지 않는 것도 포함하는 포괄성을 갖는다.
④ 정책은 비용을 유발하는데, 이 비용은 가시적인 비용뿐만 아니라 비가시적인 사회비용도 포함한다.
⑤ 정책은 사회와 상호영향을 주고받으며 변화하는 역동성을 지니며, 결정된 정책만이 아닌, 다른 정책과의 연관성 속에서 그 성과가 도출한다.
⑥ 정책은 정치적 성격을 가지기에 정치적으로 실현가능성과 합리성, 그리고 정책의 책임을 고려해서 이루어진다.
⑦ 정책의 궁극적 목적은 사회 구성원들의 삶의 질 향상에 목적을 둔 인본주의 성격을 가진다.
⑧ 정책은 완전하지 않다. 즉, 인간이 정책을 수립하기 때문에 완벽한 정책 수립은 불가능하여 정책 수립에 대한 평가와 개선이 지속적으로 필요하다.

정책의 개념과 자주 혼용되는 유사한 용어로 계획이나 법률이 있다. 이들의 차이점을 살펴보면 첫째, 포괄성과 일관성이 가장 강한 것은 계획인데 일반적으로 정책보다 상위적인 개념이다. 즉, 정책과 법률은 계획보다 하위적 개념으로 포괄성과 일관성이 약하다. 두 번째, 구체성은 정책과 법률이 계획보다 구체적이고 단편적인 성

표 3-1 정책과 계획, 법률의 차이

구 분	정 책	계 획	법 률
포괄성·일관성	일반적으로 계획보다 하위적인 개념으로 포괄성과 일관성이 약함	일반적으로 정책보다 상위적인 개념으로 포괄성과 일관성이 강함	정책과 본질적으로 동일한 개념(규제정책은 법률과 동일함)으로 포괄성과 일관성이 약함
구체성	계획에 비해 구체적이고 단편적인 성격을 지님	정책보다 장기적이며 미래 지향적이기 때문에 방향성을 가져 쉽게 변경되거나 수정될 수 있음	계획에 비해 구체적이고 단편적인 성격을 지님
강제력·집행력	강제력과 집행력은 계획보다 강하나 법률보다는 약함	강제력과 집행력은 약함	강제력과 집행력이 가장 강함
예	가족친화 정책, 육아 및 보육 지원정책, 저소득 가족 지원 정책	건강가정기본계획 새로 마지 프랜 2010 1)	남녀고용평등법, 영유아보육법, 한부모가족지원법

자료 : 유계숙 외(2009)

격을 갖는 반면 계획은 장기적이고 미래 지향적 방향성을 제시하는 편이라 쉽게 변경되거나 수정될 수 있다. 셋째, 강제력과 집행력에서 가장 강한 것은 법률이고 정책, 계획 순이다(표 3-1 참조).

2) 가족 정책의 개념

(1) 대상 기준의 가족 정책 정의

정책을 정의할 때 일반적으로 적용하는 기준은 정책의 '대상'이 누구냐라는 것이다. 대상이 다른 대상과 배타적이고 경계가 분명하면 어떤 정책에 대한 이해가 비교적 쉽다. 그러나 가족 정책의 대상은 단일하지 않아 가족 정책을 정의하기가 곤란하다. 가족을 단위로 하고 있지만, 가족 안을 들여다보면 아동, 노인, 청소년, 여성, 남성 등의 단일 대상들이 포함될 뿐 아니라, 둘 이상의 사람들로 형성된 부모, 부부, 모자녀, 부자녀, 노부모 등으로도 구성되어 있다.

그동안 가족 정책에서는 대상기준에 있어서 명확히 하려는 시도를 하였다. 그 시도 중 하나가 단위로서의 가족(Kammerman & Kahn, 1978)과 가족 구성원으로서의 개

1) 2006년 7월에 발표된 출산장려 및 고령사회 종합대책인 저출산 고령사회 기본계획

인(Zimmerman, 1995)으로 구분하는 것이다. 여기에서 단위로서의 가족이란 가족원 간의 이해관계가 동일하고 일치한다는 것을 전제로 한다. 반면, 가족 구성원으로서의 개인이란 가족 내 개인의 이해관계가 다를 수 있음을 인정하지만 가족과 상관없는 시민으로서의 개인보다는 가족 구성원으로서 개인에 초점을 두고 있다.

그러나 결국 가족 정책을 정의할 때 이 양자를 결합하는 경우가 대부분(최성재, 1992 ; 조홍식 외, 2002 등)이다. 중요한 것은 가족을 단위로 하는 정책이든 가족 구성원을 집합적 또는 개인으로 다루는 정책이든 이는 모두 가족과 연계되어야 한다.

한편, 성인지적 관점으로 조망한 경우 가족 구성원으로서의 개인에 무게를 두고 있다(김인숙·정재훈·윤홍식, 2004). 즉, 개별 가족들만의 욕구가 있다는 단위로서의 다양성과 동일 가족의 구성원도 독립적인 이해와 욕구가 있다는 차별성을 중요시하고 있다. 이처럼 가족 구성원 개인에 눈을 돌려야 함을 주장하지만 결론적으로 가족 정책의 대상은 '가족'(단위로서의 가족)과 함께 '개별 가족 구성원'이 되어야 함을 얘기하고 있다. 따라서 이러한 논의들은 가족 정책을 가족의 단위로 하든가, 개인을 상정한다 해도, 이때 개인은 가족과의 연관성을 가지고 있는 것으로 한정되어야 한다.

(2) 관점 기준의 가족 정책 정의

관점 기준으로 가족 정책을 정의할 수 있는데, 이 입장은 가족 정책을 다른 사회정책 영역과 구별되는 독립적 영역으로 이해하기보다, 어떤 관점에서 가족 정책으로 볼 것인가에 관심을 갖고 있다. 즉, 여기에서는 가족인지적 관점(Family Perspective)을 통해 모든 정책을 점검하여 가족에 영향을 미치는 정책을 가족 정책으로 본다. 이 관점으로 보면, 사회의 모든 정책이 가족에게 영향을 미치기 때문에 대부분의 정책은 가족 정책이 될 수 있다. 따라서 가족 정책은 사회정책의 다른 표현으로 정의될 수 있다.

(3) 목적 기준의 가족 정책 정의

가족 정책을 정의하는 또 하나의 기준은 그 정책의 목적이 가족 정책을 지향하고 있느냐 하는 것이다. 이 기준에 대표적 학자인 짐머만(Zimmerman, 1995)은 가족 정책의 목적은 가족의 복지(family well-being)를 극대화하는 것이라고 주장하고 있어 가족 정책을 포괄성 개념으로 보고 있다. 따라서 이 정의에 의하면 가족복지라는 기준으로 가족 정책을 보고 있는데, 가족에게 필요한 복지가 사회 및 시대에 영향을 받기 때문에 가족 정책의 지향점이 무엇인지 명확하게 제시하거나 비교할 수 없는 단점이 있다. 한편, 최성재(1992)도 가족 및 가족 구성원으로서의 개인의 복지 증진을 강조하고 있다.

카머만과 칸(Kammerman & Kahn, 1978)은 복지라는 용어보다 사회가 추구하는 목표와 이념을 실현하기 위한 의도를 가지고 가족에 대한 영향력을 행사하는 행위로 보았는데, 이 또한 언어상 표현을 약간 달리 했을 뿐, '가족의 복지'와 다름없음을 명시하고 있다.

성인지적 관점에서 가족 정책의 목적을 제시한 김인숙 외(2004)는 가족 정책의 목적은 현재 가족이 직면하고 있는 가족의 문제를 가장 잘 드러낼 수 있어야 한다고 보고 이들의 관점에서는 가족문제의 핵심은 공·사적 영역의 분리라고 보았다.

따라서 가족 정책의 목적은 공·사적 영역의 통합으로 시장과 가족 영역에서 노동의 주체가 성별에 의해 분리되는 것이 아니라 통합되어야 한다고 주장한다. 여기에서 가족 정책은 시장영역과 가족영역으로 구분하지 않고, 가족 정책의 관점에서 재검토하게 하여 사회정책 전반을 가족 정책의 영역으로 포괄하는 틀을 제공한다.

결국 여러 기준을 토대로 가족 정책의 정의에서 중요한 것은 가족 정책 정의는 관념 속에서의 논리적 작업이 아니라, 정치, 경제, 사회적 현실 속에서 그 현실을 반영하므로, 가족 정책의 개념은 시간 및 공간의 변화에 따라 다르게 정의되어야 한다는 것이다.

3) 가족 정책의 필요성

가족 정책을 어떻게 정의할 것인가에 대해서는 대상과 목적을 어디에 두느냐에 따라 다양하게 볼 수 있지만, 가족 정책이 필요하다고 하는 입장은 동일하다. UN(1994)에서 제시하고 있는 가족 정책의 필요성은 크게 아래와 같은 차원에서 제시를 하고 있다.

(1) 가족은 사회의 기본단위이다

가족은 구성원의 성장과 안녕에 본질적인 정서적·물질적 지지를 제공하는 사회의 기본적 단위로 인지되어 왔다. 따라서 가족은 경제적·사회적 발달에 관한 정책과 우선순위를 설정할 때 반드시 고려되어야 한다.

(2) 가족은 개인의 안녕을 증진하는 핵심적인 사회 안정망이다

거의 모든 성원은 가족이라는 기본적 울타리에서 생활하고 있으며, 이들은 가족이라는 안전망을 통해 개인의 안녕을 유지하며 증진하고 있다. 몰론 가족이라는 망이 오히려 개인의 안녕을 저해하거나 위협하는 경우도 있지만, 이 또한 가족의 망이 안전하지 않기 때문이다. 따라서 가족 정책을 통해 가족의 망이 안전하도록 유지·보호한다면 개인의 안녕 또한 유지되고 증진될 수 있을 것이다.

(3) 가족은 인류역사상 가장 어려운 도전에 직면하여 있다

급격한 사회변화 자체만으로도 가족에게는 커다란 스트레스이다. 인간은 사회의 변화만큼 신속하게 적응하지 못하는 내재화의 어려움을 갖고 있어 인간이 속한 가족도 급속한 사회변화에 어려움을 겪고 있다. 따라서 의도적으로 가족을 돕기 위한 정책이 수립되고 관련된 정책 내용이 가족에게 제공될 필요가 있다.

4) 가족 정책의 발달과정

가족 정책은 어떤 발달과정으로 진행하였는가? 가족 정책은 가족에 대한 개입을 어떠한 관점에서 가족을 지원하고자 하는가에 따라, 가족 구성원 개입에 대한 수준에서부터 가족을 한 단위로 보아 전체로서 가족의 기능을 지원하는 것에 이르기까지 다양한 수준에서 이루어져 왔는데, 여기서는 크게 3단계의 차원으로 나누어 가족 정책의 발달과정을 살펴보도록 하겠다.

(1) 1단계 : 인구증가와 빈곤 문제에 초점

19세기 말에는 산업화와 도시화, 세계대전으로 가족의 빈곤율과 불안정도 증가하였다. 특히 영아 사망률이 높아지자, 가족 내 여성과 아동을 보호하고자 하는 공적 개입이 나타났기 시작했다. 아동복지센터의 설립, 빈곤한 어머니, 과부, 고아 등에 대한 제한적 현금급여 등이 생겨났으며, 이어서 출산수당, 결혼과 출산 장려 조치 등이 마련되기도 하였다.

결국 이 단계에서의 가족 정책이라는 공적 개입은 사회가 추구하는 목적을 달성하기 위한 일차적 정책도구였다.

(2) 2단계(1960~1974) : 소득 불평등과 소득 재분배에 초점

이 시기에는 역사적으로 가장 높은 경제적 성장률을 기록하였으나, 일부 국가는 빈곤문제가 재발견되면서 저소득 가족의 문제에 관심을 가지게 되었다. 따라서 서구 산업화된 국가는 소득이전, 건강보호, 교육, 주거 고용 등 사회복지 서비스의 모든 영역에서 사회적 보호체계를 확대하는 사회보장 및 사회복지 관련 정책이 왕성하게 시행되었다. 또한 노인에게 관심을 가지기 시작하면서 노인에 대한 사회정책이 유럽과 미국에서 시작되기도 하였다. 또한 이 시기에는 여권주의 운동에 힘입어 성 평등과 출산에 대한 통제권 이슈가 쟁점화되기도 하였다.

이 시기에 가족 정책은 소득 불평등에 초점을 두고 이로 인해 빈곤한 가족을 위해 소득을 재분배하는 가족 정책, 그리고 소득 불평등으로 차별을 받고 있는 노인과 여성의 권익을 위한 가족 정책 등이 관심을 불러 일으켰다.

(3) 3단계(1975~) : 가족구조와 성 역할에서의 가족변화 대처에 초점

본 단계에서 사회의 주요변화는 저출산 현상과 여성의 노동시장 참여율이 증가하였으며, 가족형태의 다양화를 특징으로 볼 수 있다. 따라서 여성의 노동시장 참여가 증가하면서 일하는 부모에 대한 부모휴가, 탄력적인 근무시간 정책과 아동보호서비스의 공급 등 다양한 가족 정책이 필요로 하게 되었고 전형적 가족만이 아닌 다양한 가족까지도 포함한 가족 정책을 요구하기 시작하였다.

결국 이 단계에서는 가족이라는 사적 영역만이 아닌 가족과 연관된 공적 영역까지도 초점을 두고 일과 가족생활의 균형이 가능하도록 하는 가족 정책, 그리고 가족변화에 대처하여 가족의 기본 복지를 제공하려는 정책이 주요 내용이다.

2. 가족 정책의 범주

가족 정책의 개념을 충분히 이해하기 위해서는 가족 정책의 내용을 포함하는 범주에 대한 이해가 필요하다. 가족 정책의 범주는 대상의 목적에 따라 논리적으로 연동되는 것이 아니라 역사성을 갖는다. 즉, 그 사회의 가족 및 가족의 복지에 대한 담론 여하에 따라 가족 정책의 범주가 달라진다는 것이다(양옥경 외, 2008). 따라서 이러한 가족 정책의 범주를 어떻게 나누고 있는지에 대해서 본 장에서는 다양한 관점에서 살펴보도록 하겠다.

1) 일반적인 가족 정책 범주화

(1) 가족 기능 중심의 범주화

가족 기능 중심의 범주화는 가장 많이 적용되는 기준으로 가족의 기능과 역할을 중심으로 범주화하고 있다. 여기에서는 가족 정책의 목적을 가족 기능의 지원과 통제에 두므로 기능주의 입장이라는 비판이 있으나 상당히 설득력을 가지고 있다. 가족의 기능을 재생산, 경제적, 사회화, 성적·정서적, 돌봄의 기능으로 구분하여 관련 정책을 구분하고 있다. 가족 기능별 관련 정책들을 분류한 예시는 아래 표 3-2와 같다.

(2) 성인지적 관점 중심의 범주화

성인지적 관점 중심의 범주화에서는 공·사적 영역의 통합이 가족 정책의 목적으

표 3-2 가족 기능별 가족관련 정책들

가족의 기능	관련 정책들
재생산 기능	산전휴가, 육아휴직, 방과 후 보호, 양육비 지원, 보육 서비스
경제적 기능	가족수당, 아동수당, 가족에 대한 각종 소득공제, 공적연금, 공공부조, 주택보조
사회화 기능	교육비 지원 및 공제
성적·정서적 기능	가족치료, 가족상담, 가족교육을 비롯한 대인적 서비스
돌봄의 기능	노인장기요양보험, 간병휴가

자료 : 양옥경 외(2007 : 37)

로 봄에 따라 공적영역을 대표하는 시장영역과 사적영역을 대표하는 가족영역을 중심으로 가족 구성원을 지원하는 정책을 범주화하고 있다.

즉, 시장영역에서는 가족 구성원의 권리를 보장하는 노동권, 가족영역에서는 가족 구성원의 원리를 보장하는 부모권을 한 축으로, 그리고 시장과 가족영역에서의 조건의 보장과 결과의 보장을 또 다른 축으로 가족 정책을 범주화하고 있다(표 3-3 참조).

이러한 구분은 그간 가족 정책의 목적을 명확하지 못하고 현상적으로 논의되었던 가족 정책을 다양성과 성인지적 관점으로 재편함으로써 하나의 유용한 접근을 제시하고 있다는 의미를 갖는다.

그러나 이렇게 범주화하고 있는 가족 정책에 대한 기존 입장의 한계에 대해서 언급을 하면, 가족 정책은 해당 국가마다의 사회경제적 요인, 정치적 요인에 영향을 받기 때문에 국가마다 가족 정책의 방향과 형태가 다르게 나타날 수밖에 없다는 점을 간과하고 있다. 즉, 가족 정책이 어떻게 형성·수립되었는지 그 영향요인은 고려하지 않고 고정적 기준으로 가족 정책을 말하고 있다.

예를 들면, 가족문제는 누가 책임져야 할 것인가라는 입장에 대해서도 국가마다의 가족규범과 가치에 대한 태도 등에 따라서 국가가 전적으로 책임져야 한다는 입장부터, 국가보다 가족이 책임져야 한다는 입장까지 그 책임성의 정도가 다르며, 국가마다의 인구문제, 가족의 변화, 여성의 노동시장 참여 확대 등의 여러 사회에 대두되는 변화에 따라서도 가족 정책은 영향을 받는다.

표 3-3 시장·가족영역 중심의 가족 정책 범주화

분 류	조건의 보장	결과의 보장
시장영역 (노동권)	보육의 사회화(공보육 강화), 방과 후 프로그램, 노동시간 선택제도	소득공제제도, 사회보험(국민연금, 건강보험 등), 퇴직연금, 노인요양보험
가족영역 (부모권)	육아휴직제도, 부모보험제도, 출산전휴가제도, 부모출산휴가, 주부수당, 주부연금, 출산수당, 출산비용지원, 아동(가족)수당, 한부모가족수당	공적부조(국민기초생활보장제도), 경로연금, 교통수당

자료 : 김인숙, 정재훈, 윤홍식(2004 : 34)

2) 국가별 가족 정책 특징에 따른 가족 정책의 유형화

(1) 카머만과 칸

카머만과 칸(Kamerman & Kahn, 1978)은 가족 정책의 기준을 해당국가의 가족 정책을 얼마나 의도적으로 염두에 두면서 시행하였는지를 평가하고 있다. 이들은 정책의 유형을 두 가지 유형으로 나누어 제시했는데, 구체적인 내용은 다음과 같다.

첫째, 명시적 가족 정책으로 이는 가족을 위한 명시적 목적을 가지고 이를 달성하기 위해 세워진 경우를 말한다. 예를 들면, 보육 및 아동지원정책, 가족폭력 관련 정책 등 가족 정책을 가장 우선으로 두고 수립한 것을 말한다. 우리나라의 경우 여성가족부 또는 보건복지부에서 명시적 가족 정책을 주로 담당하고 있다.

둘째, 묵시적 가족 정책으로 가족에 우선적인 목적을 두고 있는 것은 아니지만 간접적으로 결과를 가져오는 경우로 임시적, 간접적 또는 다른 목표를 달성하기 위해 수립된 정책의 예측되지 않는 결과가 가족에게도 영향을 미치는 유형이다. 예를 들어, 건강보험, 주택정책, 실업 관련 정책, 이민정책이 여기에 해당한다.

카어만과 칸은 이와 같이 명시적 가족 정책을 실시하는 나라로 북유럽 국가인 스웨덴, 노르웨이, 그리고 프랑스를 들었고, 명시적 가족 정책을 추구하나 그 범위가 협소한 국가로 오스트리아, 독일, 핀란드, 덴마크를 제시했으며, 명시적 가족 정책을 추구하지 않는 국가로 영국, 미국, 캐나다를 들고 있다.

(2) 하 딩

하딩(Harding, 1996)은 통제-비통제 차원을 중심으로 국가와 가족 간의 관계에 대해 7가지 유형을 제시했다. 구체적으로 7가지 모델을 소개하면 다음과 같다(양옥경 외, 2007).

첫째, 권위주의적 모델로 국가가 선호하는 가족패턴과 가족형태는 극단적으로 강제하고 나머지는 금기시한다. 구체적인 예로는 출산율 증가를 위해 피임과 낙태에 강한 조치를 가하는 경우를 들 수 있다. 이 모델은 현실에서 존재하지 않는 모델이다.

둘째, 자유방임모델로 가족이 어떠해야 하는지에 대해 아무런 영향을 미치지 않으며, 정부는 가족은 개인의 자유와 선택이 완벽히 이루어지는 장이라는 자유주의적 입장을 취한다. 이 모델에서 국가는 가족행동에 관한 한 어떤 목표나 선호하는 가족형태나 이데올로기를 가질 수 없으며, 가족 정책이 없는 것을 가족 정책이라고 본다.

셋째, 특정 영역에서 책임을 강행하도록 하는 모델로 가족생활에 대해 국가가 분명한 정책 목표를 가지고 있으나 전적인 통제는 하지 않는다. 이 모델이 의도하는 바는 권위주의적 모델만큼 가족에 대한 국가의 목표가 최우선시되는 것은 아니지만 부모책임의 강화나 결혼의 강화와 같은 분명한 정책 목표를 갖는다는 점이다.

넷째, 유인동기를 만드는 모델로 국가가 선호하는 가족행동 패턴을 장려하고 그렇지 않은 것은 억제하기 위해 벌과 보상 모두를 조작한다. 구체적인 예로 경제적 인센티브 제공을 들 수 있다.

다섯째, 제한적인 전제 내에서 이루어지는 모델로 가족이 어떻게 행동하는 것이 옳은지 전제를 가지고 있으며, 이러한 제한적인 전제 위에서 가족 정책은 이루어진다. 예를 들면, '여성은 자녀를 전적으로 양육해야 한다' 등과 같은 전제에서 정책이 제시되고, 그 전제를 벗어난 행동은 왜곡되어 보일 수 있다. 이 모델은 앞에 제시된 모델보다 덜 통제적이지만 전제 조건에 따른 가족형태에 강력한 영향을 미친다.

여섯째, 가족을 대체하거나 지원하는 모델로 어떤 의도성은 없고 단지 현재 존재하는 가족구조를 강화하고 촉진하며, 가족이 실패할 경우 이를 지원하거나 대체하는 서비스를 제공한다는 것이다. 그러나 가족에 관한 정책이나 서비스는 특정형태의 가족을 표적으로 하고 있다.

일곱째, 필요와 요구에 반응하는 모델로 가족에 대한 국가 서비스가 요구되지만 주도권이 국가가 아닌 가족에 있는 경우로 특정 가족유형에 대한 전제나 선호가 없고 국가는 가족의 요구에 수동적으로 반응한다. 그러나 이 모델은 이상적 모델로 현실에서는 존재하지 않는다.

(3) 고티어

고티어(Gauthier, 1996)는 가족 정책은 저출산과 고령화, 여성의 노동시장 참여 확대 등과 같은 인구사회학적 변화에 대한 국가의 대응으로 보았다. 여기에서는 유럽과 영미 국가의 가족 정책을 4가지로 구분하고 있는데, 구체적인 내용은 다음과 같다(양옥경 외, 2007).

첫째, 가족친화적·출산장려적 모델은 저출산이라는 궁극적 관심과 관련하여 가족을 지원하는 것을 정부의 중요한 책임으로 간주한다. 일과 가족을 병행하는 것이 출산을 방해하지 않도록 제반조치를 강구한다. 이 모델에 해당하는 대표적 국가로는 프랑스가 있다.

둘째, 전통주의적 모델은 전통적인 남성생계부양제도의 유지를 위해 전통적인 가족유형을 지지하고 성역할 구분을 선호한다. 여성의 노동시장 참여 촉진보다 가정 내에서 여성이 아이를 양육할 수 있도록 지원한다. 이 모델에 해당하는 대표적 국가로는 독일이 있다.

셋째, 성평등주의적 모델은 남녀 간의 평등 성취에 두기 때문에 평등한 성역할 모델을 추구한다. 남녀 모두가 가족에서의 양육과 시장에서의 노동을 병행하도록 제도적으로 지원한다. 이 모델에 해당하는 대표적 국가로는 스웨덴과 덴마크가 있다.

넷째, 가족친화적이지만 비개입주의적인 모델은 국가의 가족에 대한 책임을 인정하지만 그 책임의 범위는 보호를 요하는 가족에게만 한정한다. 전통적인 가족유형을 선호하며, 일과 가족의 병행에 대한 정부의 개입을 최소한으로 한다. 이 모델에 해당하는 대표적 국가로는 미국과 영국이 있다.

3. 가족 정책 분석을 위한 이론적 틀

우리나라의 가족 정책은 아직까지 그 실체가 불분명한 상태이기 때문에 가족 정책의 발전방향을 논할 때, 정책과 제도가 성립하기 위한 기본적인 요소들을 우선적으로 고려하지 않을 수 없다. 본 장에서는 가족 정책을 분석하기 위해 김성천, 안현미(2003)가 가족관, 가족 정책의 대상, 가족 정책의 유형, 가족 정책의 범위, 가족 정책의 방법이라는 가족 정책 분석의 이론적 틀을 통해, 가족 정책의 내용을 제시하고 있는데 이를 중심으로 가족 정책에 대한 이해를 도모하고자 한다.

1) 가족 정책과 가족관: 보수주의인가 진보주의인가?

보수적 관점에서 가족 정책은 시대의 주도적 가족유형에서 벗어나는 가족의 상태를 병리적인 가족해체 문제로 보고 있다. 즉, 한부모 가족, 이혼 가족, 소년소녀가정을 위한 가족 정책은 오히려 가족해체를 조장한다고 보고 있다. 이 관점은 '특정 가족기능 강화 가족 정책'의 유형이라 할 수 있는데, 결국 본 관점에서는 가족을 객체로서 바라보고 있으며, 이는 다른 사회정책의 목적을 달성하기 위한 일종의 수단(사회통제)으로 본다.

반면, 진보적 관점에서는 특정 가족형태를 지향하는 것을 다양한 삶의 의미를 추구하고자 하는 주체로서의 가족의 권리를 무시하는 것으로 보고 있다. 그렇기 때문에 가족 정책은 다양한 가족들이 차별 없이 생활할 수 있도록 지원하는 정책이라고 말한다. 이 관점은 '가족 친화적 가족 정책' 유형이다. 여기에서는 가족을 주체로서 바라보며, 가족과 가족 구성원들이 자신의 욕구에 맞추어 자신의 행복을 추구할 수 있는 권리를 갖는다는 것을 중요하게 바라보고 있다.

2) 가족 정책의 대상: 가족 집단인가 개별 가족 구성원인가?

가족 정책의 대상을 가족의 전체성(family as a whole)으로 바라보는 관점에서는 가족 정책이 양육이나 부양의 단위로서, 체계로서의 특성을 지닌다고 본다. 그렇기 때문에 가족복지란 가족이 하나의 분화된 사회제도로, 사회가 기대하는 가족 고유의 기능을 가족 전체가 실행할 수 있도록, 가족 구성원의 역할을 원조하는 하나의 서비스로 보고 있다. 한편, 가족 전체성이 대상이라는 관점에서는 그 사회의 가족문화나 이데올로기에 따라 개별 가족 구성원들이 희생될 수 있다는 약점(가부장적 가족에서 여성들이 당하는 불이익, 양육과 부양이 특정 가족 구성원의 짐으로 맡겨지는 문제)을 지니고 있다.

가족 정책의 대상으로 개별 가족 구성원으로 바라보는 관점에서는 가족 구성원의 욕구를 추구하고 인권을 존중하여 주는 정책을 중요시하고 있다. 최근 가족변화로 획일적 이데올로기를 강조하는 집단으로서 가족 정책이 한계가 있다고 보는 이 관점은 페미니즘 입장에서 찬성한다.

표 3-4 가족 정책 대상에 따른 분야와 서비스

분 류	정책대상	가족 정책의 분야와 서비스	
가족 집단에 대한 정책	가족 집단의 전체성에 초점을 둠	• 가족관련 헌법, 민법, 가족기본법(가칭) • 사회보장에서 가족관련 부가 급여(가족수당, 주거수당, 학비지원 등) • 간접적인 현금 이전(세제 혜택 등) • 모성 휴가, 부성 휴가 등 • 가족부양 관련 서비스 : 보육, 노인보호수당, 육아휴직제 • 가족폭력방지법, 모자복지법	
개별 가족 구성원에 대한 정책	개별 가족 구성원이 초점 : 가족과 간접 관련	아동복지 정책	보육사업, 학교사회사업, 성교육사업, 아동보호사업, 입양·위탁·시설보호, 장애인자녀 교육비지원, 저소득층 자녀지원
		노인복지 정책	공제제도, 경로연금, 노인고용서비스, 재가노인복지서비스, 경로우대제 등
		여성복지 정책	남녀고용평등법, 남녀차별금지법, 국민연금(가급연금, 분할연금), 모자복지·보건사업, 요보호 여성 발생 예방책, 생업자금 융자, 공공임대주택지원, 보육, 여성사회교육사업

자료 : 김성천, 안현미(2003 : 40)

따라서 개별 가족 구성원을 위한 정책은 간접적으로 가족의 관계성을 고려하는 틀 내에서 운영되는 정책이어야 한다고 주장한다. 하지만 현실적으로 그 경계를 구분하기는 쉽지 않다.

이 두 관점에 따른 가족 정책의 대상과 가족 정책의 분야 및 서비스 내용은 표 3-4와 같다.

3) 가족 정책의 범위 : 관점인가, 분야인가?

가족 정책의 범위를 어디까지 두느냐로 구분한 것으로 광범위 가족 정책, 소범위 가족 정책, 중범위 가족 정책으로 나누어 볼 수 있다.

광범위 가족 정책은 관점으로서의 접근과 같은 범주라 할 수 있다. 여기에서의 가족 정책은 가족과 관련된 모든 제도를 포괄하며 다른 사회정책이 추구해야 할 하나의 당위적인 목적으로 보고 있다. 이 입장에서는 모든 사회정책의 형성과 결정 및 집행의 중심에 가족이 우선적으로 고려되어야 함을 강조하고 있는데, 이러한 모든 것을 포괄하다보니 실현가능성이 적고 가족정체성이 모호해지는 단점이 있다.

표 3-5 가족 정책의 범위에 따른 유형과 분야 및 서비스

분 류	유 형	가족 정책의 분야와 서비스
광범위	관점으로서의 가족 정책	• 모든 사회정책이 가족 정책의 관점에서 조망됨
소범위	사회정책의 독립된 분야	• 가족에 대한 소득지원정책, 자녀양육정책, 노인부양정책, 가족관계 강화정책 등이 주 분야 • 아동복지서비스 등의 대인복지서비스 제외
중범위	협의의 가족 정책과 가족과 가족 구성원 관련 정책	• 협의의 가족복지서비스 포함 • 가족과 가족 구성원에 관련된 사회복지사업과 노동, 교육, 문화 등의 관련 정책

자료 : 김성천, 안현미(2003 : 41)

소범위 가족 정책은 다양한 사회정책의 한 분야나 타 정책과는 배타적인 성격을 지닌 독립된 분야로 한정되어 있다고 보고 있다. 여기에서는 가족정체성을 분명하게 한정할 수 있으나, 그 범주를 배타적으로 규정하고 축소함으로써 가족 정책의 효과성을 약화시키는 단점이 있다.

중범위 가족 정책은 소범위의 가족 정책에 기초하면서 가족에게 밀접한 영향을 준다고 판단되는 기존의 관련정책(예 : 사회복지사업법 제2조에 열거된 제반법률, 노동, 교육, 문화 등)에서 가족과 가족 구성원에 관련된 정책을 통합하여 가족 정책의 범위로 흡수하고 있다.

가족 정책의 범위에 따른 가족 정책의 유형과 가족 정책의 분야 및 서비스 내용은 표 3-5와 같다.

4) 가족 정책의 유형 : 특정 가족 기능강화 유형인가, 가족친화적 유형인가?

학자들마다 가족 정책의 유형을 다양하게 제시하고 있지만, 김성천 외(2003)은 에스핑 앤더슨(Esping-Andersen, 1999)이 구분한 유형을 중심으로 제시하고 있다. 에스핑 앤더슨은 사회정책의 가족 중심 책임을 주장[2)]하면서 사회정책이 가족중심의 책임을 강조하면 '가족주의(familialism)', 가족에 대한 사회적 책임을 강조하면 '탈가족화'라고 규정하였다. 에스핑 앤더슨은 가족 정책의 유형을 가족·친족 책임주의

2) 에스핑 앤더슨은 가족복지정책의 범주를 가족보호서비스, 가족수당, 세액공제를 포함한 조세지원 정책, 영유아보육정책, 노인보호정책으로 규정하고 있음

형, 특정 가족기능 강화형, 가족친화적 유형(탈가족주적 유형)으로 분류하고 있다(최경석 외, 2003).

(1) 가족과 친족 책임주의형

이 유형은 가족 구성원에 대한 양육과 부양의 기능을 가족이나 친족이 우선적으로 책임지고, 국가는 최소한의 책임을 진다는 잔여적 정책적 관점이다. 대표적인 나라로는 남부유럽이나 한국을 포함한 동아시아 국가가 여기에 속한다. 이 국가들은 이혼과 동거도 낮은 편이지만, 최근에는 이러한 사회적 통념이 여성의 노동시장 참여 증가와 충돌하여 결혼연령의 증가, 자녀출산 거부나 출산의 지연 등의 사회문제가 대두되고 있다.

(2) 특정가족 기능의 보완형

본 유형은 주로 핵가족과 같은 기준이 되는 가족형태를 규범적, 이념적으로 선정하여 이에 해당되지 않는 가족들을 '특정 가족형태'로 규정하고 있다. 국가는 이들 특정 가족을 보호해야 할 혹은 문제가 있는 가족으로 인식하고 가족기능을 지원하는 정책을 실시해야 함을 강조하고 있다. 이러한 국가차원의 개입을 강조하다 보니, 기준이 되지 못하는 가족에 대해 사회적 편견이나 낙인감을 부여할 여지가 많다. 이 유형의 대표적인 국가로는 아일랜드, 네덜란드, 영국, 한국, 미국이 있다.

(3) 가족친화적 유형(탈가족주의형)

이 유형은 다양한 가족형태를 인정하여 특정 가족을 규범으로 채택하거나 배제하지 않는 것을 원칙으로 한다. 여기에서는 양성평등한 부부관계에 기초하며 전체로서의 가족단위를 중심에 놓고 가족문제의 예방과 해결에 있어 국가가 적극적으로 개입하는 유형이다. 이 유형의 대표적인 국가로는 스웨덴, 노르웨이, 덴마크 등 북유럽 국가가 있다. 이 국가들은 개인의 자유와 권리를 적극적으로 보호하면서 가사와 아동양육에 대한 책임을 부부가 공유할 수 있도록 가족을 지원한다. 또한 아동 개인의 욕구뿐만 아니라 경제활동을 하는 부모의 욕구에도 민감하게 대처하는 것이 주요 특징이다.

5) 가족 정책의 방법 : 거시적, 중범위적, 미시적 방법

가족 정책의 방법은 다양하게 접근될 수 있으나 거시적(예방적, 경제적 대책 중심), 중범위적, 미시적(치료적, 심리적 대책 중심) 방법으로 분류할 수 있다. 가족 정책의 프로그램은 정치, 경제, 사회, 문화, 시대에 따라 계속 변화되고 있다. 유럽의 경우, 가족 정책의 관심 초점은 인구정책, 가족빈곤에 대한 대책, 아동복지정책, 여성복지정책, 모자정책 등으로 변화되어 왔으며, 최근에는 양성평등과 인권보호, 사회적 배제 지양을 담고 있는 제도에 대한 관심이 높아지면서 가족 정책 영역으로 포함되는 추세를 보이고 있다고 한다. 가족 정책의 방법에 따라 가족 정책의 영역과 프로그램은 표 3-6과 같다.

표 3-6 가족 정책의 방법에 따른 가족 정책의 영역과 프로그램

방법의 범주	영 역	프로그램
거시적 접근	가족관련법과 제도 및 현금 급부	가족에 관련된 사회적 규범과 관련된 법, 가족과 여건 고려한 소득보장제도, 소득(세)공제제도, 가족(아동)수당, 양육과 부양관련 수당, 주택정책
중범위적 접근	각종 위원회 가족복지센터	(가칭)가족지원정책위원회, 가족문제 예방대책 추진위원회, 가족문제별 가족원조활동 조직 결성, 가족복지센터 설치, 가족지원 전문가 연수 체제 결성
미시적 접근	가족지원 서비스	가정봉사원, 재가복지서비스, 가족상담, 부부상담, 가족생활교육, 가정조성서비스, 결혼지원 서비스, 가족옹호

자료 : 김성천, 안현미(2003 : 43)

요점정리

- 가족 정책의 개념은 대상, 관점, 목적을 무엇으로 하느냐에 따라 다양한 정의를 가지고 있을 뿐 아니라, 정치, 경제, 사회적 현실 속에서 그 현실을 반영하므로 가족 정책의 개념 시간 및 공간의 변화에 따라 다르게 정의된다.
- 가족 정책의 범주에 대해 기존방법은 기능관점과 성인지적 관점으로 구분하였으나, 가족 정책이 해당국가의 사회경제적 요인, 정치적 요인에 영향 및 가족에 대한 가치, 인구변화 등에 영향을 받으므로 카먼과 칸, 하딩, 고티어는 이를 고려한 다양한 가족 정책 유형 분류를 제시한다.
- 가족 정책을 분석하는 이론적 틀은 가족관, 대상, 유형, 범위, 방법 등의 기준으로 분류하여 살펴볼 수 있다.

생각넓히기

1. 하딩이 제시한 7가지 가족 정책 유형을 다시 한 번 살펴보고 현재 우리나라는 어떤 모델에 가까운지, 그리고 앞으로 지향해야 할 모델은 무엇이고, 이를 위해 가장 먼저 가족 정책 관련한 관점은 어떻게 변화되어야 한다고 생각하는지 의견을 나눠 보자.
2. 가족 정책이 잘 수립되고 실시되고 있다고 생각하는 국가 하나를 선택해 보고 왜 그렇게 생각하는지 그 이유를 제시해 보면서 자신의 말로 가족 정책을 정의해 보자.

4 Chapter

가족친화 정책

1. 가족친화 정책의 이해
2. 가족친화 정책의 유형
3. 가족친화 정책의 효과 및 함의

4 Chapter 가족친화 정책

우리나라는 더 이상 남성 중심으로 일하는 사회가 아니다. 지식경제의 확산과 저출산·고령화의 진전으로 인적자원의 장기공급이 감소되어 여성 인력의 수요가 증가하면서 일하는 여성이 1,000만 시대가 되었다. 그러나 일하는 여성은 남성과 비슷한 수준으로 일하면서도 아직까지 임금수준은 70% 정도(통계청, 2010)이며, 여성이 일하기 위한 우리나라 법과 제도적 차원의 기반은 매우 미흡한 실정이다.

한편, 우리사회 전반에 여성 인적자원의 효율적 활용이 기업 및 국가 경쟁력의 원천으로 자리매김하고 있다. 그러므로 실제 여성의 사회진출은 해마다 증가되고 있다는 현실과, 저출산·고령화로 인한 생산인력을 대비해야 할 국가적 과업을 해결하기 위해서는, 일-가족의 조화 지원과 가족친화적 직장문화 조성 등의 가족친화 정책을 더 적극적으로 검토할 필요가 있다.

따라서 본 장에서는 저출산과 고령화가 심화되고 있는 시점에서 근로자와 가족, 기업, 더 나아가 우리사회 모두에게 이익이 되는 가족친화 정책에 대한 등장배경 및 필요성과 이와 관련한 정책들을 살펴보고 그 효과성들과 정책적인 함의들을 짚어 보도록 하겠다.

1. 가족친화 정책의 이해

1) 가족친화 정책의 등장 배경

우리나라는 예년에 볼 수 없는 급격한 저출산을 경험하고 있다. 2005년 1.08명까지로 감소하면서, 2010년 현재까지도 1.22명을 기록하면서 OECD 국가 중 하위권에 머물러 있다. 저출산 현상은 사회경제적으로는 여성의 잠재인력을 유인하는 변화와 맞물리면서 위협적인 존재로 나타나고 있다. 따라서 여성 등 잠재인력 확보 및 출산율 회복이라는 두 가지 목표를 동시에 달성하기 위해서는 일과 생활의 균형이 절실하게 되었는데, 이는 근로방식의 개혁을 통해서 달성이 가능하다. 즉, 남녀근로자가 자녀출산과 양육의 어려움 없이 일과 가족생활을 조화롭게 수행할 수 있도록 제반 요건을 구축하고, 가족친화적 직장문화를 조성할 필요가 있다.

가족친화 정책(family-friendly policy)의 필요성을 가지게 된 등장배경을 좀 더 살펴보면 다음과 같다.

첫째, 결혼과 출산 등을 꺼려하며 급속한 저출산 현상이 지속되기 때문이다. 실제로 취업과 결혼·출산·육아 등을 경험하고 있는 여성 근로자에게 일과 가정 중 양자택일을 강요하는 상황에서는 첫째아이 출생 후 약 70%가 노동시장을 이탈하며, 출산 1년 전 일을 하던 여성 근로자가 출산 6개월 후에는 67.4%가 무직이 되는 현상이 빚어지고 있다. 그러나 최근에는 결혼, 출산과 양육을 선택하는 것보다 경력, 자아실현의 욕구, 그리고 경제적 손실을 선택하는 여성이 많아지면서 결혼과 출산을 포기하는 현상이 증가되고 있다.

이와 같은 결과는 여성 근로자가 가정을 양립하면서 일할 수 있는 다양한 근로방식이 부재하기 때문이기도 하며, 비정규 고용 증대로 여성의 연령이 높을수록 파트타임, 아르바이트, 촉탁 고용 등 비정규직 비중이 높아지면서 불안정한 고용형태로 결혼과 자녀출산 및 양육이 꺼려지기 때문이다.

한편, 현대사회에서 일과 가정의 조화 실현의 중요성을 더 이상 미룰 수 없는 시대가 되었기 때문이다. 앞서 살펴본 여성의 일과 가정의 양립의 어려움을 해결하기 위해서는, 남편인 남성의 협조와 동참이 필요하지만 이 또한 현실적으로 어렵다. 남성 근로자 중 주 60시간 이상 근무자의 비율이 1994년 19.1%에서 2004년 24.0%로 증가하였고, 육아 아버지의 전체 가사 관련 시간을 보면 가사에 참여하는 시간은 극히 저조하다. 즉, 가정과 양육에 참여하고 싶어도 할 수 없는 환경적 요소와 참여해야 한다고 인식하는 태도의 부족이 존재하고 있다. 그러나 앞으로는 더욱 청년층의 비정규직 근로의 증가와 더불어, 과도한 노동시간의 정규직과 경제적 기반이 미흡한 비정규직 근로방식의 양극화 현상은 더욱 커질 것으로 예상됨에 따라, 남성만이 노동시장에 참여하여 가정의 경제를 지속적으로 책임질 수 있는 안정성이 위협당하고 있다. 더불어 노동시장은 여성의 참여를 지속적으로 자극하고 있을 뿐 아니라, 남녀평등한 고용조건을 확장하고 있어 더 이상 노동시장이 남자만의 전유물이 아닌 시대를 맞이하고 있다.

따라서 더 이상 자녀의 출산과 양육 등을 여성에게 그리고 가정에게 우선적 책임을 갖게 하는 관점에서 탈피하여, 기업과 정부 등 사회 전체적 대응이 절실한 상황 즉, 노사의 자주적인 노력과 정부의 제도적 지원기반 구축, 지역실정에 적합한 일과 생활의 균형이 이뤄지도록 추진하는 등 가족친화 정책이 필요한 실정이다.

2) 가족친화 정책의 기본 이해

가족친화 정책이란 남녀 근로자가 직장과 가족 영역의 일을 조화롭게 병행할 수 있도록 하는 것을 목적으로 하는 정책이다. 현대사회에 직장과 일을 모두 담당해야 하는 근로자가 증가하여, 직장과 가족 일의 갈등문제가 대두되면서 이를 조화롭게 병행할 수 있는 제도의 필요성이 나타나고 있다. 초기 도입 때는 여성을 위한 정책으로 여겨졌으나, 최근에는 성통합적 입장의 정책으로 추진 방향을 설정하고 있다. 그러나 가족친화 정책은 기본적으로 출산율 저하로 인한 사회 문제를 해결하는 대안으로 추진된 배경을 갖고 있다.

우리나라에서 가족친화 정책에 관심을 가지게 된 것은 최근이며, 2007년 12월 21일 기존 '남녀고용평법' 이 '남녀고용평등과 일-가정 양립 지원에 관한 법률' 로 개정되면서 정책적으로 실행되었다. 특히 2008년 7월에는 2012년까지 추진할 '제4차 남녀고용평등과 일-가족 양립 기본계획' 을 수립하여 여성 역량 제고 및 일자리 확대, 일하는 여성 중심의 육아지원제 마련, 가정과 조화되는 근로제도 정착, 남녀차별 없는 일터 확장, 사회합의에 기초한 고용 인프라 확충의 핵심전략을 구성하였다.

지자체 지원 '든든' 힘내라! 직장맘

교보생명보험에 다니는 김모씨는 출산 후에도 걱정이 없다. 회사에서 3세 미만 영·유아가 있는 사원에게 근로시간 단축 및 반일근무 혜택을 주고 있기 때문이다. 육아기 근로시간 단축제는 1년 내에 주당 15~30시간을 근무하는 제도다. 김씨는 "육아와 일을 병행할 자신이 없었는데 회사의 대안적 근무제 덕분에 한시름 놓았다."며 "다른 기업에서도 적극적으로 여성들을 위한 정책을 내놓길 기대한다."고 밝혔다.

자료 : 포커스신문사(2009. 7. 16)

3) 가족친화 정책 관련 논의

가족친화 정책은 일과 가족의 양립정책이라 할 수 있다. 여기서 그 양립의 근거를 어디에 둘 것이냐에 따라 정책의 원칙과 방향, 그리고 내용이 결정되기에 매우 중요한 논의라 할 수 있다. 일과 가족의 양립 양태를 그동안은 양립여부 중심으로 논의하여 어머니의 모성권을 강조하는가, 아니면 노동권을 강조하는가에 집중하였는데, 윤홍식(2005)은 양립의 문제를 주체의 문제로 접근할 필요가 있다고 강조하면서, 이 관점은 양립문제가 단순히 여성문제로 제한되는 것을 극복하고, 남성과 여성 양성의 문제로 확대하여 보는 기반을 제공한다고 했다.

표 4-1 일-가족 양립 주체의 관점에서 본 일과 가족의 양립 유형

양립 형태	차이에 근거한 양립	순차적 양립	보편적 양립 (평등에 근거한 양립)
양립의 주체	**가족**-전형적인 가족(남성에게 경제적 부양의 역할, 여성에게 돌봄의 역할)이 가족을 양립하는데 효율적이라는 주장	**어머니**-가족 내 돌봄 노동에 대한 욕구가 있으면 여성은 가족으로 돌아오고, 해당 욕구가 해소되면 다시 노동시장으로 복귀하여 순차적으로 일과 가족을 양립	**어머니와 아버지**-전형적인 성에 따른 구분 없이 생계부양과 보살핌을 함께 나누는 형태
양립의 방향	전통적 성별분업의 지원과 강화	보편적 생계부양 지향(2인 또는 1.5인 생계부양자 가구 지향)	보편적 보살핌과 생계부양 지향(2인 생계부양자와 2인 보살피는 자 가구 지향)

(계속)

양립 형태	차이에 근거한 양립	순차적 양립	보편적 양립 (평등에 근거한 양립)
이론적 근거	• 모성은 자연적인 것 • 단위로써 가족의 이해와 가족을 구성하는 개별구성원의 이해가 일치한다는 전제	• 여성에게 양육자와 생계부양자의 이중적 역할을 요구하나, 남성의 양육자 역할에 대한 지원은 없음 • 암묵적으로 보살핌의 주체로서 여성의 특수성 인정	• 여성과 남성 모두에게 생계부양자와 보살피는 자라는 역할을 요구 • 모성권과 노동권의 대립 완화
대표 사례	주부연금, 아동양육수당 등	부모휴가[1], 모성휴가 등	아버지할당제(부모휴가), 부성휴가 등
평 가	• 가족과 남성의 이해에 이바지할지 몰라도 여성의 이해와는 배치됨 • 노동시장에서 여성의 불평등한 지위 강화 • 어머니로서의 여성 역할을 강화하는 데 성공했어도 가족변화에 효과적 대응책이 되지 못함	• 성별분업이 완화된 형태로 일과 가족의 양립 주체가 여성으로 전환되었다는 데 의의 • 남성은 일과 가족의 양립문제에 여전히 고려대상이 아니어서 가족 내 여성의 전통적 역할 수행을 기대하는 등 여성의 노동시장에서 일할 권리를 충족시키지 못함	• 일과 가족의 양립 가능성이 현실적으로 여러 난제들이 발생하고 자본주의 사회에서 실현이 쉽지 않음[2] • 비판적 전망에도 불구하고 남성이 양육 책임을 나누게 하는 정책은 보편적 일과 가족의 양립을 위한 진일보된 시도

자료 : 양옥경 외(2007 : 45-57)

또한 윤홍식(2005)은 일-가족 양립 주체의 관점에서 볼 때 일과 가족의 양립유형을 '차이에 근거한 양립', '순차적 양립', '보편적 양립' 등 세 가지 형태로 정리하고, 3가지 양립형태에 따른 양립의 주체, 양립의 방향, 이론적 근거, 대표적 정책 사례, 그리고 유형에 대한 평가를 표 4-1과 같이 제시하였다.

4) 가족친화 정책의 필요성[3]

가족친화 정책은 가족만이 아닌 기업, 정부 등 사회 전체적 대응을 요구한다. 그렇다면 가족친화 정책이 노동(기업), 가족(근로자), 국가 차원에서 왜 필요한지 정리하면 다음과 같다.

우선 노동(기업)차원으로서의 가족친화 정책은 우선 단기적으로는 직원의 직무만

1) 부모휴가가 대부분 여성이 이용한다는 면에서 순차적 일과 가족의 양립 정책으로 볼 수 있음

2) 아버지 할당제는 주로 중산층 남자가 이용하므로 계층적 불평등 야기, 아버지 할당 기간의 양육 참여로 면죄부 부여, 등 자본주의 자체의 본질적인 문제로 여성이 노동시장에서 불이익을 받듯이 남성의 직업경력에 불이익 초래

3) 저출산고령사회위원회(2007). 일과 가정의 양립을 위한 가족친화경영 확산 방안에서 발췌

족도 및 충성도 제고와 이직률 저하 등으로 생산성을 증가시킨다. 중기적으로는 여성인력 확보로 기업의 경쟁력 제고 및 고객의 신뢰도를 향상시켜 매출증가 및 이익증가가 될 것이다. 한편 장기적으로는 출산율 제고를 통한 노동력 확보와 내수기반을 확대로 기업의 지속적 성장이 가능할 것이다.

두 번째, 가족(근로자) 차원의 가족친화 정책의 필요성은 출산과 육아로 인한 경력단절을 극복하고 지속적인 사회참여를 통한 삶의 질 제고 차원에서 중요하다. 결국 이를 통해 일과 양육에 대한 스트레스의 감소 효과와 함께, 인격 형성기에 있는 자녀에 대한 관여 증가로 가정생활 만족도를 증가시킬 것이다.

마지막으로 국가차원의 가족친화 정책 필요성을 일과 가족의 양립을 통해 여성인력 활용으로 저출산과 고령사회 성장 동력의 유지에 기여할 것이다. 따라서 이 입장에서 보는 가족친화 정책은 출산율 제고와 미래세대의 건전한 육성을 위한 가장 효과적인 사회투자 전략이며, 경제정책과 사회정책의 연계를 통해 정책수단 간 시너지 효과가 제고될 수 있을 것이다.

2. 가족친화 정책의 유형 [4)]

가족친화 정책은 남녀 근로자가 자녀출산과 양육에 어려움 없이 일과 가족생활을 조화롭게 수행할 수 있도록 기반을 구축하고, 가족친화적 직장문화를 조성하는 정책을 의미한다. 그러나 가족친화 정책은 실제 방대하고 다양할 수 있는데, 유계숙 외(2006)는 다음과 같이 6가지 유형으로 구분하였다.

1) 탄력근무제도

탄력근무제도란 근로자의 일과 가족 양립을 위해 근무시간이나 장소를 근로자의 선택에 따라 융통성 있게 선택하고 조정할 수 있도록 하는 제도이다. 따라서 탄력근무제도는 근로자의 자기계발이나 여가시간 활동에도 도움이 된다. 또한 시간제나

4) 유계숙, 전혜정, 최성일, 김병석, 장보현, 한지숙(2006). 출산·가족친화 기업경영 확산방안 연구. 보건복지부 연구보고서에서 일부 발췌

직무공유와 같은 제도는 고용 유연화 측면에서 긍정적인 기능을 할 수 있다. 탄력근무제도 유형의 제도와 프로그램으로는 원격 및 재택근무, 일시적 업무 전환, 시차출퇴근, 집중 근로시간, 직무공유, V-시간(짧은 기간 동안의 자발적 휴직제), 자율근무, 단계적 부분적 퇴직, 자녀육아기 근로자 근로시간 단축이 있다.

KPMG : 근로자 만족을 통한 기업 경쟁력 향상

- 회계 · 세무 · 법률 · 경영 자문법인
- 근로자 수 약 9,050여 명. 여성 비율은 48.5%, 출산휴가 후 직장 복귀율은 86%
- 기업은 인트라넷을 통해 탄력근무제의 내용, 시행, 활용방법 및 체크 리스트를 모든 근로자가 공유할 수 있도록 하여 자신의 여건과 일에 맞게 가장 효과적으로 정책을 활용할 수 있게 함
- 유연근무제(Glide Time) : 함께 일해야 하는 오전 10시부터 오후 4시까지의 근무시간만 지켜준다면 근로자들은 오전 8시에서부터 10시까지 자유롭게 출근하고 퇴근
- 휴일 추가구입제(Additional Holiday Purchase) : 기존의 휴일에 더하여 일 년에 35일까지 휴일을 구입(본인의 급여에서 제함)하는 제도
- 이외 재택근무(Home Working), 파트타임제(Part-time Working), 직무순환제(Job-Sharing), 무급휴가(Unpaid Leave), 경력휴가(Career Break) 등
- 프로그램을 시행하면서 근로자들에게 동기를 부여함으로써 생산성을 높였으며, 글로벌 기업으로서 다양성을 강조하는 것과 일맥상통하게 근로자들의 다양성도 챙기는 진정한 글로벌 기업으로 거듭남

2) 보육 및 돌봄 지원제도

보육 및 돌봄 지원제도란 근로자의 자녀양육, 노인부양, 가족 간호 및 돌봄 등을 효과적으로 수행할 수 있도록 지원하는 제도이다. 이 제도는 여타 제도에 비해 근로자의 요구가 상대적으로 높다.

여기에 해당되는 제도 및 프로그램은 직장 내 보육시설 운영, 보육 및 육아정보 안내 및 상담, 질병·야근·출장에 따른 특별 보육 지원, 방과 후 아동지도 제도 운영 및 지원, 탁노 서비스, 위탁간호 서비스, 장애가족을 위한 특별지원, 산모 휴게실 및 수유 편의시설 설치, 수유시간 부여, 임신 근로자이다.

패니 메이

- 종합금융회사로 워킹마더스(working mothers)지 선정 100대 기업에 12번 뽑힘
- 근로자의 아이 혹은 부모가 많이 아플 경우 당해 30일 동안 매일 40달러 제공
- 가족 구성원 중 아픈 경우 일 년에 5일까지 가족부양휴가
- 한 달에 10시간씩 자녀의 학교에 봉사할 수 있는 기회 제공
- 워싱턴 지역에서 근무하는 근로자들은 회사에서 운영하는 보육시설을 활용
- 전 세계 770개의 보육시설과 연계하여 아이를 맡기는 비용의 10%를 회사에서 보조
- 긴급한 프로젝트에 투입되어 연장근무를 한 근로자에게는 육아관련 비용을 전면 지원
- 학교에 다니는 자녀 교육비 한 학기에 한 명당 1,640달러 지원

3) 휴가 및 휴직제도

휴가 및 휴직제도란 근로자의 출산과 양육을 위한 법정 휴가·휴직뿐만 아니라, 가족생활 영위에 필요한 유·무급 휴가·휴직을 보장해 주는 제도이다. 이 제도에는 우리나라에서 가장 보편적이고 전통적으로 실시되는 제도이고, 시행률이 다른 제도에 비해 상대적으로 높다. 이에 대한 제도로서 산전·후 휴가, 아버지 출산휴가, 육아휴직, 태아검진휴가, 유·사산휴가, 가족간호휴가, 복직보장 무급휴직, 휴가공유·양도·적립제도가 있다.

아시아나 항공

- 출산휴가기간을 법으로 정해진 90일에 본인이 원할 경우 30일 추가 가능
- 아버지 출산휴가 3일
- 유·사산 휴가는 임신 6개월 미만 30일 유급 휴직, 6개월 이상은 출산과 동일
- 여성 승무원은 모체 및 태아보호를 위해 임신 인지 시점부터 비행업무 제외
- 육아휴직도 최근 1년간 출산한 여성 근로자 2/3가 사용할 정도로 회사가 권유

4) 가족 지원제도

가족 지원제도는 근로자와 그 가족을 대상으로 상담, 교육, 정보제공, 문화행사 등 다양한 프로그램을 통하여 정서적 지원 및 정보·서비스를 제공하는 것이다. 이 제도

는 기업에서 이를 전담하는 전문가를 고용하거나 외부에 위탁하여 제도를 운영한다. 이에 해당되는 제도와 프로그램으로는 온라인 커뮤니티, 사이버 멘토링, 해외유학 또는 어학연수, 체력단련장 운영, 건강관리실 설치, 영양·건강상담, 가족문제 및 스트레스 상담 또는 전담관리자 배치, 생애교육 프로그램, 가족대상 교육 또는 상담, 가족 초청 잔치, 주말농장 운영, 세무 및 법률 상담소 운영, 가사활동 지원이 있다.

푸르덴셜 : '노테크'는 회사가 알아서 해 주니 직원은 일에만 전념한다

- 미국 내 근로자 평균연령이 42세라 노인 부모 문제를 가진 경우가 많아 베이비시터를 고용할 수 있게 한 프로그램을 노인 부모에도 똑같이 적용
- 노인 부모에 대한 걱정을 덜도록 간병인을 집으로 보내 주는 프로그램 운영
- 비용은 시간당 4달러만 직원이 부담하고 나머지는 회사가 부담
- 근로자들이 1년 365일 아무 때나 전문가와 전화 상담할 수 있는 서비스도 제공
- 근로자가 노인병 전문가와 상담 시 저렴하게 이용할 수 있도록 지원
- 무료 유언장 작성 서비스 제공
- 자녀가 아파서 학교나 유치원에 못 갈 경우 간병인 제공(노부모 간병과 동일 금액 지원)

5) 경제적 지원제도

경제적 지원제도는 급여 이외에 대출, 각종 지원금 및 장려금 등을 통하여 근로자의 자녀 출산·양육 및 가족생활을 금전적으로 지원한다. 경제적 지원제도에 대한 근로자의 요구도는 여타 제도에 비해 상대적으로 높으며, 휴가 및 휴직제도 다음으로 시행률이 높다.

이에 대한 제도로는 보육비, 출산장려금, 유·사산휴가 급여 지원, 자녀학자금, 간병비, 의료비, 경조금, 주택마련비용, 입양비, 단체할인, 휴양시설 이용이 있다.

동문건설 출산장려금

- 결혼하면 축하금으로 100만 원 지원
- 첫째 자녀 출산 100만 원, 둘째 자녀 300만 원, 셋째자녀 500만 원
- 둘째 자녀 월 10만 원, 셋째 자녀 월 50만 원 양육비 지원

6) 사회공헌활동

사회공헌활동이란 직원 대상이 아닌 기업과 관련된 지역사회, 협력업체 및 저소득층을 대상으로 그들의 가족생활을 지원하는 활동이다. 즉, 기업이 속한 지역사회와 환경을 가족친화적 환경이 되도록 기업이 주체가 되거나, 후원을 통해 사회에 공헌하는 유형이다. 이에 대한 제도로는 저소득층 산모도우미 파견사업, 지역주민 대상 보육시설 설치 및 운영, 불임예방 조기검사 지원 및 불임부부 검진 시술 지원, 결식아동 급식 지원, 저소득층 자녀 대상 홈스쿨 운영 등이 있다.

삼성생명 산모도우미 제도

- 2006년 9월부터 산후조리를 도와줄 가족이 없는 저소득층 산모에게 무상으로 산모도우미 보내줌(비추미산모사랑봉사단)
- 자연분만 산모는 2주간, 제왕절개 또는 쌍둥이 출산 산모는 3주간
- 유축기와 산모좌욕기 등 산후조리용품 무상 대여
- 10만 원 상당의 출산 준비물 지원
- 산모도우미도 저소득층 여성 중에서 선발하여 일자리 창출에도 기여

3. 가족친화 정책의 효과 및 함의 [5)]

가족친화 정책은 단순히 남녀 근로자가 노동시장에서의 생산활동과 가족 내에서의 돌봄 노동을 양립시키는 문제를 넘어 해당국가의 출산력과 밀접한 관련이 있는데, 이러한 측면에서 가족친화 정책의 효과성에 대한 입장에 있어서 국가 및 학자들마다 매우 다양한 측면을 제시하고 있다. 따라서 가족친화 정책에 대한 다양한 효과성에 대한 입장을 통해 앞으로 우리나라의 가족친화적인 정책 차원에서의 함의점을 제시해 보도록 하겠다.

5) 유계숙 외(2007 : 278-284)의 내용 발췌

1) 가족친화 정책의 효과성

가족친화 정책이 긍정적 효과를 가져왔다는 연구결과를 살펴보면 외국의 경우 가족친화 정책에 대한 다양한 측면에 있어서 긍정적인 효과를 입증하고 있다. 먼저, Konrad & Mangel(2000)은 가족친화 정책이 일-가족 갈등을 감소시켜 직업 만족도를 향상시킨다는 효과를 제시하였다. Comfort, Johnson, & Wallace(2003)은 본 정책을 통해 직업만족도가 높아 결근율이나 이직율이 낮았다는 긍정적인 효과(Comfort, Johnson, & Wallace, 2003)를 제시하는가 하면, Kean(2002)도 뉴질랜드 25개 기업 종사자 조사에서도 근로자의 이직의도와 이직률을 낮추는 것으로 나타났다는 것을 제시하였다. 또한 Eaton(2001)은 일-가족 갈등을 감소하고 조직몰입을 증가하여 직무성과를 증진했다는 부분을 입증하고 있다.

한편 영국의 가족친화 모범기업 22개 사례 분석 결과를 분석한 결과, 다차원적으로 긍정적인 효과를 제시하였다. 구체적으로 살펴보면 첫째로는 생산성 향상, 유능한 근로자의 장기근속, 퇴직 감소, 결근 감소가 되었으며 둘째, 근로자 사기 증진, 동기부여, 조직 몰입과 기업 이미지 향상, 고객 서비스 향상, 효율성 증대, 셋째, 여성근로자의 육아휴직 후 복귀율 증가, 근로자의 삶의 질 향상, 넷째, 직무공유를 통한 기술과 경험 향상되었다는 긍정적인 결과를 제시하였다.

일본의 경우에는 일본노동연구 가족친화에 대한 조사(2001) 결과, '효과가 있다' 라고 응답한 기업이 53.7%로 나타났으며, 반면 '모르겠다' 로는 46.7%가 응답하였다. 한편 근로자 1,000명 이상 기업의 경우에는 '효과가 있다' 라고 응답한 결과가 59.5%로 나타났으며, 1,000명 미만 기업의 경우에는 47.5%가 이와 같이 응답하였다. 또한 우수한 인재의 정책 및 퇴직자의 감소율은 75%의 효과가 나타났으며, 노동자의 생산성 향상율은 47.7%, 우수한 인재 채용율은 38.6%로 나타났다. 남녀불문하고 '효과가 있다' 라고 응답한 결과는 52.3%로 나타났으며, 이 결과에 있어서는 주로 여성 근로자가 '효과가 있다' 고 45.5%가 응답하였다.

우리나라의 경우에 있어서도 가족친화 정책을 중심으로 다양한 측면에서의 긍정적인 효과를 제시하였다. 금융, 유통, 식음료업 300개 업체 설문조사(김태홍·고인아, 2001), 근로자의 노동성과의 제고에 있어서 60% 이상 긍정적으로 응답하였다. 또한 특별보육지원, 장애가족지원, 법정 이상의 모성보호휴가제도, 무급휴가제도 등이 근로자의 이직감소에 효과가 있을 것이라고 10~20%가 응답하였다. 한편, 가족친화 정책이 실시되면 남성 근로자는 스트레스 원인 감소, 자발적인 이직률 감소 및 애사심 제고, 능력개발 제고, 근로자 간 갈등 감소, 근태율 감소 순으로 긍정적 효과가 있을 것이라 예상하였다. 반면 여성 근로자는 애사심 제고, 이직률 감소, 근태율 감소, 스트레스 원인 감소의 순으로 긍정적인 효과가 있을 것이라 예상했다.

한편 외국계 기업을 포함하여 국내 48개 기업체를 대상으로 조사한 결과(강혜련·김태홍·김진호, 2001), 조직 차원에서는 근태율과 이직률이 감소될 것이며 업무수행이 향상될 것이라고 응답하였다. 또한 개인 차원에서는 스트레스 감소, 직장생활 만족, 조직몰입, 삶의 만족에 긍정적 효과가 있을 것이라고 응답하였다. 탄력적 근무형태는 근태율과 이직률을 감소시키고 업무수행을 향상시킬 것이며, 부양가족 프로그램은 근태율과 이직률 감소시키고 휴가제도는 업무수행 향상에 효과가 있을 것이라고 긍정적으로 응답하였다.

가족친화 정책을 둘러싸고 다차원적인 긍정적 효과적인 측면도 있는 반면, 이러한 정책으로 효과가 없거나 이로 파생되는 부작용의 측면도 매우 실증적으로 제시하고 있다.

가족친화 정책 차원의 실제적인 제도를 통해 부정적인 측면을 살펴보면, 먼저 Rau & Hylard(2002)은 재택근무는 일과 가족에서의 역할 구분을 모호하게 하며, 이미 높은 수준의 일-가족 갈등을 겪고 있는 경우는 바람직하지 못하다는 부분을 제시하였다. Dalton & Mesch(1990)는 시차출퇴근제는 근로자의 이직률을 감소시킨다는 증거를 찾지 못하였다고 제시하였다.

한편 Allen(2001)은 가족친화적 조직문화라고 인식하지 않는 근로자는 기업에서 가족친화제도를 시행하더라도 일-가족 갈등을 더 겪고, 직업만족도가 낮으며, 이직의도가 높다는 측면을 제시하였다. 즉, 가족친화제도 시행만으로 근로자의 직업에 대한 태도나 경험에 미치는 효과는 매우 작다는 측면을 지적하였다.

Christensen(1998)은 어린 자녀가 있는 근로자들이 재택근무를 이용할 경우, 자녀들의 방해로 직무성과나 자녀와의 관계 모두에 부정적 영향을 받게 되고, 근로자의 스트레스는 오히려 증가할 것이라는 측면을 제시하였다. 또한 Comfort 외(2003)의 연구자들은 집중근로시간이나 시차출퇴근제와 같은 탄력근무 제도를 이용하는 근로자는 오히려 근로시간이 증가되었다고 보고하였다는 입증결과를 제시하였다.

Kossek & Nichol(1992)은 직장보육시설 이용과 직무성과 간에 유의한 상관이 없으나, 이용자가 대기자에 비하여 이직의도가 낮고 긍정적 태도를 가지는 효과는 있는 측면을 제시하였다. Baoley & Kurland(2000)은 가족친화제도를 이용하는 근로자가 결근을 할 경우 직장 내 동료집단의 생산성에 부정적 영향을 미칠 수 있으므로 이와 같은 점을 고려해야 한다는 측면을 제시하였다.

2) 가족친화 정책의 함의

가족친화 정책이 가정과 일의 양립에 긍정적 효과를 나타내고 있느냐라는 연구결과는 다소 상이한 편이지만, 현실적으로 여성의 경제활동 참가율이 남성에 비해 여전히 낮은 상황 속에서 자녀가 있는 기혼여성의 노동시장 참여를 높이기 위해서는 여성이 임금노동을 수행하는 문제만이 아닌, 출산과 양육으로 대표되는 돌봄노동의 사회화를 수반해야 한다. 한편, 2인 생계부양자 가구가 점차 보편화되는 상황에서 보편적 생계부양자와 보편적 양육자에 대한 지향은 동시에 이루어져야 할 과제이다.

따라서 보편적 일과 가족의 양립 구현은 저출산 문제가 사회존망까지도 위협하고 있어 반드시 구현되어야만 하는 정책이다. 특히 가부장적 성역할 규범 문화와 이데올로기의 변화 등 사회가 가지고 있는 문화와 신념에 대해 인지하고 변화시켜야 정책 및 제도의 효과가 나타날 것이다. 결국 가족친화 정책은 직장과 가정 영역의 병행을 지원하는 것으로 두 영역의 조화로운 병행을 위한 다양한 서비스 제도의 보완과 실시가 요구된다고 볼 수 있겠다.

요점정리

- 가족친화 정책은 저출산·고령화 대비 여성 등 잠재인력 확보 및 출산율 회복이라는 두 가지 목표의 동시 달성을 위해 일과 생활의 균형을 유지하는 다양한 제도로서 우선적으로 근로방식의 개혁을 통해 달성된다.
- 가족 정책의 유형은 매우 방대하고 다양하며 앞으로도 더 많은 종류가 개발되어야 하는데 이를 크게 탄력근무제도, 보육 및 돌봄 지원제도, 휴가 및 휴직제도, 근로자 지원제도, 경제적 지원제도, 사회공헌 활동으로 구분할 수 있다.
- 가족친화 정책은 긍정적 효과도 있지만 그렇지 않은 측면도 나타나 더 많은 연구 결과가 요구되며, 정확한 성과를 제시하므로 그 효과성을 증명할 필요가 있다. 그럼에도 불구하고 일과 가족을 양립하는 정책은 개인·가족·기업·국가·시대적으로 요구되는 제도라 할 수 있다.

생각넓히기

1. 가족친화 정책은 저출산문제와 맞물려 일과 가정을 양립할 수 있도록 하는 데 주목적을 두고 있다. 그럼에도 불구하고 가족친화 정책이 사회에서 수용되고 시행되는 것은 저조한 편인데 어떤 장해요인이 있는지 각자 생각해 보고 의견을 나눠보자.
2. 우리나라에서 가족친화 정책이 실시되고 있는 좋은 사례를 찾아보고 어떤 제도와 프로그램이 실시되고 있으며 근로자와 기업의 만족도와 평가는 어떠한지 고찰해 보자.

5 Chapter

가족관련법 이해

1. 헌법
2. 가족법(민법)
3. 건강가정기본법
4. 기타 관련법

5 Chapter 가족관련법 이해

가족 정책은 궁극적으로 제도와 법을 통해 구체적으로 실현된다. 이를 전제한다면 법을 통해 가족 관련 제도들을 살펴보는 것은, 곧 사회가 암묵적으로 합의하고 있는 가족의 사회적 의미를 파악하는 데 도움을 제공한다. 따라서 본 장에서는 가족 관련 법에 있어서 헌법, 민법, 건강가정지원법, 기타 관련법으로 나뉘어 어떻게 가족을 정의하고 범주화하고 있는지 제시하고, 주요 내용을 살펴보아 현 시점에서 가족 정책이 법을 통해 어떻게 실현되고 있는지 알아보겠다.

1. 헌 법

먼저 우리나라의 최상위의 법인 헌법의 경우에는 제헌 당시부터 국가의 혼인과 가족보호를 원칙으로서 제시하고 있다. 헌법 제정 당시 제20조에 "혼인과 남녀동권을 기본으로 하며, 혼인의 순결과 가족의 건강은 국가의 특별한 보호를 받는다."라고 하여, 가족을 단지 혼인을 중심으로 규정하고 가족의 건강의 국가 책임을 제시하였다. 이후 1962년 제5차 개정헌법 제31조에도 "모든 국민은 혼인의 순결과 보건에 관하여 국가의 보호를 받는다."라고 규정하여 혼인의 순결만을 여전히 국가의 보호 대상

영역으로 하였으나, 1980년 제8차 개정헌법 제34조 제1항은 '개인의 존엄'과 '양성의 평등'을 포함하여 "혼인과 가족생활은 개인의 존엄과 양성의 평등을 기초로 성립되고 유지되어야 한다."라고 규정하고, 제9차 개정에서는 더 발전하여 제36조 제1항에서 "혼인과 가족생활은 개인의 존엄과 양성의 평등을 기초로 성립되고 유지되어야 하며, 국가는 이를 보장한다."라고 하여 국가 책임을 추가로 명시하고 있다.

이처럼 현재 헌법은 가족의 구체적 범위를 명시하고 있지는 않으나, 민법에서 제시하고 있는 가족의 정의를 넘어 헌법의 특징을 살려 다양성과 개방성에 맞게 제시되는 것이 타당하다. 현재 헌법에서 가족은 크게 양성평등을 기초로 하는 부부관계와 개인의 존엄에 기초한 친자관계를 주요 내용을 담고 있고 국가가 가족에 대해 책임을 보장하고 있는데, 실제 혼인과 가족은 사생활의 영역이며 가족 구성원으로서의 개개인이 겪는 어려움은 개인의 책임하에 해결해야 한다는 사회적 인식에서, 혼인과 가족의 개념을 어느 수준까지 수용할 것이며, 사회와 국가적인 책임 정도는 무엇인지 그 과제를 풀어가는 것이 쉽지만은 않다.

2. 가족법(민법) [1]

1) 개 요

가족에 대한 법적 정의를 자세히 알기 위해서는 가족에 대한 가정 포괄적이고 구체적인 질서체계라 할 수 있는 민법을 살펴보아야 한다.

우리나라의 민법에서는 가족법과 관련하여 제4편(친족편)과 제5편(상속편)에서 다루고 있다. 민법 제4편(친족편)의 제2장 제779조에서는 가족을 "호주의 배우자, 혈족과 그 배우자, 기타 본법의 규정에 의하여 그 가(家)에 입적한 자"로 규정하고 있다. 민법의 가족에 대한 규정에 있어서는 매우 남성 중심적인 가족질서를 전제하고 있어 여러 차례의 개정을 거쳤는데, 특히 2005년 개정은 호주제도 폐지로 일대 변혁을 가져왔다.

1) 황근수(2007). 가족법개정의 내용과 향후의 전망-2005년 가족법개정의 주요 내용을 중심으로-. 민사법연구, 15(1), 323-357.

2) 2005년 민법 개정의 주요 내용

(1) 호주제도의 폐지와 가족범위

헌법상 인간의 존엄과 남녀평등에 기초하여 호주제도가 폐지(2008. 1. 1)되었다. 여기에서는 친족 중에 호주에 관한 규정과 호주제도를 전제로 하는 입적, 복적, 일가창립과 분가 등에 관한 규정을 삭제하였다.

한편 가족의 범위가 개정됨에 따라 2가지 차원으로 규정을 하고 있다. 즉, ① 가족을 배우자, 직계 혈족 및 형제자매로 보고 있으며, ② 직계혈족의 배우자(사위, 며느리, 계모, 계부 등), 배우자의 직계혈족(장인, 장모, 시부모, 배우자의 자녀 등) 및 배우자의 형제자매(단, 생계를 같이 하는 경우)까지로도 규정하며 첫 번째보다 확대된 범주로 보고 있다. 단, 여기에서 생계를 같이 하는 경우라 함은 공동의 가계 내에서 동거하며 생활공동체의 관계가 있는 경우와 반드시 동거하지 않더라도 공동의 가계에 속한 때(예 : 부모와 가계를 같이하는 자녀가 기숙사 생활)를 말한다.

(2) 자녀의 성(性)과 부성추종의 원칙 완화

개정 전에는 성(性)불변의 법칙에 따라 자는 부의 성과 본을 따르고 부가에 입적한다고 규정하였다. 또한 생부로부터 인지받지 못한 경우 혹은 부가 외국인인 경우에는 모의 성과 본을 따르고 모의 호적에 입적하도록 규정하고 있다. 그러나 이 경우도 생부가 인지하면 생부의 호적에 입적하고 생부의 성과 본을 따름을 원칙으로 하고 하였다.

한편, 개정 후에는 혼인신고를 할 때 부부가 협의하면 어머니의 성을 따를 수 있고 중간에 어머니의 성으로 바꾸는 것은 불가능하다. 단, 친부 성폭력 등으로 자녀가 아버지의 성을 따르기를 거부할 때, 이혼가정일 때와 같이 자녀의 복리를 위해 성을 변경할 필요가 있을 경우, 부모나 자녀의 청구에 의해 가정법원의 허가를 받아 성을 변경할 수 있다. 또한 혼외자(혼인 이외 출생한 자녀)의 경우도 부모가 합의하여 모의 성과 본을 따를 수 있으며, 부모의 합의가 없는 경우에도 법원의 결정에 의해 모의 성과 본을 따를 수 있다.

한편 여자가 재혼 시 동반한 자녀의 경우 자녀의 복리에 도움이 될 경우에는 법원의 허가를 얻어 계부의 성으로 변경 가능하다.

(3) 동성동본 혼인금지 폐지

동성동본 혼인금지는 1997년 헌법재판소에서 헌법 불합치 결정에 따라 민법 개정을 하거나, 그렇지 않을 경우 1999년 1월 1일부터 자동으로 효력이 상실된다고 선언하므로 사문화되었다. 현 민법에서는 동성동본 불혼제도를 폐지하고 금친혼 금지제도로 전환하고 그 범위를 조정하였다. 금친혼 금지제도의 범위는 아래와 같다.

- 8촌 이내의 부계혈족과 모계혈족(친양자의 입양 전의 혈족을 포함)
- 6촌 이내의 혈족의 배우자
- 배우자의 6촌 이내의 혈족
- 배우자의 4촌 이내의 혈족의 배우자인 인척이나 인척이었던 자
- 6촌 이내의 양부모계의 혈족이었던 자
- 4촌 이내의 양부모계의 인척이었던 자

(4) 여자의 재혼 금지기간의 폐지

부성추종의 원칙에 대한 충돌을 피하기 위해 "여자는 혼인관계 종료일로부터 6월이 경과하지 아니하면 혼인하지 못한다."의 규정이 있었다. 그러나 친자관계의 감정기법의 발달(유전자감식기술)로 규정 존치의 합리적인 이유가 없어 이를 삭제하였다.

(5) 친생 부인(否認)제도의 개선

기존에는 남편만 제기할 수 있었던 친생자 확인 소송에 대해 기본권 침해로 헌법 불합치 결정이 내려졌다(1997년). 따라서 아버지뿐 아니라 어머니도 친생 부인의 소송을 제기할 수 있고, 제소기간도 사유가 있음을 안 날로부터 2년 이내로 조정가능하게 되었다.

3) 2005년 이후 민법 개정의 주요 내용

(1) 남녀의 약혼연령 및 혼인적령 규정 정비(민법 제801조 및 807조)

현행 민법은 약혼연령 및 혼인적령에 관하여 남자는 만 18세, 여자는 만 16세로

달리 규정하고 있으나, 이는 불합리한 차별로서 남녀평등에 반한다는 비판이 제기되었다. 따라서 개정된 민법에서는 약혼연령 및 혼인적령을 남녀 모두 만 18세로 하고 있다.

(2) 이혼숙려기간 도입(민법 제836조의2 제2항 및 3항 신설)

현행 협의이혼제도는 간편한 절차만으로도 이혼의 효력이 발생함으로써 혼인의 보호보다는 자유로운 해소에 중점을 두고 있다는 문제점이 있었다.

따라서 개정된 민법에서는 협의이혼 당사자는 일정기간이 경과한 후 가정법원으로부터 이혼의사 확인을 받아야만 이혼이 가능하도록 하고 있다. 여기에서 일정기간이라 함은 양육하여야 할 자녀가 있는 경우는 3개월, 양육하여야 할 자녀가 없는 경우는 1개월로 규정하고 있다.

올해 이혼건수 증감률 추이

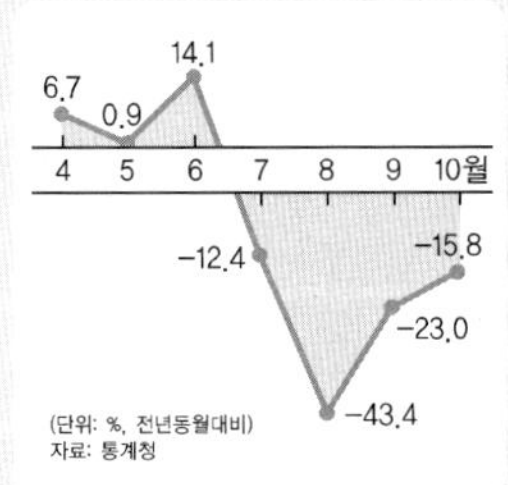

통계청은 29일 '월간 인구동향'에서 지난 10월 이혼건수는 9,600건으로 지난해 같은 기간보다 1,800건(15.8%) 줄었다고 밝혔다. 이는 협의이혼 때 미성년 자녀가 있으면 3개월, 없으면 1개월이 지날 때까지 생각한 뒤 이혼 의사를 확인하는 이혼숙려제가 6월22일부터 시행된 데 따른 영향이라고 통계청은 분석했다. 월별 이혼 건수의 전년 동월 대비 증감률은 7월 -12.4%, 8월 -43.4%, 9월 -23.0%였다. 올 들어 10월까지 이혼건수는 9만 7,000건으로 전년 동기보다 6.6% 줄었다. 통계청 관계자는 "이혼숙려제 시행 3개월 후인 9월 22일 이후에는 밀린 이혼이 다시 늘어날 것으로 예상됐지만 제도의 순기능도 부각되면서 감소세가 이어지는 분위기"라고 설명했다.

자료 : 세계일보(2008. 12. 29) 보도자료 인용

(3) 자녀의 면접교섭권 인정(민법 제837조의2 제1항)

현행법은 부모에게만 면접교섭권을 인정하고 있어 자녀는 면접교섭권의 객체로 인식되는 문제가 있었다. 개정된 민법에서는 자녀에게도 면접교섭권을 인정한다.

3. 건강가정기본법

1) 제정 배경

건강가정기본법 제정에 대한 이슈는 당시 가족위기가 사회적 위기감으로 출현하면서, 가족이 가진 부담을 개별가족이 아닌 국가와 사회가 부담해야 한다는 문제의식에서 출발하였다(윤홍식 외, 2010). 또한 건강가정기본법은 요보호대상자 위주로 한 소극적 복지정책은 가족의 위기 문제를 해결하는 데 한계가 있음을 인식하고, 가족의 전체 범주를 포함하는 예방과 해결차원의 적극적이고 전문적인 개입의 필요성이 제기되었다. 이에 따라 정부는 개별가족과 개인의 삶의 질 향상에 대해 사회적 책임을 인식하고, 기혼취업여성의 자녀양육, 노인단독 가구의 돌봄, 한부모 가정의 생활안정 및 개별가족 내 원활한 의사소통의 필요성 등, 개별가족이 가질 수 있는 기능적 어려움을 완화하여 복지수준을 높일 필요성이 있다고 인식하였다. 따라서 삶의 질 향상을 위한 포괄적 가족 정책을 마련하여 가족 정책의 예방적 성격을 확대함과 더불어, 다양한 계층의 욕구에 부합되는 종합적이고 다층적인 가족 정책으로 건강가정법을 수립하였다.

그러나 현 건강가정법은 가족의 위기 문제를 해결하는 모범적인 법안이라고는 할 수 없다. 건강가정기본법 제정 당시, 입안의 출발과 절차, 법이 담고 있는 가족과 가족 정책의 틀, 법이 표방하는 이념적 지향, 그리고 서비스 전달체계의 합리성에 이르기까지 논란과 난항이 치열했기에, 앞으로도 이에 대한 주의와 합의가 필요하다. 그러나 국가가 가족에 대한 책임과 개입을 법을 통해 표명한 최초의 법이라는 점에서 의의가 크다.

2) 건강가정기본법의 체계

건강가정기본법은 2004년 2월 9일 제정되어 2005년 1월 1일부터 시행되었다. 총 5장 37조의 본칙과 부칙으로 구성되어 있는데, 구체적인 내용은 다음과 같다.

- 제1장 : 총칙으로 법의 총론적인 성격을 규정
- 제2장 : 건강가정정책으로 정책수립 위원회와 기본계획의 수립에 관한 내용 제시

- 제3장 : 건강가정사업으로 가정의 건강성 증진을 위한 구체적 사업
- 제4장 : 건강가정 전담조직 등으로 전문인력에 관한 내용
- 제5장 : 보칙으로 보조금 등에 대한 내용

건강가정기본법은 기본법이기 때문에 가정복지와 관련된 사업들이 이미 규정된 경우는 해당 사업법을 통해 실시 가능하도록 하고, 선언적 의미와 개발되어야 할 사업 영역들을 주로 규정하는 법체계를 가진다.

3) 주요 내용

(1) 총칙(목적과 기본이념)

건강가정기본법 총칙에는 목적과 기본이념, 그리고 정의를 제시하고 있는데, 그 주요 내용은 다음과 같다.

- 목적 : 건강한 가정생활의 영위와 가족 유지 및 발전을 위한 국민의 권리·의무와 국가 및 지방자체단체 등의 책임을 명백히 하고 가정문제의 적절한 해결방안을 강구하며 가족 구성원의 복지증진에 이바지할 수 있는 지원정책을 강화함으로써 건강가정 구현에 기여하는 것을 목적으로 한다(제1조).
- 기본이념 : 가정은 개인의 기본적인 욕구를 충족시키고 사회통합을 위하여 기능할 수 있도록 유지·발전되어야 한다(2조).
- 정의
  - 가족은 혼인·혈연·입양으로 이루어진 사회의 기본단위로 정의(다양한 가족을 포함하면서도 사실혼은 인정하지 않아 논란이 첨예함)하고 있다.
  - 가정은 가족 구성원이 생계 또는 주거를 함께 하는 생활공동체로서 구성원의 일상적인 부양·양육·보호·교육 등이 이루어지는 생활단위로 규정하고 있다.
  - 건강가정은 가족 구성원의 욕구가 충족되고 인간다운 삶이 보장되는 가정을 말한다.
  - 건강가정사업은 건강가정을 저해하는 문제의 발생을 예방하고 해결하기 위한 여러 가지 조치와 가족의 부양·양육·보호·교육 등의 가정기능을 강화하기 위한 사업이다.

(2) 건강가정정책

건강가정기본법 제2장에는 건강가정정책에 대해 규정하고 있다. 주요 내용을 살펴보면 다음과 같다.

- 중앙건강가정 정책위원회를 국무총리 소속으로 두어 건강가정에 관한 주요 시책을 심의
- 건강가정에 관한 중요사항 심의 위하여 특별시·광역시·도에 시·도 건강가정위원회 둠
- 건강가정 기본계획을 5년마다 수립, 연도별 시행계획의 수립·시행
- 시·도별 시행계획의 조정, 계획수립의 협조
- 교육·연구의 진흥, 가족실태조사 5년에 한 번 실시

(3) 건강가정사업

건강가정기본법 제3장에는 건강가정사업을 규정하고 있는데 첫 번째 가정에 대한 지원을 시작으로 하여 다음과 같은 사업을 제시하고 있다.

- 가정에 대한 지원
  - 가정이 원활한 기능을 수행하도록 지원 : 〈지원 내용〉 가족 구성원의 정신적·신체적 건강지원, 소득보장 등 경제생활의 안정, 안정된 주거생활, 태아검진 및 출산·양육의 지원, 직장과 가정의 양립, 음란물·유흥가·폭력 등 위해환경으로부터의 보호, 가정폭력으로부터의 보호, 가정친화적 사회분위기의 조성
  - 취업여성의 임신·출산·수유와 관련된 모성보호 및 부성보호를 위한 유급휴가시책이 확산되도록 노력
  - 한부모 가족, 노인단독 가정, 장애인 가정, 미혼모 가정, 공동생활 가정, 자활공동체 등 사회적 보호를 필요로 하는 가정에 대하여 적극적으로 지원
- 자녀양육 지원 강화
  - 자녀양육으로 인한 부담을 완화하고 아동의 행복추구권을 보장하기 위한 보육 및 방과 후 서비스, 양성평등한 육아휴직제 활용을 적극적으로 확대
  - 가사노동의 가치에 대한 사회적 인식을 제고하고 이를 관련 법·제도 및 가족정책에 반영하도록 노력

• 가족단위 복지증진
  - 사회보장제도의 운용과 관련하여 보험료의 산정·부과, 급여 등을 운용함에 있어서 가족을 지지하는 시책을 개발·추진
  - 경제·사회, 교육·문화, 체육, 지역사회개발 등 각 분야의 제도·정책 및 사업을 수립·추진함에 있어 가족을 우대하는 방안을 강구
• 가족의 건강증진: 생애주기에 따르는 가족 구성원의 종합적인 건강증진대책 마련
• 가족부양의 지원
  - 영·유아 혹은 노인 등 부양지원을 요하는 가정에 대하여 부양부담 완화 시책
  - 질환이나 장애로 가족 내 수발을 요하는 가족 구성원이 있는 가정지원 및 보호시설 확대
  - 가족 구성원 중 장기요양을 필요로 하는 질병이나 사고로 간병을 요할 경우 가족간호를 위한 휴가 등의 시책 마련
• 민주적이고 양성평등한 가족관계의 증진
  - 부부 및 세대 간에 가족갈등 예방·상담
  - 민주적이고 양성평등한 가족관계를 증진시키는 가족지원 서비스 확대
  - 다양한 가족생활 교육·부모 교육·가족 상담·평등가족 홍보 등을 추진
  - 가정폭력이 있는 가정의 경우 전문가의 체계적인 개입과 서비스가 이루어지도록 노력
• 가족단위의 시민적 역할증진: 가족의 결속력과 가족 구성원의 발전을 위하여 가족이 시민으로서의 역할을 증진할 수 있는 기회와 서비스 제공, 자원봉사 참여 확대
• 가정생활문화의 발전: 가족여가문화, 양성평등한 가족문화, 가족단위 자원봉사활동, 건강한 의식주 생활문화, 합리적인 소비문화, 지역사회 공동체문화
• 가정의례: 건전한 가정의례를 확립하도록 노력하고 지원
• 가정봉사원: 건강한 가정을 유지하기 위하여 필요한 경우에는 가정을 방문하여 가사·육아·산후조리·간병 등을 돕는 가정봉사원을 지원

- **이혼예방 및 이혼가정 지원**: 이혼 전 상담, 이혼의 의사가 정해진 가족이 자녀 양육·재산·정서 등의 제반문제 준비
- **건강가정 교육**: 결혼준비 교육, 부모 교육, 가족윤리 교육, 가족가치실현 및 가정생활 관련 교육 등
- **자원봉사활동의 지원**: 건강가정과 관련되는 자원봉사활동사업을 육성하고 장려

(4) 건강가정사업 위한 전담조직

건강가정기본법 제 4장에는 건강가정 전담조직에 대한 사업에 관한 업무를 수행할 주체와 사업을 통해 서비스를 제공할 건강가정지원센터에 대해 주요 기준을 제시하고 있다.

우선 건강가정기본법 제34조에서 건강가정사업의 전담수행을 여성가족부, 시도 및 시·군·구(자치구에 한함)는 건강가정사업을 전담하여 수행할 수 있도록 하였으며, 건강가정기본법 제35조에서 건강가정지원센터의 설치를 제시하고 있는데 그 내용은 다음과 같다.

- 국가 및 지방자치단체는 가정문제의 예방·상담 및 치료, 건강가정의 유지를 위한 프로그램의 개발, 가족문화운동의 전개, 가정 관련 정보 및 자료제공 등을 위하여 중앙, 시·도, 및 시·군·구에 건강가정지원센터를 둔다.
- 센터에는 건강가정사업을 수행하기 위하여 관련분야에 대한 학식과 경험을 가진 전문가(건강가정사)를 두어야 한다.
- 건강가정사는 대학 또는 이와 동등 이상의 학교에서 사회복지학, 가정학, 여성학 등 보건복지가족부령이 정하는 관련 교과목을 이수하고 졸업한 자이어야 한다.
- 센터의 운영은 보건복지가족부령이 정하는 바에 따라 민간에 위탁할 수 있다.

건강가정사업은 그림 5-1에서 보는 바와 같이 건강가정사업의 전담수행은 여성가족부, 시·도 및 시·군·구(자치구에 한함)에서 수행하며 구체적인 서비스 제공은 중앙건강가정지원센터, 시·도건강가정지원센터, 시·군·구건강가정지원센터를 통해 실제 사업을 실시하도록 하였다.

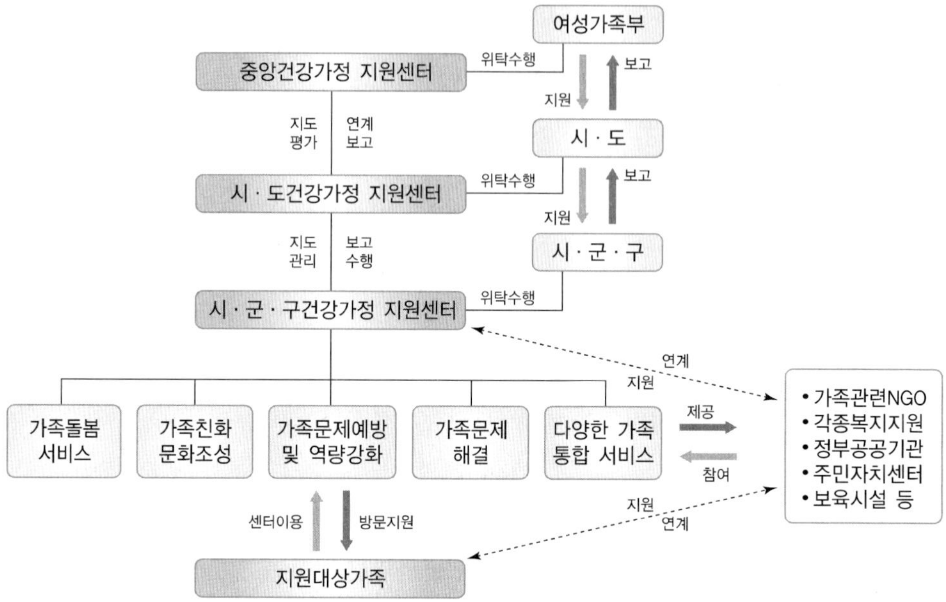

그림 5-1 건강가정사업(건강가정지원센터) 전달체계도

자료 : 여성가족부(2011). 2011년도 건강가정지원센터 사업안내.

건강가정지원센터는 표 5-1에서 보는 바와 같이 2004년 3개 시범운영을 시작으로 2007년 66개소, 2009년 98개소, 2010년 138개소가 운영되고 있다(여성가족부, 2011).

표 5-1 연도별 건강가정 지원센터 설치현황 (단위 : 개소)

구 분		2004년	2005년	2006년	2007년	2008년	2009년	2010년
총 계		3	16	50	66	83	98	138
중앙센터			1	1	1	1	1	1
지방센터	국 비	3	6	20	33	38	54	99
	전액지방비		9	29	32	44	43	38

자료 : 여성가족부(2011). 2011년도 건강가정지원센터 사업안내.

표 5-2 운영주체에 따른 건강가정 지원센터 운영현황

학교법인	사단법인	재단법인	사회복지법인
29(54.7%)	11(20.8%)	7(13.2%)	6(11.3%)

자료 : 중앙건강가정지원센터 연간 사업실적 보고(2008)

한편, 2007년 기준 총 66개소의 운영주체를 살펴보면 지자체 직영으로 운영되는 센터는 13개소((19.7%)이고 이외 53개소는 위탁운영하고 있다. 위탁운영의 형태는 학교법인 위탁운영이 전체 위탁운영 센터 53개소 중에서 29개소로 54.7%의 비율을 차지(중앙건강가정지원센터, 2008)하고 있다(표 5-2 참조).

직영 운영의 경우는 관공서의 행정력과 신뢰도, 그리고 지역사회 홍보를 활용할 수 있는 이점이 있다. 반면, 학교법인의 경우는 학교의 인적·물적 인프라를 수월하게 활용하는 데 도움이 될 뿐 아니라, 사업 기획 및 운영에 대한 지적 자원을 지원받아 보다 전문적이고 선두적인 프로그램 개발이 용이하다.

건강가정지원센터의 예산 지급 형태는 국비, 국비+지방비, 지방비로 구분하고 있다. 중앙건강가정지원센터는 국비가 100% 지원되며, 그 외 건강가정지원센터는 2010년 기준 국비+지방비는 100개소, 지방비 100%는 38개소이다(여성가족부, 2011).

별도 사업비 마련은 건강가정지원센터 기본사업 외에 사업을 실시하는 경우, 이에 대한 예산을 추가 지원하는 형태인데 지자체의 의지가 전제되어야 하므로 사업 실시 여부 및 예산액이 유동적이라 안전성 확보에 어려움이 있다.

건강가정지원센터의 사업은 매년 여성가족부 사업안내를 통해 공통필수사업과

표 5-3 건강가정 지원센터 공통필수사업의 5개 영역

영 역	내 용	비 고
가족돌봄지원 서비스	• 아이돌보미사업(돌보미 양성교육, 보수교육, 돌보미 이용자 가족을 위한 교육, 문화, 상담 등 센터 연계 프로그램), 아이돌보미 이용자 가정 지원을 위한 맞춤형 서비스 제공 * 아이돌보미사업을 운영하지 않을 시 • 장애아 가족 휴식지원사업 • 육아정보 나눔터 운영 • 조손 가족 학습도우미 파견사업 • 맞벌이 방과 후 교실 운영	1개 이상 선택하여 수행
가족친화문화 조성사업	• 가족봉사단 운영 • 찾아가는 아버지 교육	필수
가족문제 예방 및 역량강화사업(생애주기별 가족생활교육)	• 예비부부/신혼부부 교육 • 아버지 교육 • 청소년기 자녀를 둔 가족생활 교육 • 중년기 가족생활 교육	1개 이상 선택하여 수행
가족문제해결사업	• 이혼 전·후 가족상담	필수
다양한 가족을 위한 통합서비스	• 특별한 가족기능 강화요구가 있는 모든 가족 유형을 대상으로 한 맞춤형 서비스 제공(맞벌이, 신혼부부, 한부모, 장애아, 재혼, 조손, 새터민, 결혼이민자, 군인, 노인가족 등)	가족유형을 1개 이상 선택하여 수행

자료 : 여성가족부(2011). 2011년도 건강가정지원센터 사업안내.

선택사업을 제시하고 있다. 초기에는 2006년 중앙건강가정 지원센터에서 개발된 5개의 매뉴얼을 활용하여 사업을 실시한 후, 2007년에는 상담, 교육, 문화, 가족지원 사업을 중심으로 4가지 영역으로 사업을 실시하다가, 2008년부터는 표 5-3에서 보는 바와 같이 사업의 주제와 목적을 중심으로 5개로 영역을 구분하여 공통으로 실시하는 사업과 지역의 특성에 맞게 선택사업도 실시하고 있다.

2011년의 경우는 공통필수사업을 가족 교육, 가족 상담, 가족문화, 가족돌봄 지원서비스, 다양한 가족 서비스, 지역사회 연계 등 6개 영역으로 구성하고 센터의 유형, 인력 등 현실적인 여건을 반영하여 가족 상담 영역과 지역사회 연계 영역은 반드시 실시하되, 나머지 4개 사업 영역은 2개 이상 영역을 선택하여 실시하도록 하였으며, 별도지침에 의해 아이돌보미 지원사업, 권역별 미혼모·부자 지원기관 운영사업, 취약가족 역량강화 서비스 지원사업, 가족보듬운영 지원사업, 조손 가족 통합지원 프로그램 운영지원사업을 추진하고 있다(여성가족부, 2011).

4. 기타 관련법

1) 한부모가족지원법

한부모가족지원법은 1989년 제정된 모자복지법에 근간을 두고 있다. 이 법은 배우자의 사별, 이혼, 유기, 별거 등의 사유로 배우자가 없거나 배우자가 있어도 노동능력을 상실하여 여성이 생계를 책임지는 모자가정의 자립 재활을 지원하기 위해 제정되었다. 이후 모자복지법은 2002년 이혼의 증가와 경제구조의 변화로 부자가정의 경우에도 자립재활을 위한 국가지원의 필요성이 부각되면서 모·부자복지법으로 개정되었다가, 2007년 조손 가족까지 포함하여 지원할 수 있도록 한부모가족지원법으로 다시 개정되었다. 한부모가족지원법에는 한부모 가족이 건강하고 문화적인 생활을 영위할 수 있도록 함으로써, 한부모 가족의 생활 안정과 복지 증진에 이바지함을 목적으로 국가와 지방자치단체가 이들의 권익을 보호하기 위해 노력해야 한다고 밝히면서, 복지급여, 복지자금, 고용촉진 등의 복지 내용과, 한부모 가족 복지시설의 설치와 운영 등에 대해 제시하고 있다.

2) 모자보건법

모자보건법은 1973년 모성의 영유아 질병, 사망 등을 예방하기 위한 사회적 관심으로부터 출발했다. 법 내용에는 안전 분만 조치, 임산부 및 영유아, 미숙아 등의 건강관리, 모유 수유시설의 설치, 불임 극복 지원사업, 피임약제의 보급, 인공 임신 중절수술의 허용한계 등에 관한 규정을 두고 있으며, 모성의 생명과 건강을 보호하고 건전한 자녀의 출산과 양육을 도모함으로써 국민보건에 이바지하기 위해 제정된 법이다. 한편 2005년 12월 산후조리원의 법적 근거를 마련하기 위해 산후조리업의 신고 및 운영관련 사항, 산후조리원의 폐쇄, 과징금 등의 규정을 포함한 모자보건법 개정이 있었다.

요점정리

- 가족 정책과 관련하여 헌법에서 가족관련 조항을 살펴보았고, 2005년 개정된 민법에서 가족법 중심으로 호주제도 폐지로 인한 주요 내용을 이해하였다.
- 건강가정기본법이 제정된 필요성과 과정, 법안의 주요 구성을 중심으로 목적, 기본이념, 건강가정정책, 그리고 건강가정사업으로 건강가정지원센터 설치기준과 서비스 전달체계, 주요 사업내용을 이해하였다.
- 가족 정책 관련하여 한부모가족지원법이 가족 및 사회변화에 따른 법명칭의 변화와 사업체를 이용한 산후조리가 증가함에 따른 법적 근거를 포함하는 내용으로 개정된 모자보건법에 대해 알아보았다.

생각넓히기

1. 우리나라에서 가족 전체보다 가족개별 구성원을 중점으로 관련 법안이 제시된 2005년 이후 민법 내용을 여러 자료를 통해 정리해 보고 사회 및 가족에게 미친 영향은 무엇인지 고찰해 보자.
2. 가족 위기가 사회적 위기감으로 출현하면서 가족이 가진 부담을 개별가족이 아닌 국가와 사회가 부담해야 한다는 문제의식에서 출발한 건강가정기본법의 주요 내용과 법에 근거하여 사업을 실시하는 건강가정지원센터에 대해 여러 자료를 통해 살펴보고 구체적으로 어떤 사업들을 실시하는지 알아보자.

6 Chapter

외국의 가족 정책

1. 학자별 가족 정책의 핵심요소
2. EU 국가의 가족 정책
3. 주요 국가 가족 정책

6 Chapter 외국의 가족 정책

가족 정책은 개념 설정의 범위, 정책의 포괄 정도에 따라 달라지는 것이 사실이다. 그러나 어떠한 입장이든 가족 정책에서 자녀양육을 지원하는 정책은 가족 정책의 기본이며 핵심부분이 되고 있다. 실제로 유럽 등 가족 정책이 발전된 사회에서는 진작부터 저출산과 밀접하게 연계되어 자녀양육지원을 중심으로 가족 정책이 재구성되고 있으며, 특히 기혼여성의 취업 증가로 인해 가족생활과 직장생활의 병행지원 과제가 가족 정책의 핵심분야가 되고 있다.

따라서 본 장에서는 외국의 가족 정책을 살펴보되, 우선 저출산 및 자녀양육 문제의 핵심요소를 학자별로 정리해 보고, 유럽의 가족 정책의 주요 내용을 살펴본 후, 대표적 국가로 프랑스, 독일, 스웨덴의 가족 정책을 살펴보도록 하겠다.

1. 학자별 가족 정책의 핵심요소

학자들을 가족 정책의 핵심요소는 저출산 문제를 해결하기 위해 자녀출산 및 양육에 영향을 미치는 요인이 무엇인가로 보고, 이 요인을 찾아내어 자녀출산과 자녀양육의 안정화를 가져올 수 있는 정책방안을 제안하고 있다.

카머만과 칸(Kammerman & Kahn, 2000)은 모성을 보호할 수 있는 정책마련을 핵심요소로 강조하였다. 즉, 자녀를 출산하는 경우 노동시장은 출산 전후로 건강을 회복할 기간, 그 기간 동안의 임금 대체, 복직 이후 보육 서비스를 제공하는 것까지 정책이 마련되어야 한다고 보았다.

베첼사(Wetzelsa, 1999)는 가족 정책의 핵심요소를 일·가정생활 양립을 강조하면서, 이를 성취하기 위해서는 개별세제 혜택, 보육지원금 및 보육 서비스의 이용가능성, 그리고 보육 서비스의 질을 강조하였다.

한편 슬리보(Sleebos, 2003)는 양성평등과 관련된 사회규범이 출산수준에 영향을 미친다고 보고 여러 사회제도 간 양성평등의 균형의 중요성을 강조하였다. 슬리보는 특히 출산에 영향을 미치는 요인을 포괄적으로 수용하면서 다음과 같이 제시하고 있다(장혜경 외, 2004 재인용).

우선 출산여부에 영향을 미치는 요인으로 첫째, 자녀가 제공하는 물질적·심리적 혜택의 변화이다. 현대사회는 자녀양육의 결과로 자녀가 제공하는 물질적 혜택은 감소하고 있고, 자녀출산의 정서적 혜택보다 자아실현, 개인성취를 강조하는 경우 자녀출산을 머뭇거리게 된다고 보았다.

둘째, 자녀양육으로 발생하는 직접비용과 기회비용 요인이다. 자녀에 대한 교육기간 및 양육의 질적 수준에 대한 높은 기대로 자녀양육비인 직접비용은 증가하는데, 여성의 교육기회, 취업기회, 가회활동의 기회가 확대되어 자녀출산과 양육을 하고자 하는 기회비용은 감소한다고 하였다.

셋째, 고용이 불안정하거나 실업률이 높은 경우 결혼뿐 아니라 출산을 연기하기 쉽다. 특히 여성의 직업과 경력에 대한 사회적으로 긍정적인 시각의 사회적 분위기 확산, 경제적 여건 등이 출산관련 결정에 영향을 미친다고 보았다.

넷째, 물질주의 영향으로 개인의 자율성, 자아실현 등이 강조되는 현대사회의 라이프 스타일에서는 자녀라는 존재의 가치가 감소할 것이다.

다섯째, 남성을 주생계부양자로 규정하면서 남성 중심의 사회는 일과 가정을 병행하고자 하는 여성의 요구를 수용하지 못해 양성평등과 관련된 사회 전체의 제도나 규정이 제대로 되어 있지 않으면, 개인적으로 출산수준을 낮추는 경향을 보인다고 하였다.

표 6-1 외국의 자녀양육 지원정책의 유형

구 분		특 징	내 용
재정적 지원	현금급여	정기적 현금급여	가족수당, 자녀수당
		일시불 현금급여	출산수당, 모성급여, 새학기수당
	세제지원	• 세금환급 • 세액공제 • 세금감면	자녀유무, 자녀 수, 자녀연령, 출생순위 등에 따른 세금감면, 세금환급 등
	서비스와 재화	서비스와 재화의 무료제공 및 보조금 지급	교육 서비스, 의료 서비스, 치과 서비스, 대중교통 서비스에 대한 지원, 여가활동 관련 서비스
	주택지원	• 보조금지급 • 주택 관련 세제혜택 • 기타 서비스에 대한 보조 등	• 주택담보 대출 시 저당권 감액 • 주거비용의 세금환급 및 소득공제 • 주거 관련 서비스에 대한 보조금 지원
시간적 지원	휴가 및 휴직	• 산전·후 휴가 제공 • 육아휴직제도 제공	• 복직 보장 • 상실임금의 보전 • 출산 및 육아를 위한 휴가제도
	탄력 근무제	탄력근무제 도입	• 탄력적 근무시간제도 • 가족관련 업무를 위한 외출 가능
서비스 제공	보육 서비스	공보육 서비스의 제공	보육시설의 제공, 보육재정의 제공, 방과 후 프로그램, 직장 보육 서비스 등
		보육 서비스에 대한 공공재원의 제공	

자료 : 유계숙 외(2007 : 36)

슬리보는 이 5가지 요인에 대해 모두 정책을 통해 개입이 가능한 것은 아니지만, 관련 정책으로 직접적 정책과 간접적인 정책으로 나누고, 직접적 정책은 아동수당, 보조금 지급, 세제감면 제공 등과 같은 현금지원을 말하며, 간접적 정책은 양육 여건을 개선하여 양육비용을 감소하거나 양육과 관련하여 여성에게 일방적으로 부담을 제공하는 제도를 개선하는 것으로 공보육, 출산휴가, 육아휴직, 탄력근무제 등이 가능하다고 하였다. 가족 정책의 핵심요소를 통해 외국의 가족 정책을 표 6-1과 같이 세 가지 영역으로 구분할 수 있다(유계숙 외, 2008).

2. EU 국가의 가족 정책

에스핑 엔더슨(Esping-Andersen, 1996)은 가족이 복지국가 재편의 핵심적 영역이라고 지적했던 것처럼 EU 국가들은 일찍이 자녀 돌봄과 양육의 사회화를 가족 정책의 핵심으로 여겼다. 그 배경은 다양화, 탈제도화, 개인화 등의 가족변화로 다양한 가족의 증가와 더불어 가족의 위기를 드러내는 이혼의 증가, 자녀 출산의 감소를 경험했기 때문이다.

물론 이를 해결하는 가족 정책 방향과 내용은 나라마다 같지 않다. 윤홍식 외(2010)은 OECD의 주요 국가의 가족 정책을 가족 내 돌봄의 필요를 사회화하는 돌봄의 사회화(탈가족화)와 가족 내 돌봄의 필요에 대해 부모가 직접 아동을 돌볼 수 있도록 지원하는 가족화로 구분하여 시장형, 가족화 우선형, 가족화·탈가족화 병행형, 탈가족화 우선형, 미발달형 등 5가지 유형으로 나누었다(표 6-2 참조).

EU 소속의 주요 가족 정책 내용을 살펴보면 첫째, 유럽의 경우는 가족 정책이 가족의 유형에 상관없이 다양한 가족들의 양육과 부양부담 완화를 목표로 하고 있다. 둘째, 부모가 가족생활과 취업을 병행하고 자녀양육으로 인해 파생되는 경제적 부담을 덜어 주기 위해 보육지원에 초점을 두고 있다. 셋째, 이와 연관된 가족복지 프로그램과 서비스의 종류가 과거에 비해 다양해지고 있다. EU 소속의 주요 가족 정책의 주요 내용을 살펴보면 다음과 같다(이진숙 외, 2010).

표 6-2 가족 정책의 유형: 돌봄과제를 중심으로

가족 정책 유형	특 징	해당 국가
시장형	• 돌봄의 가족화와 탈가족화 모두 국가의 역할은 미비함 • 대신 시장이 돌봄의 사회화의 주된 방식으로 자리함	미국, 영국, 캐나다, 뉴질랜드 등
가족화 우선형	• 돌봄의 사회화보다는 돌봄의 가족화에 상대적으로 관대한 지원을 하고 있는 사회 • 가족화 우선형에서는 가족화 정책이 탈가족화의 대체재로 위치됨	독일, 오스트리아 등
가족화·탈가족화 병행형	• 돌봄의 가족화와 사회화 모두에서 국가의 지원이 이루어지고 있음 • 여성의 사회적 수급권은 모성과 노동자성 양자에 근거함	프랑스, 벨기에, 네덜란드 등
탈가족화 우선형	• 돌봄의 가족화 정책은 돌봄의 탈가족화 정책을 보완하는 위치에 있음	스웨덴, 덴마크
미발달형	• 돌봄의 사회화 가족화를 위한 충분한 정책 확대가 이루어지고 있지 않는 국가	한국, 그리스 등

자료: 윤홍식 외(2010: 154)

1) 대 상

유럽에서는 정책대상으로의 가족을 국가마다 다르게 규정하고 있다. 가족을 사회학적이고 합법적인 가치를 깃들인 개념으로, 가구를 경제학적 가치가 내재된 개념으로 보기도 하지만, 이를 혼용하여 사용하는 국가도 있다. 그러나 가족이라는 개념에 대해 지중해 국가를 제외한 대부분의 EU소속 국가들은 결혼, 출산, 입양에 의해 형성된 가족과 더불어 이혼 가족, 동거 가족, 재혼 가족, 한부모 가족, 계부모 가족 등 결혼의 합법성과는 상관없이 동일한 권리보장과 지원을 포괄하고 있다.

2) 급 여

(1) 현금급여

① 수당제도

수당제도에는 일반적으로 가족수당 또는 아동수당 등이 있다. 현재 유럽의 경우 프랑스, 오스트리아, 벨기에, 룩셈부르크, 이탈리아, 그리스, 포르투갈, 스페인에서는 가족수당이라는 명칭을 유지하고 있고, 벨기에, 덴마크, 필란드, 독일, 네덜란드, 스웨덴, 영국과 아일랜드에서는 아를 아동수당으로 운용하고 있다(이진숙 외, 2010).

기타 형태로는 다양한 형태의 특별수당이 있다. 한부모 가족 또는 후견인 가족에게 특별수당을 제공하는 국가는 프랑스, 스웨덴이 이에 해당된다. 한편 대가족 특별수당을 지급하는 국가로는 그리스, 스페인, 프랑스, 이탈리아, 오스트리아 등이 있다. 장애아수당을 지급하는 국가는 덴마크, 그리스, 프랑스, 스페인, 네덜란드이다. 한편 세 자녀 이상 특별지원에 있어서는 프랑스, 아일랜드가 이에 해당한다.

② 모성급여

모성급여 형태에 있어서는 현물과 현금급여로 구분이 된다. 현물급여는 모성건강을 위한 의료보호, 부성 또는 모성 휴가 등이 있다. 현금급여는 모성휴가 기간 동안의 소득상실을 대처해서 지급하는 것으로 육아휴직수당이 이에 해당된다. 이러한 형태는 주로 임신한 근로 여성 그리고 가족생활과 직장생활을 병행해야 하는 부모에게 지급을 한다. 그러나 이탈리아의 경우는 예외적으로 비근로 여성에게 모성바우처(maternity-voucher)를 제공하고 있다.

독일, 프랑스, 룩셈부르크, 오스트리아는 아동양육을 위해 부모가 취업을 부분적으로 혹은 완전히 중단할 경우에 대부분 2~3년 동안 수당을 지급한다. 수당수준은 자산이라 직업경력 또는 보험가입 여부에 의해 결정된다. 한편, 핀란드와 스웨덴에서는 이 수당이 모성휴가가 끝난 후에 부모수당(parental allowance)으로 지급된다(이진숙 외, 2010).

(2) 사회보장

① 노령연금

전 국민을 대상으로 포괄적 연금제도를 운영하여 노후의 가족 소득을 보존하고 있다. 노령연금은 연금 기여기간에 따라 급여수준이 결정된다. 유럽에서는 국가마다 전 국민을 대상으로 포괄적으로 연금제도를 운영함으로써 노후에도 가족의 소득이 보전될 수 있도록 하고 있다. 특히 독일을 비롯한 몇몇 국가는 취업을 중단하거나 포기한 상태에서의 아동양육 기간을 연금 기여기간으로 인정하는 연금 크레디트 제도를 운영하고 있다. 따라서 무임금, 무경력 노동인 자녀양육이 전업주부의 노후 소득보장에 부정적 결과를 낳아 출산율 저하를 초래했던 기존 연금제도의 한계를 극복하고 있다.

② 질병급여

질병과 관련해서는 일반적으로 두가지 유형의 가족급여가 제공된다. 한 유형은 공동 가입된 가족 구성원 수에 상관없이 의료보험의 기여수준에 따라 가족보험의 형태로 서비스를 제공하는 유형(독일, 프랑스, 룩셈부르크)이다. 다른 한 유형은 가족의 욕구에 따라 특별부가 급여를 제공하는 유형으로, 한 예로 룩셈부르크에서는 아동의 질병으로 인해 부모가 휴가를 하게 되면 그 기간 동안 질병급여(sickness benefit)를 제공하고 있다.

③ 실업급여

실업이 발생될 경우 가족에게 제공되는 급여는 두 가지 형태로 구분된다. 첫 번째로는 네덜란드의 경우처럼 실업기간의 사정 시, 아동양육 기간을 포함하여 급여를 결정하는 방법이다. 다른 하나는 독일, 룩셈부르크, 노르웨이의 경우처럼 가족 구성원에 대한 부양책임이 있는 실업자에게 가족 수를 고려하여 실업급여를 지급하는 방법이다.

유럽의 경우는 주로 후자의 방식을 택하고 있다. 이는 국가가 실업문제를 단순히 실업자 개인의 차원으로 보는 것이 아니라, 가족전체의 문제로 인식하고 실업급여가 가족의 빈곤을 야기하는 것을 막는 기제로 작동하도록 설계되어 있다는 점에서 실업이 확산되고 있는 우리나라에도 시사하는 바가 크다(이진숙 외, 2010).

(3) 세금공제

기혼여성의 취업이 확산되면서 유럽에서 과세 방식은 맞벌이 가정의 경우 과거 가족입금에 대한 종합과세에서 개인에 대한 분리과세로 이전되는 변화를 가져왔다. 세금공제 방식은 자녀의 수에 따라 세금을 공제하는 방법(예 : 그리스) 또는 가족환경을 고려하여 소득에 대한 면세 기준점을 조정하고 그에 따라 세금을 공제하는 방법(예 : 독일, 스페인, 프랑스, 노르웨이, 영국)이 있다.

3. 주요 국가 가족 정책

1) 독 일

(1) 가족 정책 특성

독일은 전통적으로 보수적인 가족 정책 기조를 유지하고 있는 국가로서 '돌봄노동은 여성, 취업노동은 남성' 이라는 기조를 가지고 있다. 독일은 이러한 가족을 지속가능한 사회 발전 과정에서 중요한 역할을 하는 사회제도로 인정하여 가족 정책을 명시적으로 분류하여 개입하였다. 따라서 독일의 가족 정책은 혼인과 가족제도를 보호하고 장려하는 의도에서 출발하였다고 볼 수 있다. 그러므로 전통적인 성별노동 분리를 적극적으로 유지하는 방향으로 정책이 이루어져 여성의 경제활동을 지원하는 개입은 상대적으로 덜 발달되었다.

이러한 배경 속에서 생성된 독일 가족 정책의 문제점과 대책을 짚어보면 다음과 같다.

독일에는 여성의 급증하는 취업, 사회활동 욕구를 충족하지 못해 저출산 현상이 지속적으로 나타나고 있다. 그러나 각종 수당 지급이 임금대체 효과가 있는 저소득층의 출산은 높지만, 상대적으로 중산층 여성은 출산을 기피하는 출산의 양극화 현상이 나타나고 있다. 따라서 독일은 'Agenda 2010'의 가족지원 영역에서 일과 가정의 양립지원을 목표로 삼고 가족친화적 기업문화를 확산시키려고 한다.

(2) 주요 재정지원정책

직접적인 정책에는 자녀에게 해당되는 아동수당, 자녀양육수당, 자녀양육휴직, 아동개혁법 신규칙, 교육비 면세혜택(유치원도 거의 의무교육화되고 있음) 등과 여성에게 해당되는 주부연금제 등이 있다. 또한 각 주마다 차이가 있지만 소득에 따른 출산금 지급, 임신 중 자녀양육을 위해 이사하는 이사비용을 지원하는 경우도 있다. 직접적인 재정지원정책을 제시하면 다음과 같다.

① 아동수당

독일의 아동수당은 16세 미만 자녀를 대상으로 지급되며, 16세 이상은 소득에 근거하여 지급하고 있다. 2004년을 기준으로 1인 자녀 154유로, 네 번째 자녀부터 179유로를 지급하고 있다. 이러한 제도는 전체 가족유형에서 그 비중이 적은 세 명 이상의 다자녀 가족에게는 유리하지만, 한두 명의 자녀를 갖는 대다수의 가족유형과 특히 젊은 부부의 자녀양육을 위해서는 오히려 불리한 제도이다(유계숙 외, 2009).

② 자녀세금공제

자녀를 양육하는 가정의 경우, 소득의 일정액에 대하여 세금을 공제해 주는 제도이다. 부부에게는 3,648유로까지 가능하고 한부모인 경우에는 1,824유로까지 가능하며, 자녀가 성인이지만 교육과정이 있으며 가정 밖에서 거주하는 경우에는 자녀세금 공제 외에 추가로 924유로가 공제된다.

③ 주부연금제

주부연금제는 아동양육을 통한 연금수급권으로서 자녀양육을 위해 취업을 중단하거나 포기하는 경우 연금보험의 갹출 없이 자녀양육 기간과 자녀의 수에 비례하여 노후연금을 지급하는 제도이다. 이 제도는 원칙적으로 여성에게만 적용되나, 부모가 합의한 경우는 남성도 인정을 해주고 있다.

④ 양육비 지급

양육비 지급은 2001년 이후 출생한 자녀를 직접 양육하고 1주일에 30시간 미만으로 취업하는 경우 소득에 따라 차등 지급을 하고 있다. 이 제도는 자녀가 2세에 이를 때까지 지급된다.

(3) 휴가제도 및 보육 서비스

① 출산휴가

독일의 출산 휴가는 유급 14주이며, 6주는 출산 이전에 사용하도록 하고 있다. 휴가 기간 동안에는 사회보험 기여와 세금을 내지 않아도 사회보장급여의 권리를 인정해 준다. 한편, 임신 중인 여성에게는 야간과 휴일 근무 적용을 금지하고 있다.

② 육아휴직

육아휴직은 출산휴가 14주가 끝난 후 최대 3년까지 부모휴가를 사용할 수 있으며, 급여는 월급의 24%를 받게 된다. 3년 중 1년은 자녀가 8세가 되기 전까지 사용 가능하게 하고 있다. 또한 2001년 '부모시간제도'의 도입으로 3세까지의 자녀양육을 위해 휴가를 사용할 수 있도록 허용하였다. 이러한 부모휴가를 사용하는 경우에는 양육수당을 받으며, 주당 30시간으로 노동시간을 단축하고 있다.

③ 보육 서비스

독일은 전형적인 남성부양자 가족을 선호하는 국가이며, 어머니의 양육자 역할을 전통적으로 중시해 온 국가이다.

특히, 독일은 3세까지 어머니가 집에서 전일제로 양육하는 것이 바람직하다고 보아 공보육 서비스 발전이 상대적으로 늦다. 보육 서비스는 종일제보다는 반일제로 제공되며, 취업부모의 보육 수요에 적절하게 대응하진 못하고 있다. 또한 불충분한 보육 서비스로 여성의 노동참여가 제한되고, 주변적 고용으로 내몰림되고 있는 문제가 있다.

(4) Agenda 2010

최근 독일은 OECD, EU 국가들의 경험을 벤치마킹하여 대규모 개혁을 추진하고 있다. 'Agenda 2010' 을 통하여 경제, 직업교육, 과세, 교육 및 연구, 노동시장, 보건, 연금, 가족지원 8개 영역에서의 개혁을 추진하는데, 이중 가족지원의 영역에서는 일과 가정의 양립지원을 목표로 삼고 있다. 가족지원에서는 이전의 금전적 지원 위주의 가족 정책의 한계를 일정 정도 평가하며 시간, 인프라, 금전적 지원을 적절히 조합하는 것으로 정책을 전환하고 있다.

이러한 정책을 효과적으로 추진하기 위한 대표적인 전략으로는 가족친화적 기업문화를 확산시키는 것을 주요 골자로 하고 있다. 즉, 가족친화적 경영방식 및 환경의 도입을 위하여 기업의 책임을 확대시키고 정부는 보육시설 확충 등 인프라에 책임을 지는 방식이다.

2) 프랑스[1)]

(1) 가족 정책 특성

프랑스는 높은 출산율 제고를 위한 강력한 가족 정책을 특징으로 한다. 인구를 국가경쟁력의 중요자원으로 인식하여 일찍부터 '출산장려주의' 가 중요한 정책목표가 되어 광범위하고도 포괄적인 가족 정책을 제공하고 있다.

프랑스의 가족 정책은 1938년 가족법의 도입으로 제도화되었다. 특히 프랑스는 조기 아동기는 가족 정책에서 중요한 영역으로 다루고 국가 개입의 합법적인 개입영역으로 보았다.

또한 아동양육 부담은 국가가 공동부담하며, 특히 비용 책임을 적극적으로 분담하겠다는 국가차원의 의지가 강하다. 프랑스 가족 정책의 목적은 소득의 재분배 차원과 인구학적 지원 두 가지로, 이를 위하여 자녀 수에 따라 급여액을 차등 지원하는 구조와 자산조사에 기반한 수당들을 많이 배치하고 있다.

한편 이러한 프랑스의 가족 정책의 시작은 1932년 랑드리법에서 출발한다. 이 법에서는 최소 두 자녀를 가진 산업체 봉급자에 대한 가족수당을 지급하며, 출산율

1) 김민정(2009). 프랑스의 가족 정책. 한국가족학회 2009년 춘계학술대회. 중 일부 발췌

증가를 위해 여성이 출산과 양육의 역할을 담당하고 이를 국가가 보상한다는 의미를 담고 있다.

1965~1981년의 프랑스의 가족 정책은 기본적으로 여성을 '노동하는 어머니'로 보고 여성의 노동권 보장을 위한 다양한 정책이 실시된다. 이 시기에는 가족수당이 여성의 취업상태에 의존하지 않는 제도로 변경되며, 유급 노동시장에 취업하며 자녀를 가진 경우에는 보육비 수당을 지급한다.

(2) 1980년대 이후 가족 정책의 특징

1980년데 이후 프랑스는 미테랑 사회당 정권의 등장하면서 가족 정책 모델의 변경을 가져온다. 이 시기에는 가족이 경험할 수 있는 모든 욕구에 대응하는 구체적인 급여 및 프로그램이 운영된다. 이러한 제도 및 목적은 가족 정책이 지니고 있는 세 가지 목적을 동시추구함을 지향하고 있다. 즉, 출산장려 목적, 가족 부양 보상 목적, 최저한계 가족을 위한 수직적 재분배 목적을 동시 추구하도록 한다.

따라서 프랑스는 이상의 목적을 법적·제도적으로 뒷받침하기 위해 설정법의 명칭 및 내용에서 가족복지의 중요성을 강조한다. 일하는 여성으로서의 권리를 인정하고 다양한 혜택을 제공하면서, 잠재적으로는 가족이 양육의 중심지이며 일차적 책임 또한 강조하며 여성의 전통적 역할을 기대한다. 이러한 예로서의 제도를 살펴보면, 다음과 같다.

- 양육부모수당 : 3자녀 이상의 양육으로 경제활동을 포기하는 부모에게 지급
- 자택보육수당제 : 3세 미만의 자녀를 자택에서 돌보는 보육자를 고용할 경우 지원

(3) 주요 재정지원정책

프랑스에는 30여 종류의 다양한 수당들이 제공되고 있는데, 크게 가족형성 및 유지지원, 출산 및 양육지원으로 광범위하게 구성되고 있다.

① 가족수당(AF)

프랑스의 가족수당은 고용이나 소득에 상관없이 모든 개인 및 가족을 대상으로 지급함을 원칙으로 한다. 여기에서는 외국인을 포함하며 결혼 외 관계의 자녀(입양,

위탁 등)까지 포괄한다. 가족수당은 두 명 이상의 아동이 있는 두 번째 아이부터 지급되며 16세가 될 때까지 지급이 되며, 아동의 연령에 따라 11세 이상, 16세 이상은 추가 지급이 가능하다. 현재 전체 가족급여에서 가족수당의 비율이 약 40%를 차지할 정도로 가족수당은 프랑스 가족 정책에서 중요한 위치를 차지한다(유계숙 외, 2009 재인용). 가족수당은 월 단위로 계산되고 지급되며, 과세대상이 아니다. 가족수당의 재원은 사회보장기금의 가족분과에서 지급되며, 기금은 고용주 기여금으로 2/3, 일반조세 수입으로 1/3을 충당한다.

6남매를 둔 톱스타 앤젤리나 졸리-브래드 피트 커플이 프랑스 정부로부터 매달 아동수당 1천 400파운드(약 270만 원)를 지급받을 수 있게 됐다.

영국 일간 텔레그래프는 24일 프랑스 남부 엑상프로방스 인근 브리뇰 마을의 대저택을 구입한 졸리-피트 커플이 이 지역 거주민으로 등록함에 따라 정부가 제공하는 재정적 혜택을 받을 자격을 갖췄다고 보도했다.

사정을 담당한 정부 관계자는 피트-졸리 커플은 연 수입이 6만 5천 파운드를 초과하기 때문에 출산수당은 받진 못하지만 육아를 돕기 위한 보육수당 529.48파운드를 받을 수 있다고 전했다.

그러나 연 수입이 2천만 파운드에 달하는 이들이 수당을 요구할 가능성은 낮아 보인다.

자료 : 연합신문(2008. 8. 25)

② 한부모수당

프랑스의 한부모수당(API)은 한부모가 한 자녀 이상을 키우고 있거나 임신을 한 경우 1인 가구 가족의 최저소득을 보장한다. 2001년 1월 기준, 급여액은 502유로를 지급하고 여기에 추가하여 아동 1인당 167유로를 지급한다. 편부모수당은 최고 12개월까지 지급되지만, 막내가 3세가 될 때까지 연장할 수 있다.

③ 가족지원수당(ASF)

프랑스의 가족지원수당(ASF)은 아동을 키우고 있는 사별한 배우자나 한부모를 지급대상으로 한다. 이때 이혼한 부모가 양육책임을 거절한 경우도 지급이 가능하다. 가족지원수당은 20세 자녀까지 해당되며, 2001년 1월 기준 지급금액은 아동 1인당 매월 75유로를 지급한다. 부모가 모두 없는 고아이거나 양부모가 지불 능력이 없을 때는 급여액을 증액해 준다.

④ 장애아동을 위한 특별수당(AES)

50% 이상의 장애를 가진, 20세까지의 자녀를 대상으로 제공되는 기본수당으로 장애 정도에 따라 차등 지원되며 이 수당은 자산조사와는 무관하다. 이 수당을 받으려면 부모 중 한 사람이 노동을 보류하거나, 제3자의 도움이 반드시 요구된다.

⑤ 새학기수당(ARS)

6~18세 자녀를 대상으로 일시불로 지급되는 자산조사형 급여이다. 3~21세 자녀가 3명 이상 있는 가족에게는 추가 수당을 지급한다.

⑥ 주거수당(ALF)

임대료, 가족상태(피부양가족의 수 등), 수급자의 자원능력 등을 고려하여 수당을 지급하는데, 저소득층 수급자의 경우 증액될 수 있다.

⑦ 가족보충수당(CF)

자산조사형 급여로 3명 이상의 자녀부양의 책임이 있는 부모에게 지급된다. 이때, 아동의 연령은 3~21세까지 포함되며, 2001년 1월 기준 가족당 지급액은 140유로이다.

⑧ 세제지원

프랑스의 가족수당은 비과세인 까닭으로 누진세제하에서 재분배문제가 발생한다. 이러한 문제점을 다소 완화하기 위하여 프랑스의 세금제도는 결혼상태와 가족 구성원 수에 따라 차등 적용되는 '가족지수제(Quotient Familial)'를 사용한다. '가족지수제'는 1946년 도입되었으며, 제도의 핵심은 가족 구성원 수에 따라 과세액을 분할함으로써 부양가족이 많은 가족의 소득세 부담을 줄이기 위한 목적을 갖는 것으로 '가족친화적'인 세금제도라고도 불린다. 세금은 가족의 기여능력에 비례적으로 책정되는데, 결과적으로 같은 수준의 소득이라도 3명의 자녀가 있는 가족이 1명의 자녀를 가진 가족보다 유리하게 된다.

⑨ 영유아수당

영유아수당(APJE)은 1975년 도입된 자산조사형 수당이다. 이 수당은 두 기간으로 나누어 지급되는데, 첫 번째 급여기간은 '짧은 기간'으로 임신 4개월부터 생후 3개월이 될 때까지이다. 두 번째 급여기간은 '긴 기간'으로 아동이 3세가 될 때까지, 아동 수에 상관없이 지급된다.

⑩ 입양수당

입양이나 위탁할 경우 지급되는 자산조사형 수당이다. 이 수당은 21개월간 지급되는데, 혹은 영유아 수당의 '긴 기간' 중의 첫 9개월간 지급될 수도 있다. 2001년 1월 기준, 월 급여액은 154유로이다.

(4) 출산 및 양육지원

프랑스의 출산 및 양육지원에 있어서는 육아휴직수당(APE), 아동간호수당(APP), 가정 내 보육수당(부모가 모두 취업한 개별가정에서 보육사 고용했을 때 일부), 등록보육사 고용지원이 있다.

(5) 그 외 지원정책

① 휴가제도 : 출산휴가, 부성휴가, 부모휴가, 아동간호휴가
② 보육 서비스 : 유아원, 유치원
③ 일·가족생활 양립 지원 : 35시간 노동제 통과, 1년 단위로 근로시간을 유연하게 사용

3) 스웨덴

(1) 역사적 배경

스웨덴의 가족 정책은 일찍부터 출산·양육의 문제에 적극적으로 대처한 모범적인 나라로 꼽힌다. 스웨덴의 가족 정책은 이미 1930년대부터 '인구위기'로 알려진 출산율 하락에 따른 인구정책과 맞물려 시작되었다.

미르달 부부의 저서 1934년 '인구문제의 위기'는 스웨덴 출산장려주의 논의의

중심을 이끌었다. 미르달 부부는 '예방적 사회정책' 의 개념을 제시하여, 아이들은 생산적 성인으로 키워져야 하며, 사회는 아이들과 그들 가족의 복지를 위해 투자해야 한다는 '사회민주적' 인 인구 계획을 제시하였다. 이러한 정책 결과는 여성 개인이 아니라, 사회전체가 가족생활에 공헌하도록 장려하는 사회가 될 것이라고 강조하였다. 미르달 부부는 '인구의 질', 즉 '양질의 아동을 더 많이' 확보하기 위해서는 국가가 여성에게 모성과 노동참여를 양립할 수 있도록 조치를 취해야 하며, 따라서 이를 위한 보다 근본적인 문제는 양질의 보육시설에서 전문가에 의해 아이를 양육하는 것이라고 주장하여 보육정책 발전의 기반을 제공하였다(유계숙 외, 2009 : 46).

한편 1935년에는 인구위원회가 설치되면서 가족 정책을 사회적 맥락에서 접근하게 된다.

1931년에 산전·후 휴가, 육아휴가, 유급휴가 등을 포함하는 부모보험이 부분적으로 시행된 뒤 1955년에는 전 국민에게 확대된다. 스웨덴의 출산장려 정책은 1960년대 중반 이후 본격화되는 가운데, 1972년에는 여성육아휴직 인정법이 제정되었다. 1975년에는 여성뿐만 아니라 남성도 자녀 양육을 위해 휴직할 수 있는 부모휴가법 확대되었다. 주로 만 1세 이하 영아에 초점을 맞춘 이같은 정책은 최소한 아이가 1년 정도는 부모 품에서 자라야 한다는 '가족중심 가치관' 을 바탕으로 하였다. 그러나 기본적으로 스웨덴 가족 정책은 성평등과 일·가족의 양립 지원을 기반으로 하고 있다.

(2) 관련업무기관

스웨덴의 가족 정책은 보건사회부(Ministry of Health and Social Affairs)에서 담당을 한다. 여성업무는 산업고용통신부(Ministry of Industry, Employment and Communication)에서 담당하게 된다. 한편 1~3세의 유아의 80% 이상은 지방 자치단체가 운영하는 유아원에서 보육을 담당하게 된다. 4세 이상은 의무교육 대상에 들게 되어 싫든 좋든 국가 품에서 아이가 양육되는데 비용은 중앙정부, 자치단체, 부모가 분담하지만 소득별 부모 부담 상한선(Max Taxxa)을 두고 있어 일부 빈곤층을 제외하곤 부담을 느끼지 않는다. 또한 초등학교 이상은 공교육 체계에서 담당한다.

(3) 가족 정책의 기준

스웨덴의 가족 정책은 아동과 가족수당, 부모보험(Parental Insurance), 양질의 보육을 포함한다. 가족에 대한 재정적 지원에 있어서는 자녀가 있는 가정과 없는 가정 사이의 생활의 격차를 줄이기 위한 것이다. 가족 수당의 수행·분배는 국가사회보장위원회(National Board of Social Security)에서 담당을 하고 있다.

(4) 가족 정책의 주요 내용 2)

① 아동수당

스웨덴의 아동수당(Child Allowance)은 모든 아동들에게 보편적으로 현금급여를 제공하고 있다. 기본적으로 아동수당은 16세 이하의 자녀가 있는 가정을 대상으로 하며, 학생 또는 특수학교 재학인 경우는 연장하여 지급한다. 이때 세 자녀 이상을 둔 가족에게는 추가 수당을 지급한다.

② 생활보조비 지급

부모와 떨어져 사는 자녀를 위한 생활보조비 지급(Maintenance Support)은 아이를 돌보는 사람에게 매달 일정한 금액을 지급하는 방식으로 이루어진다. 이때 부모는 이 돈을 국가에 되갚아야 하며, 그 금액은 부모의 수입과 자녀의 수에 따라 달라지게 된다.

③ 부모보험

스웨덴의 부모보험(Parental Insurance)은 임신수당, 부모수당, 임시부모수당 이렇게 세 종류로 지급된다. 임신수당은 임신으로 일할 수 없을 때 출산 60일 전 최대 50일간 모의 소득의 80% 지급한다. 부모휴가수당은 16개월 지급되며, 12개월은 부모수입의 80%, 나머지 3개월은 정액 지급된다. 이때 저소득 부모나 수입이 없는 부모도 최소한의 금액을 지급받는다. 한편 480일간의 수당지급은 부모가 공평하게 수급하며, 240일은 아버지, 240일은 어머니가 받으나 180일까지 상대인 아버지가 받도록 할 수 있다. 이 제도는 1974년 시작 이래, 아버지가 휴가를 사용하는 비율이 꾸준히 증가하였다. 부모휴가에 대한 중요성을 강조하기 위해 정보를 제공하고 홍보 캠페인을 벌이는 활동을 전개하였다. 또한 자녀를 갖기 전에 부모보험계획에 관한 정보를 제공하는 모임에 참석하도록 요청을 하기도 하였다.

2) 장혜경 외(2005). 가족 정책기본계획수립을 위한 연구. 여성부.

한편, 일시적 부모 현금급여는 질병 있는 12세까지의 자녀를 돌보는 경우, 학교방문 등에 지급되는 경우이다. 이때 아버지에게 제공되는 경우에는 세 가지가 있다. 일시적 부모 현금급여는 매년 120일간의 수입의 80%가 수당으로 지급된다. 또한 자녀 출산으로 아버지는 10일간 '아버지 휴가'를 제공받을 수도 있다.

④ 부모휴가

2002년 기준, 부모휴가는 총 18개월 제공되며 이중 16개월은 부모휴가수당도 지급받는다. 스웨덴의 부모휴가정책의 특성은 다음과 같다.

첫째, 동등한 부모역할 목표로 하여 함께 노동하고 함께 양육하는 모델을 전개하였다. 둘째, 관대성과 포괄성의 특징을 가져 휴가기간이 충분하고 급여 대체율도 높다. 셋째, 제도의 유연성이 있는 측면으로 아이가 8세가 될 때까지 언제든지 사용 가능하며, 전일제 또는 시간제를 선택할 수 있다. 이러한 부모휴가의 제도 속에서 꾸준히 아버지 휴가를 받는 추세가 증가하고 있다.

⑤ 부(父)의 할당제도

아버지의 육아휴직 사용을 강조하고 적극적으로 유인하여 동등한 부모역할을 강조하는 것은 스웨덴 부모휴가의 중요한 특징이다. 스웨덴은 부모휴가 중 2개월은 어머니만, 2개월은 아버지만 사용 가능하고, 나머지 기간을 부모 중 누구나 사용이 가능하다. 이때 아버지가 할당된 휴가를 사용하지 않으면 어머니 대신 사용하지 못하고 소멸되게 하여 적극적인 사용을 유도하고 있다.

⑥ 보육 서비스

스웨덴은 공보육체제 확립을 통한 양육의 사회화를 이룬 대표적 국가이다. 스웨덴의 보육정책의 목표는 아동발달과 교육을 지원하여 생애의 중요한 출발을 시작할 수 있도록 정부가 지원하며, 부모들이 직업과 양육을 병행할 수 있도록 사회적으로 지원함을 목표로 하고 있다. 이러한 스웨덴 보육정책의 특징으로는 첫째, 양질의 보육을 제공, 둘째, 보육 서비스를 필요로 하는 사람들이 충분히 사용할 수 있으며, 셋째, 공공재원의 제공과 지방정부의 책임하에 운영되고 있다는 점이다.

스웨덴의 보육연령 기준은 1~12세 아동이며, 학령기 이전은 유치원에, 학령기 아동은 학교 정규 수업 외에 보육 서비스를 이용할 수 있다. 또한 집단 보육시설

외에 가정보육시설, 유치원도 보육 서비스를 제공하고 있다. 점점 공공으로 지원하는 보육시설을 이용하는 아동의 수가 크게 증가하고 있다.

⑦ 자녀가 있는 세대주에게 주택수당 지급

스웨덴은 자녀가 있는 세대주에게 주택 수당을 지급하는 제도를 실시하고 있는데, 이때 지급 전에 자산조사를 실시하여 주택가격과 자녀 수에 따라 지급액에 있어 차등을 두고 있다. 스웨덴은 자녀가 있는 가정의 30% 정도가 주택수당을 수급하고 있다.

⑧ 인스콜링 제도

학교적응제도의 일환으로 부모가 휴직 후 복직하게 되면 자녀를 유아원에 맡기면서 적응을 걱정한다. 인스콜링(Inskolning)은 바로 이런 고민을 해결하기 위해 자생적으로 생겨나 굳어진 관행이다. 이 제도는 입학 후 한 달 정도 휴직한 부모가 유아원에서 함께 생활하며, 처음 며칠은 하루 종일, 2주 정도 지나면 부모가 눈에 띄지 않는 곳에서 관찰을 한다. 이 제도는 명문 규정은 없으나 대체로 인정하는 사회 분위기이다.

요점정리

- 외국의 가족 정책을 이해하기 이전에 가족 정책의 주요 요소를 학자별로 유형별로 살펴보았고, 특히 EU국가를 중심으로 가족 정책의 유형과 내용을 이해하였다.
- 돌봄노동은 여성, 취업노동은 남성을 강조하는 독일의 가족 정책의 특성과 내용, 사회의 공동양육 책임을 적극적으로 내세우고 있는 프랑스의 가족 정책의 특성과 내용을 살펴보았다.
- 양성평등의 입장에서 일과 가정의 양립을 강조하고 있는 스웨덴의 가족 정책의 특성과 주요 정책내용을 습득하였다.

생각넓히기

1. 독일, 프랑스, 스웨덴의 가족 정책을 살펴보고 세 나라의 가족 정책의 차이점이 무엇인지 정리하고 우리나라는 세 나라 중 어느 방향과 관점으로 가족 정책을 수립해 나가야 할 것인지 논의해 보자.
2. 독일은 저출산 등의 문제를 해결하기 위해 'Agenda 2010'에서 일과 가정의 양립 지원을 목표로 삼고 가족친화적 기업문화를 확산시키려고 하고 있다. 이와 같은 정책의 변화를 가져오게 된 배경과 우리나라에게 주는 시사점이 무엇인지 자신의 의견을 나눠 보자.

7 Chapter

우리나라 가족실태

1. 2010년 가족실태조사의 개요
2. 가구 및 가족원의 일반적 사항
3. 가족 인식 및 태도
4. 일과 돌봄
5. 가족여가
6. 가족의 복지 및 정책욕구
7. 가족실태조사 결과의 함의

7 Chapter 우리나라 가족실태

한국 가족은 급격한 변동의 과정을 겪고 있다. 결혼이 늦어지고 혼인율은 감소하는 데 비해 이혼은 지속적으로 증가하고 있으며, 이로 인해 한부모가족이나 재혼가족도 증가하고 있다. 또한 기혼여성의 취업이 증가하면서 가구생계양식이 1인 부양체제에서 2인 부양체제로 변화하게 되고 이는 성역할 구조의 변화와 맞물리고 있다. 이러한 한국가족구조의 변화는 가족 내적 변화뿐만 아니라 가부장적이고 가족책임주의의 특성이 강한 한국사회의 구조적 특성이 개인의 의식과 행위의 변화를 따라가지 못함으로써 발생하는 구조적 지체(structure lag)에 의해 발생하는 것이기도 하다(여성가족부, 2005). 따라서 급격히 변화하는 가족 현실 속에서 당면하게 되는 가족문제는 더 이상 개별가족의 힘만으로는 해결될 수 없는 시사점으로 전사회적 지원이 절실히 요구되는 함의가 있다.

이러한 맥락에서 본 장에서는 다양한 관점에서의 우리나라의 가족실태를 이해하기 위해 우리나라 전국 규모의 가족실태 제2차 조사인 2010년 제2차 가족실태 조사보고서(여성가족부, 2010)를 중심으로 돌봄, 가사참여, 가족여가, 가족가치관 및 복지욕구 등에 대해 다각적인 실태를 살펴보도록 하겠다.

1. 2010년 가족실태조사의 개요

여성가족부에서서 진행된 '가족실태조사'는 건강가정기본법 19조(교육·연구·진흥) "국가 및 지방자치단체는 개인과 가족의 생활실태를 파악하고, 건강가정 구현 및 가정문제 예방 등을 위한 서비스의 욕구와 수요를 파악하기 위하여, 5년마다 가족실태조사를 실시하고 그 결과를 발표하여야 한다."라는 규정에 따라 2005년 1차 조사, 그리고 2010년 2차로 가족실태조사보고서가 발표되었다.

제2차 가족실태조사에서 제시한 조사의 주된 목적은 전국 규모의 가족실태조사를 수행하여 한국 가족의 실상과 변화를 측정할 수 있는 기초자료를 구축하고 이를 통해 생활밀착형 가족 정책을 수립할 수 있는 기반을 마련하는 것이며, 이런 목적 달성을 위한 구체적 목표를, 첫째 한국 가족의 기본 특성과 변화 그리고 그 추이를 통합적으로 포착할 수 있는 기초 정보자료의 확보를 통해 역동적으로 변화하는 한국 가족의 모습과 생활실태 파악, 둘째 가정의 건강성을 구성하는 다양한 요소를 고려하여 가정의 건강성 증진을 위한 정책 및 서비스를 위한 제언, 셋째 저출산 문제를 가족의 관점에서 이해하고 저출산 정책과 가족 정책의 연결고리 파악, 넷째 맞벌이 가족의 보편화 현상에 주목하여 맞벌이 가족의 일-가정 양립을 위한 정책 마련에 필요한 기초자료 제공, 마지막으로 2005년 제1차 가족실태조사와 제2차 가족실태조사의 결과를 비교하는 것으로 두고 있다.

제2차 가족실태조사 대상은 통계청 2005년 인구주택총조사의 조사구를 기본 표집틀로 하여 전국 2,500개 가구에 거주하는 만 15세 이상 모든 가구원 총 4,754명이었으며, 조사의 주요 주제는 ① 가구 및 가족원의 일반적 특성, ② 가구의 경제적 특성, ③ 가족 인식 및 태도, ④ 가족 형성 및 변화, ⑤ 가족관계, ⑥ 일과 돌봄, ⑦ 가정생활양식, ⑧ 정책에 대한 인식 및 요구도 등이다.

다음으로 2010년 가족실태조사 결과 중에서 주요한 내용을 살펴보도록 하겠다.

2. 가구 및 가족원의 일반적 사항

1) 가구의 특성

제2차 가족실태조사(여성가족부, 2010)를 통해 가구 및 가족원의 일반적 사항의 주요 내용을 살펴보면 응답가구 총 2,500가구는 대도시 가구 비율이 가장 높았고(46.2%), 농어촌(33.9%), 중·소도시(19.9%) 순이며, 2세대 가구(부모 세대와 자녀 세대, 또는 조부모 세대와 손자녀 세대)가 58.2%, 1세대 가구 21.0%, 1인 가구 15.8%, 3세대 이상 가구 4.9%의 순으로 한국 가족은 2세대 가구가 가장 보편적이고, 이 중에서도 두 명의 부모와 자녀로 이루어진 '양친+자녀' 형태의 비율이 가장 높게 나타났다. 특히 2세대 가구에서 두 명의 부모와 자녀로 구성된 형태를 세분해서 보면 '부+자녀' 형태와 '모+자녀' 형태를 합한 '한부모+자녀' 유형이 전체에서 7.3%로 나타났다.

응답가구 중에서 부부 두 사람을 포함하는 가족형태에 속하는 1,829가구의 특성을 살펴보면 맞벌이 부부라고 응답한 가구의 비율은 27.9%였다. 한편, 전체 가구 중 주말부부라고 응답한 가구는 1.7%였으며, 기러기 가족이라고 응답한 가구는 0.6%로 나타났다. 또한 국제결혼으로 가족원이 된 사람이 있다고 응답한 가구는 0.3%, 입양한 자녀가 있다고 응답한 가구도 0.3%, 장애가 있는 자녀가 있다고 응답한 가구는 0.7%였다(표 7-1 참조).

표 7-1 응답가구의 특성

구 분	해당됨		해당되지 않음		N
	가구수	%	가구수	%	
맞벌이 여부*	510	27.9	1,319	72.1	1,829
주말부부 여부	44	1.7	2,456	98.3	2,500
기러기 가족 여부	15	.6	2,485	99.4	
국제결혼 가족원 유무	8	.3	2,492	99.7	
입양자녀 유무	8	.3	2,492	99.7	
장애아 자녀 유무	17	.7	2,483	99.3	

자료 : 여성가족부(2011). 2010년 제2차 가족실태조사(p.97).

한편 조사대상자 4764명 중 12세 이하 자녀를 둔 주 양육자는 823명(17.3%)이며, 주 양육자는 아버지, 어머니, 조부모로 나타나며, 응답자의 대부분이 자녀의 부모로 어머니(66.4%)의 응답비율이 아버지(32.4%)보다 두 배 정도 높게 나타났다. 자녀의 특성을 살펴보면, 1명인 경우가 230명, 2명이 461명, 3명 이상이 128명으로 나타났다. 응답 가구원 4,754명의 조사 내용 중 주관적 건강상태는 5점 만 점에 평균은 3.7점으로 나타나 전반적으로 자신이 건강하다고 응답하였으나 70대 이상은 자신의 건강을 평균 2.7점으로 보아 부정적으로 평가하였다.

2) 경제상태

먼저 주관적 계층의식은 다섯 가지 응답범주 중 중류층의 비율 42.5%로 나타났으나, 중하류층 39.4%, 하층 12.7%으로 나타나, 중하류층을 합한 52%는 중류층이라고 응답한 비율보다 높았다. 한편 60대 이상 고령층은 중류층으로 인식하는 비율이 상대적으로 낮고 하류층으로 인식하는 비율이 높았다. 혼인상태별로는 별거 및 이혼을 경험한 응답자 가족원 중 자신이 하층에 속한다고 응답한 비율이 40%, 중하류층 38.2%로 나타나, 별거 또는 이혼을 경험한 응답 가족원 중 80%에 가까운 응답자가 자신을 하층 또는 중하류층이라고 인식하여, 이 집단의 상대적 빈곤의식이 심각한 것으로 나타났다.

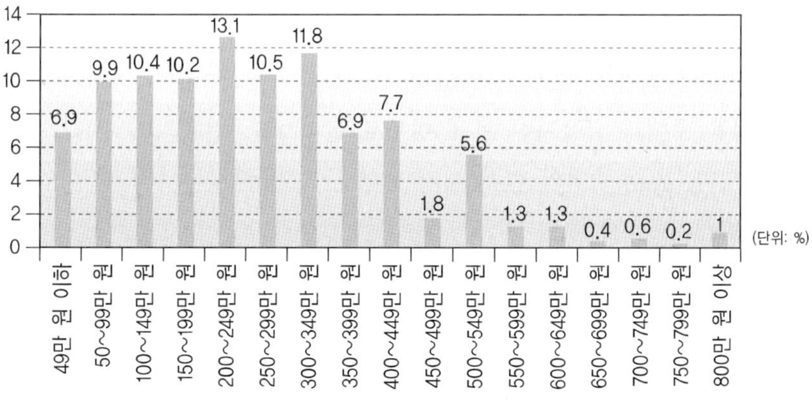

그림 7-1 월평균가구 소득분포

자료: 여성가족부(2011). 2010년 제2차 가족실태조사(p.118).

가구의 월평균 소득을 보면 가구소득에서 가장 높은 비율을 보이는 범주는 200~249만원 미만으로 전체가구의 13.1%, 그 다음으로는 300~349만 원 미만으로 전체가구의 11.8%가 차지하고 있다(그림 7-1).

자녀의 사교육비의 경우 28.%가 월평균 50~100만 원 지출하고 있어 가장 많이 차지하였고, 30~40만 원 18.5%, 20~30만 원 15.9%, 100만 원 이상 13.6%, 10~20만 원 11.4% 순으로 나타났다. 이와 같은 비중은 소득수준이 높을수록 증가하는 경향성이 있으나, 전체 가구소득에서 최소 1/5~3/5 비중으로 사교육비가 지출되고 있기 때문에 가계경제의 상당한 부담요인으로 작용하고 있다.

한편, 월평균 부모 부양비지출액의 비중은 10~20만 원 미만이 28.7%, 20~30만 원 미만 16.9%, 50~100만 원 미만이 15.8%, 10만 원 미만 15.4% 순으로 나타났다.

가구의 저축현황을 보면, 전체 2,500 가구 중 저축을 하고 있는 가구는 56.6%, 저축을 하지 않는 가구는 43.4%로 저축하는 가구 수가 다소 높은 것으로 나타났고, 가구소득이 높을수록 저축규모가 증가하는 것으로 나타났다. 가구의 월평균 저축규모는 50~100만 원 미만이 36.8%, 100만 원 이상이 28.5%, 30~50만 원 미만이 22.2%, 10~30만 원 미만이 11.9%의 비중을 보이고 있다.

한편 부채현황은 전체 2,500가구 가운데 부채가 있는 가구의 비중은 26.2%, 부채가 없는 가구는 73.8%이고, 가구소득별 부채유무를 살펴보면, 소득이 증가함에 따라 부채가 있다는 응답 비율 또한 증가하고 있었다. 특히, 맞벌이 여부별 부채현황의 경우 맞벌이의 39.1%가 부채가 있다고 응답해, 27.4%의 홑벌이보다 부채를 갖고 있는 비율이 높은 것으로 나타났다.

자산현황을 주택과 금융자산 보유 여부로 살펴보면, 전체의 66.3%가 주택을 보유하고 있었으며, 보유 주택의 현재 시가 총액은 5,000만 원~1억 원 미만이 29.5%로 가장 많았다.

금융자산 보유 여부의 경우 전체의 62.1%가 금융자산을 보유하고 있는 것으로 나타났으며, 금융자산 총액은 1,000~2,000만 원 미만이 가장 많았다. 가구주 연령별 금융자산 보유 여부의 경우 연령이 높을수록 금융자산 보유 비율이 낮아지는 것으로 나타나 노후생활의 안정을 돕기 위한 대책이 필요하다.

3. 가족 인식 및 태도

1) 가족에 대한 인식

제2차 가족실태조사(여성가족부, 2010)를 통해 가족 인식 및 태도에 대한 주요 내용을 살펴보면 주관적 행복도를 '매우 불행' 1점, '매우 행복' 10점으로 응답하도록 한 결과, 평균 6.9점으로 행복한 편에 속한다고 볼 수 있으며, 행복에 가장 큰 영향을 미치는 것을 두 가지 선택하도록 한 결과, 건강(67.6%)과 돈(47.3%)이라는 응답의 비율이 가장 높았고, 그 다음으로는 일(24.4%), 자녀(18.2%), 배우자(14.9%), 가정생활(12.6%)의 순으로 나타났다.

이 결과로 행복의 주요 요소로 건강, 돈, 일 등을 우선으로 하고 그 다음으로 가족과 관련된 응답을 하고 있어, 가족의 행복을 유지하기 위한 도구적 수단을 중시하고 있었으며, 가족과 관련되어서는 배우자보다 자녀를 우선으로 꼽고 있어 한국 가족적 특성을 보여 주고 있다.

행복요소를 성별로 보았을 때, 건강과 돈에 이어 남성은 일(30.3%)이라고 하였고, 다음으로 가정생활(14.3%), 배우자(14.1%), 자녀(13.8%)가 비슷한 비율을 차지한 반면, 여성은 건강과 돈에 이어 자녀(22.5%), 일(18.6%), 배우자(15.6%), 가정생활(10.9%) 순으로 응답하여 여성에게 자녀가 더 중요한 행복요소로 나타났다.

가족 중에서 의지가 되는 사람에 대한 인식과 태도에서는 절반 이상인 56.5%의 응답자들이 '배우자'라고 답하였으며, 부모(24.5%), 자녀(8.5%), 형제자매(3.5%)의 범주까지 포함하면, 93.0%로 대다수의 응답자가 어려운 상황에서 의지할 수 있는 대상으로 가족을 우선적으로 생각하고 있어, 가족에 대한 의지과 기대가 높은 것으로 해석된다.

가정의 건강성을 주관적으로 질문한 것에 대해서 '매우 건강하지 않음' 1점에서부터 '매우 건강함' 10점까지의 범위로 응답하도록 한 결과, 평균 7.2점으로 건강한 편으로 인식하고 있었다. 성별로는 남성의 평균이 7.23점, 여성의 평균이 7.07점으로 남성이 약간 더 높게 평가하고 있고, 연령대별로는 50대 이상의 응답자들의 평균이 전체 응답자의 평균보다 낮게 나왔다. 또한, 혼인상태별로는 미혼과 배우자가 있는 집단이 별거·이혼 또는 사별집단보다 본인 가정의 건강성을 높게 평가하는 입장이었고, 대도시 거주자가 중소도시나 농어촌 지역 거주자보다 가정의 건강성을 높게 평가하고 있다.

가족의 범위는 어디까지 경계를 짓고 있는지 주관적 인식을 알아본 결과, 전체 응답자의 50% 이상이 '우리 가족' 이라고 했을 때 포함한 사람은 배우자(81.6%), 부모(77.5%), 형제자매(63.3%), 배우자의 부모(50.5%)였고, 배우자의 형제자매는 그 뒤를 이었지만 비율은 29.6%를 차지하였다. 특히 여성의 경우는 남성보다 가족의 범위에 아래 세대와 배우자의 부모를 넣고 있어 전통적인 부계 가족 범주와 양계적인 방향의 범주가 함께 공존하고 있다고 해석할 수 있다.

2) 자녀에 대한 태도

자녀관 및 자녀양육에 대한 태도 조사에서 자녀의 보상적 측면인 '자녀의 성장을 지켜보는 것이 인생에서 가장 큰 즐거움이다' 라고 답한 비율이 가장 높고 이외의 자녀의 보상적 측면 질문에서도 어느 정도 동의하였다. 그러나 '자녀를 키우는 것은 경제적으로 부담이 되는 일이다' 등 자녀양육의 비용적 측면의 점수도 어느 정도 높게 나타나, 부모는 자녀에 대해 양면적 태도를 갖고 있는 것으로 보인다(표 7-2).

반면, 연령대별로 보면 향후 출산을 하게 될 세대인 10대와 20대가 다른 연령대에 비해 평균점수가 낮아 보상적 자녀관에 상대적으로 덜 동의한 반면, 자녀양육의

표 7-2 자녀관 및 자녀양육에 대한 태도: 전체 및 성별 평균

구 분	내 용	전 체	남 성	여 성	t
자녀관	자녀의 성장을 지켜보는 것이 인생에서 가장 큰 즐거움이다	4.0	4.0	4.0	-.90
	노후를 위해서는 자녀가 필요하다	3.7	3.7	3.7	-.72
	자식의 성공은 나의 성공과 같다	3.7	3.8	3.9	-2.03*
자녀양육	자녀를 돌보는 것은 힘든 일이다	3.6	3.6	3.6	-.02
	자녀 때문에 하고 싶은 일을 못하는 경우가 생길 수 있다	3.5	3.5	3.5	-.72
	자녀를 키우는 것은 경제적으로 부담이 되는 일이다	3.7	3.7	3.7	.41

1) 남성=2,368명, 여성=2,386명, 2) 점수범위 : 1점(전혀 그렇지 않다), -5점(매우 그렇다), 3) *$p < .05$.
자료: 여성가족부(2011). 2010년 제2차 가족실태조사(p.170).

부담적 측면에 더 동의하고 있어 자녀의 필요성이나 긍정성은 낮고, 자녀양육의 부담은 높게 갖고 있다고 해석할 수 있다. 이는 향후 출산세대라는 면에서 저출산 현상에 영향을 미칠 수 있다는 점에서 시사하는 바가 크다.

3) 다양한 가족형태 및 생활양식에 대한 태도

다양한 가족형태 및 생활양식에 대한 태도 조사에서는 한부모의 자녀양육, 독신·비혼, 결혼을 전제하지 않은 성관계, 동거, 이혼과 재혼, 무자녀, 혼전·혼외출산, 분거부부, 국제결혼, 입양과 관련된 11문항에 대해 '전혀 그렇지 않다' 1점에서 '매우 그렇다' 5점 척도로 조사했을 때, 전체 응답자의 평균은 2.3점에서 3.0점 사이로 나타나 부정적인 면에 조금 가깝다고 할 수 있다. 문항 중 '한부모도 양부모와 동일하게 자녀를 잘 키울 수 있다' 문항이 3.0점으로 11문항 중 가장 높았고, '결혼하지 않고 아이를 낳는 것도 괜찮다'의 평균(2.3점)이 가장 낮았다(표 7-3).

표 7-3 다양한 가족형태 및 생활양식에 대한 태도: 전체 및 성별 평균(N=4,754)

구 분	전 체	남 성	여 성	t
한부모도 양부모와 동일하게 자녀를 잘 키울 수 있다	3.0	3.0	3.0	−1.53
결혼을 하지 않아도 괜찮다	2.8	2.8	2.8	−2.02*
성인이라면 결혼을 전제로 하지 않아도 성관계를 가질 수 있다	2.8	2.9	2.7	6.46***
결혼하지 않고 함께 사는 것도 괜찮다	2.6	2.6	2.5	3.48***
이혼 후 혼자 사는 것보다는 재혼하는 것이 낫다	2.9	2.9	2.9	.67
부부 사이의 문제를 해결할 수 없다면 이혼하는 것이 좋다	2.8	2.8	2.9	−4.52***
결혼하더라도 반드시 아이를 가질 필요는 없다	2.5	2.5	2.6	−4.00***
결혼하지 않고 아이를 낳는 것도 괜찮다	2.3	2.3	2.3	.13
부부가 멀리 떨어져 사는 것도 괜찮다	2.5	2.5	2.5	−2.10*
외국인과 결혼해도 괜찮다	2.6	2.6	2.6	−1.64
입양한 자녀도 직접 낳은 자녀만큼 잘 키울 수 있다	2.6	2.6	2.6	−.48

1) 남성=2,368명 ; 여성=2,386명, 2) 점수범위 : 1점(전혀 그렇지 않다), −5점(매우 그렇다), 3) *$p < .05$. ***$p < .001$.
자료: 여성가족부(2011). 2010년 제2차 가족실태조사(p.174).

표 7-4 성역할 및 여성취업에 대한 태도: 전체 및 성별 평균(N=4,754)

구 분	전 체	남 성	여 성	t
아버지도 어머니와 똑같이 자녀를 잘 보살펴야 한다	3.7	3.7	3.7	−3.50***
오늘날에는 여성도 남성과 똑같이 가족부양의 책임이 있다	3.7	3.6	3.7	−3.32***
남성이 할 일은 돈을 버는 것이고 여성이 할 일은 가정을 돌보는 것이다	3.2	3.2	3.2	.89
맞벌이 부부는 집안일도 똑같이 나누어서 해야 한다	3.6	3.5	3.7	−9.26***
취학 전 자녀는 어머니가 직접 돌봐야 한다	3.5	3.4	3.5	−2.37*
친정과 시집 모두 도움이 필요할 때 결혼한 여성은 친정보다 시집을 먼저 도와야 한다	3.0	3.1	2.9	6.58***

1) 남성=2,368명 ; 여성=2,386명, 2) 점수범위 : 1점(전혀 그렇지 않다), −5점(매우 그렇다), 3) *p〈 .05. ***p〈 .001.
자료: 여성가족부(2011). 2010년 제2차 가족실태조사(p.180).

4) 성역할 및 여성취업에 대한 태도

성역할 및 여성취업에 대한 태도도 6개 진술에 대해 '전혀 그렇지 않다' 1점에서 '매우 그렇다' 5점 척도로 조사하였는데, 성평등적 성역할과 관련된 문항인 아버지와 어머니의 동등한 자녀양육 책임(3.7점), 여성의 가족부양에 대한 책임(3.7점), 맞벌이 부부의 가사분담(3.6점)으로 '대체로 그렇다'에 가까워 양성평등적인 성역할을 어느 정도 지지하고 있다고 나타났다. 낮은 점수를 차지한 문항은 결혼한 여성은 친정보다 시집을 먼저 도와야 한다는 문항(3.0점), 남성은 일, 여성은 가족부양이라는 성역할 문항(3.2점)으로 전통적 태도와 양성평등적 태도가 혼재되어 있다고 본다(표 7−4).

4. 일과 돌봄

1) 직업생활

제2차 가족실태조사(여성가족부, 2010)를 통해 일과 돌봄에 대한 주요 내용을 살펴보면, 먼저 조사 대상자 중 직업생활을 하는 경우는 전체 52.8%이며, 남성의 경우

71.4%, 여성 34.2%로 나타났다. 남성과 여성 모두 1순위는 상용근로자로 동일하지만, 두 번째 높은 비율은 남성의 경우 단독자영업자이고, 여성은 임시·일용근로자로 나타나, 성별에 따른 종사상 지위에서의 차이를 보여 주고 있다.

직업생활을 하는 대상자의 일주일 평균 근무시간은 47.9시간이며, 전체적으로 45시간 이상인 경우가 가장 많다. 남성의 경우 평균 49.1시간, 여성은 45.3시간으로 여성의 평균 근무시간이 더 적다. 근무시간 조절에 대해서는 불가능하다는 응답이 50%를 다소 상회하는 것으로 나타났다. 일하는 집단 전체적으로 볼때, 주5일제 근무(34.6%)와 일주일에 하루 휴무(34.0%)가 거의 유사한 비율로 가장 높게 나타났다.

일에 대한 만족도는 5점 만점에 3.4점으로 나타났으며, 비율로는 만족한다는 집단이 48.6%로 가장 높다. 일-가정의 균형 정도의 평균점수는 5점 만점에 3.1점으로, 보통 수준인 것을 알 수 있다. 직장의 가족친화제도와 관련하여 실시하고 있지 않다는 응답이 50.0%로 나왔고, 실시하고 있는 경우에는 자녀의 출산·양육 및 교육지원제도, 근로자지원제도, 탄력적 근무제도, 부양가족지원제도의 순으로 나왔다. 가족친화제도 이용 경험의 비율은 18.0%로 나왔고, 이용에 따른 만족도는 3.6점으로 보통을 상회하는 수준이다.

현재 직장생활을 하고 있지 않은 집단의 일하고 있지 않은 이유는 나이가 많아서(26%), 아직 일할 때가 아니어서(25.6%) 등 연령 요인을 제외하면, 가사와 육아 때문에(20.3%)가 부각된다. 이는 성별 차이를 보여 남성은 '아직 일할 때가 아니어서', '나이가 많아서', '건강상의 이유'로 등의 순서로 나타난 반면, 여성의 경우 '가사, 육아 때문에'가 연령 요인보다 더 우선순위로 나타나, 여성의 경우 일하지 않는 대표적인 이유가 가족에서의 역할 때문임을 알 수 있다. 연령별로 볼 때, 자녀를 기르는 시기인 30대, 40대가 가사, 육아요인을 1순위로 꼽고 있다.

2) 가족원의 가사참여 및 돌봄 현황

가족원의 가사참여 및 돌봄 현황을 보면 가사노동 항목을 식사준비, 설거지, 세탁, 다림질, 집안청소, 음식물 쓰레기 버리기, 쓰레기 분리수거, 시장보기, 가정경영, 인터넷쇼핑 등 10개 항목으로 나눠, 가사노동수행을 조사한 결과, 전체적으로 다림질(39.4&)과 인터넷 쇼핑(24.2%)을 제외하고, 다른 항목의 가사노동을 수행한다는

표 7-5 10개 가사노동항목 수행 비율 (단위 : %)

항 목	전 체	남 성	여 성	맞벌이	홑벌이
식사준비	51.6	22.2	80.9	43.8	47.2
설거지	56.9	29.0	84.7	50.8	52.6
세탁	51.1	20.4	81.5	46.8	45.1
다림질	39.4	12.9	65.7	37.5	37.3
집안청소	63.8	40.8	86.6	62.2	58.3
음식물 쓰레기 버리기	54.9	31.5	78.1	49.4	51.2
쓰레기 분리수거	59.9	41.5	78.1	53.1	57.6
시장보기	57.9	38.1	79.5	51.3	55.1
가정경영	50.6	31.5	69.7	43.4	49.3
인터넷쇼핑	24.2	14.7	33.6	24.5	21.3

자료: 여성가족부(2011). 2010년 제2차 가족실태조사(p.383).

비율은 절반 이상으로 나타나고 있으며, 수행비율이 가장 높은 항목은 집안청소(63.8%)이고, 쓰레기 분리수거(59.9%), 시장보기(57.9%) 등의 순으로 나타났다. 남성의 가사노동수행 비율은 쓰레기 분리수거(41.5%), 집안청소(40.8%), 시장보기(36.1%) 순이었고, 다림질(12.9%) 수행 비율이 가장 낮았다. 여성의 경우는 가장 높은 비율로 수행하는 항목은 집안 청소(86.6%), 설거지(84.7%), 식사준비(80.9%) 순이었고, 남성이 가장 낮게 나온 다림질의 경우 65.7%를 수행하고 있었다(표 7-5 참조).

10개 가사노동의 1주일 평균 수행 횟수는 식사준비(10.2회) 설거지(9.6회)가 월등히 높고 1회 평균시간은 시장보기 53.9분, 식사준비 42.5분, 세탁 40.2분 순이었다. 성별 비교를 보면 남성의 식사준비는 5.4회인 반면, 여성은 11.6회로 약 2배 이상의 횟수를 수행하고 있으며, 설거지는 남성 19.6회, 여성 21.9회로 비슷한 결과가 나타났다. 그 외 가사노동항목 수행 횟수와 시간은 표 7-6을 통해 결과를 볼 수 있다. 이러한 10개 가사노동항목을 수행하는 총 소요시간은 일주일에 20.6시간으로 나왔다. 남성은 11시간, 여성은 23.5시간으로, 여성이 남성보다 두 배 이상 가사노동을 수행하는 것을 알 수 있다.

배우자가 있는 집단의 가사노동수행 실태를 보면, 기혼남성 즉, 남편의 경우 쓰레기 분리수거(39.9%)를 한다는 비율이 제일 높고, 비슷한 비율로 시장보기(37.1%), 집안청소(36.7%), 가정경영(32.5%)이 있고, 나머지는 30% 미만이다. 아내의 경우는

표 7-6 10개 가사노동 수행빈도(일주일 평균)

항 목	전 체			남 성			여 성			맞벌이		홑벌이	
	횟수	1회 평균 소요 시간 (분)	1주일 평균 소요 시간 (시간)	횟수	1회 평균 소요 시간 (분)	1주일 평균 소요 시간 (시간)	횟수	1회 평균 소요 시간 (분)	1주일 평균 소요 시간 (시간)	횟수	1회 평균 소요 시간 (분)	횟수	1주일 평균 소요 시간 (시간)
식사준비	10.2	42.5	7.6	5.4	35.1	3.1	11.6	44.5	8.8	8.5	43.8	11.8	45.8
설거지	9.6	21.3	3.4	4.8	19.6	1.5	11.3	21.9	4.1	8.1	22.9	10.8	21.7
세탁	3.1	40.2	2.2	2.0	33.3	1.2	3.4	42.0	2.4	3.0	38.7	3.4	43.2
다림질	1.8	24.0	0.7	1.4	22.1	0.5	1.9	24.3	0.8	1.8	25.9	1.9	24.1
집안청소	3.8	32.4	2.1	2.3	29.6	1.2	4.4	33.7	2.5	3.3	33.4	4.1	34.0
음식물 쓰레기 버리기	3.0	12.9	0.6	2.3	12.4	0.5	3.2	13.1	0.7	2.8	13.5	3.3	13.2
쓰레기 분리수거	1.9	15.2	0.5	1.7	15.2	0.5	2.0	15.3	0.5	1.9	15.8	2.0	15.9
시장보기	1.8	53.9	1.6	1.5	54.8	1.4	2.0	53.5	1.8	2.0	55.0	1.9	59.1
가정경영	1.4	32.7	0.8	1.2	31.0	0.6	1.5	33.5	0.8	1.4	31.2	1.4	35.0
인터넷쇼핑	1.4	41.5	1.1	1.4	39.4	1.0	1.4	42.4	1.1	1.5	45.0	1.4	41.1

자료: 여성가족부(2011). 2010년 제2차 가족실태조사(p.384).

인터넷 쇼핑(33.1%), 다림질(80.3%), 가정경영(85.0%)을 제외하고 95%를 상회하고 있다. 1회 평균 소요시간 및 1주일 평균 소요시간도 여성이 수행하는 시간이 훨씬 길다(표 7-7 참조).

배우자가 있는 경우, 배우자와 가사노동을 분담하는 정도에 대해 얼마나 공평한 편이라고 생각하는지를 조사한 결과, 전체적으로 가사노동의 분담이 공평하다고 인식하는 비율은 31.5%인데, 아내에게 불공평하다는 비율이 64.8%로 매우 높게 나타났다. 성별로는, 남성의 경우 공평한 편이라고 인식하는 비율이 33.2%로 29.8%인 여성보다 다소 높다. 자녀유무에 따라 큰 차이가 나타난 바, 자녀가 있는 경우 공평한 편이라는 응답은 29.8%로, 자녀가 없는 경우의 54.2%에 비해 매우 낮다. 이 경우, 아내에게 불공평하다는 응답이 66.9%로, 자녀가 없는 집단이 응답한 36.5%보다 매우 높아, 자녀가 있는 경우 가사노동 분담이 아내에게 불공평하다고 생각하는 비율이 훨씬 높음을 알 수 있다. 맞벌이의 경우 홑벌이보다 공평한 편이라는 응답의 비율이 더 낮다(표 7-8 참조).

표 7-7 남편과 아내의 10개 가사노동 항목 수행비율

항 목	남편				아내			
	수행	1주 평균 수행 횟수	1회 평균 소요 시간(분)	1주 평균 소요시간 (시간)	수행	1주 평균 수행 횟수	1회 평균 소요 시간(분)	1주 평균 소요시간 (시간)
식사준비	15.9	3.9	37.4	2.7	96.2	12.7	47.7	10.1
설거지	24.3	3.5	20.6	1.2	96.5	12.7	22.7	4.8
세탁	14.9	2.0	34.1	1.2	94.9	3.7	43.3	2.7
다림질	9.3	1.4	25.1	0.6	80.3	1.9	24.9	0.8
집안청소	36.7	2.6	32.3	1.3	96.1	4.9	35.1	2.8
음식물 쓰레기 버리기	27.4	2.2	13.5	0.5	94.9	3.4	13.4	0.7
쓰레기 분리수거	39.9	1.7	16.4	0.5	94.8	2.1	15.7	0.5
시장보기	37.1	1.6	63.3	1.7	95.7	2.1	56.4	1.9
가정경영	32.5	1.3	33.3	0.7	86.0	1.5	34.3	0.8
인터넷쇼핑	8.2	1.3	43.6	1.1	33.1	1.3	40.7	0.9

자료: 여성가족부(2011). 2010년 제2차 가족실태조사(p.387).

표 7-8 배우자와의 가사노동분담 공평성 인지 (단위 : %)

구 분		사례수	공평한 편	남편에게 불공평한	아내에게 불공평한 편
전체		3030	31.5	3.7	64.8
성 별	남자	1565	33.2	3.2	63.6
	여자	1465	29.8	4.2	66.1
자녀유무	있음	2815	29.8	4.2	66.1
	없음	215	54.2	9.3	36.5
취학전자녀유무	있음	476	27.4	3.0	69.6
	없음	319	22.9	3.2	73.9
맞벌이여부	맞벌이	897	27.6	2.9	69.4
	홑벌이	2092	33.1	4.1	62.8

자료: 여성가족부(2011). 2010년 제2차 가족실태조사(p.393).

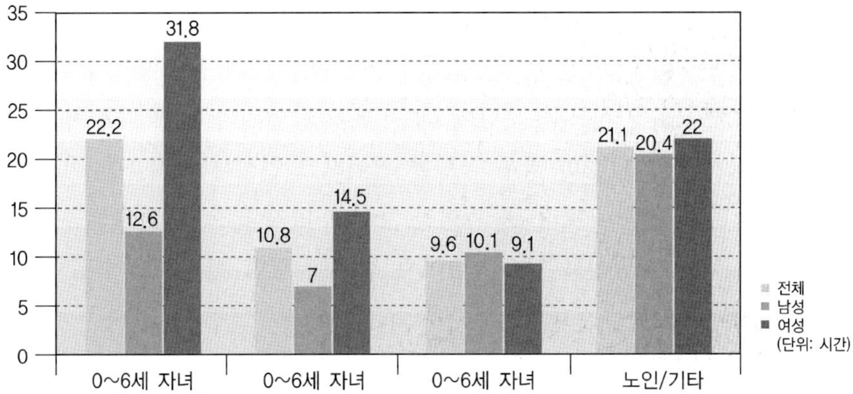

그림 7-2 돌봄이 필요한 가족원에 대한 1주 평균 돌봄시간

자료: 여성가족부(2011). 2010년 제2차 가족실태조사(p.391).

가정에서 돌봄노동의 현황은 그림 7-2에서 보는 바와 같이, 전체적으로 0~6세 자녀 22.2시간, 노인 및 기타 21.1시간 순으로 가장 높고 7~12세 자녀, 13~24세 자녀 순으로 돌봄시간을 사용하고 있다. 반면 성별로 비교하면 0~6세 자녀는 어머니가 돌보는 시간 31.8시간에 비해 아버지는 12.6시간으로 약 3배 이상 어머니가 어린자녀 돌봄에 시간을 사용하고 있었다. 그러나 그 외의 돌봄에서는 남녀 차가 크게 나타나지 않았다.

표 7-9 배우자와의 돌봄노동분담 공평성 인지 (단위 : %)

구 분		사례수	공평한 편	남편에게 불공평한 편	아내에게 불공평한 편
전 체		2741	32.8	3.3	63.9
성 별	남자	1418	34.8	2.2	62.9
	여자	1323	30.7	4.3	65.0
취학 전 자녀 유무	있음	468	26.8	1.2	72.0
	없음	315	24.0	4.9	71.1
맞벌이 여부	맞벌이	769	28.2	2.7	69.1
	홑벌이	1934	34.6	3.5	61.8

자료: 여성가족부(2011). 2010년 제2차 가족실태조사(p.393).

배우자와의 돌봄노동 분담이 얼마나 공평한가에 대한 인식을 보면, 전체집단의 경우 공평한 편이라고 인식하는 비율이 32.8%, 아내에게 불공평한 편이라고 인식하는 집단이 63.9%로 가사노동 분담에 대한 공평성 인지와 크게 다르지 않은 것으로 보인다. 마찬가지로, 남성의 경우 공평한 편이라고 인식하는 비율이 여성보다 더 높다. 취학 전 자녀 유무에 따라 큰 차이는 보이고 있지 않으며, 가사노동 분담의 공평성과 마찬가지로, 홑벌이보다는 맞벌이의 경우 공평한 편이라고 응답한 비율이 더 낮다(표 7-9 참조).

한편, 자녀 돌봄 관련하여 만 12세 이하의 자녀가 있는 경우, 밥 먹는 것 도와주기, 옷 입는 것 도와주기, 아플 때 돌봐주기와 병원 데려가기, 숙제나 공부 돌봐주기, 함께 놀아주기, 어린이집·놀이방·유치원·학교 등에 데려다 주기와 데려오기, 목욕시키기, 교육(보육)시설 알아보기, 학교준비물 챙기기, 학교와 보육시설 등의 행사참여·방문·봉사활동 등 10개 돌봄 항목에 대한 부부 간 자녀 돌보기 분담방식을 '주로 남편이', '대체로 남편이', '남편과 아내가 똑같이', '대체로 아내가', '주로 아내가' 중에서 조사한 결과를 보면, 대부분의 경우 '대체로 아내가' 높고 다음으로 '주로 아내가'의 순으로 나타났다. 2005년 1차 가족실태조사의 경우 '주로 아내가'가 가장 높고, 다음으로 '대체로 아내가'의 순이었던 것과 비교할 때, 2차 조사 결과에서 변화를 엿볼 수 있다.

5. 가족여가

1) 가족시간의 공유

가족여가의 분석대상 가운데 평일 동안 가족과 함께 보낸 하루 평균 여가시간이 2시간 이상인 사람은 46.5%로 나타났으며, 이를 평균시간으로 계산했을 때 1시간 46분으로 나타났다. 특히 3시간 이상 가족과 함께 여가시간을 보내는 경우도 19.7%나 보고되었다. 한편, 평일 동안 2명 이상의 가족이 함께 여가활동을 보내는 시간이 상대적으로 적은 집단은 10대 청소년과 3세대 이상의 대가족과 한부모가족, 그리고 맞벌이 부부 가정인 것으로 나타났다. 상대적으로 가족여가활동 시간이 많은 집단

표 7-10 가족과 함께 보낸 하루 평균 여가시간: 휴일 (단위: 분, %)

구 분	1시간 미만	1~3시간 미만	3~5시간 미만	5시간 이상
전 체	11.0	40.9	27.2	20.9
평균(분)	182.8			

자료: 여성가족부(2011). 2010년 제2차 가족실태조사(p.566).

은 60대 이상의 연령층과 30대의 자녀가 있는 홑벌이 부부 가정인 것으로 나타났다.

그러나 이러한 가족이 함께 보내는 여가시간에 가장 많이 하는 활동은 TV시청(58.3%)인 것으로 나타나, 여전히 소극적 실내형 여가활동을 중심으로 가족여가활동이 이루어지는 것으로 파악된다. 그밖에 산책(14.7%), 영화, 연극, 전시회 관람 등의 문화예술관람활동(3.5%), 공원가기(3.5%) 등의 생활권 내의 여가활동이 그 다음으로 나타나며, 다음으로는 여행가기(3.4%)의 활동이 나타나는 것으로 파악되었다.

휴일 동안 가족과 함께 보내는 여가활동시간은 평일 1시간 46분에 비해 훨씬 증가한 3시간 3분 정도였다. 특히 평일에 3시간 이상 가족과 함께 보낸 경우가 19.7%인 것에 비해, 휴일의 경우에는 약 48%가 3시간 이상 가족과 함께 보내는 것으로 나타났다(표 7-10 참조). 이는 대부분의 가족여가활동이 평일보다는 휴일에 집중되어 있음을 보여 주는 결과이다.

휴일 동안 가족이 함께 참여한 여가활동도 역시 TV시청(42.0%)이 가장 많았으나, 오히려 평일의 TV시청(58.3%)의 비율보다 적게 나타나 휴일의 가족여가활동의 내용이 보다 다양할 수 있음을 알 수 있다. 휴일에는 산책(10.6%), 종교생활(5.9%), 외식하기(5.4%)뿐 아니라 등산(8.7%)이나 여행가기(5.6%) 활동의 비율이 증가하는 것을 알 수 있다.

2) 가족식사

가족의 식생활 가운데 가족이 함께 하는 식사는 가족원의 관계나 가족의 건강, 자녀의 성장 발달에 중요한 것으로 보고되고 있다. 최소 2인 이상의 가족이 함께 식사를 하는 횟수를 묻는 질문에 대해 전체 조사 대상 가구의 62.2%는 '매일 1끼 이상', 24.9%는 '매끼'라고 응답하였는데 이는 전체 가구의 약 87.1%는 적어도 하루 1끼 이상을 2인 이상의 가족과 함께 식사함을 나타내고 있다. 그러나 전체 가구의 6.9%는 '1주에 2~3회', 5.9%는 '주 1회 이하' 인 것으로 나타났다.

한편, 외식빈도는 절반 정도가 적어도 '월 2~3회 이상' 가족과 함께 외식하는 것으로 응답하였는데, 대도시 지역, 부부로 구성된 가구와 양친과 자녀로 구성된 가구의 외식횟수가 높은 경향을 나타내었다. 맞벌이 여부는 외식횟수에 큰 영향을 미치지 않았으며 소득수준이 높을수록, 연령이 낮을수록, 학력이 높을수록 외식횟수는 높은 경향이었다. 혼인상태별로 비교하면 미혼, 배우자가 있는 경우에 외식 빈도는 높은 편이었다.

3) 가족여가 제약요인

가족들이 여가활동을 함께 하기 어려운 이유로는 가족이 함께하는 시간을 내기 어렵다는 응답(17.1%)이 가장 많았으며, 그 다음으로 경제적 부담(16.8%), 바쁜 일(12.4%), 신체적 피곤(10.0%) 등의 순으로 나타났다. 이는 가족여가활동의 가장 큰 걸림돌이 시간부족, 경제부담, 신체적 피곤 등의 가족원들이 보유한 시간자원, 금전

표 7-11 가족여가 제약요인 (단위 : %)

구 분	전 체
일이 너무 바빠서	12.4
경제적 부담 때문에	16.8
적당한 여가프로그램이나 정보가 없어서	8.1
적당한 여가시설이나 장소가 없어서	9.5
가족공동의 시간을 내기가 힘들어서	17.1
가족공동의 관심사가 없어서	5.9
환자, 노인, 장애인, 어린자녀 돌봄노동 때문에	2.9
자녀교육 문제 때문에	1.2
몸이 피곤해서	10.0
기타	2.1
해당 없음	14.0
계	100.0

자료: 여성가족부(2011). 2010년 제2차 가족실태조사(p.570).

자원, 신체적 건강 등의 자원문제에 집중되는 것을 알 수 있다. 여가프로그램(8.1%)이나 여가시설(9.5%)의 문제는 상대적으로 적은 문제로 인식하고 있었다. 이러한 결과는 2005년 1차 조사에서 '경제적 부담' (29.2%), '일이 바빠서' (22.4%), '가족공동의 시간을 내기 어려워서' (16.9%) 순으로 응답한 결과와 순서와 비율에서 차이는 있지만, 가족원의 자원제약으로 인한 문제가 가장 우선시된다는 점에서는 일치하였다(표 7-11 참조).

4) 희망 가족 여가활동

배우자가 함께하길 희망하는 여가활동은 여행(28.5%)이 가장 많았으며, 그 다음으로 문화예술관람활동(17.6%), 취미오락활동(11.6%). 스포츠활동(7.5%), 문화예술참여활동(6.7%) 등의 순으로 나타났다. 집단별로 살펴보면 성별과 맞벌이 여부에 따른 차이는 별로 나타나지 않으나, 연령과 월평균 가구소득에 따라서는 희망하는 가족여가활동의 차이가 두드러진다. 부부가 함께하는 가족여가활동에 대한 요구가 연령별, 월평균 가구소득별로 차이가 나타난다는 사실은 가족여가에 대한 프로그램이나 인프라 지원에서 고려해야 할 점이다. 특히 가구소득이 낮은 부부의 경우 우선적으로 취미오락활동에 함께 참여할 수 있는 기회를 확대함으로써 가족여가활동을 증대하는 방안이 요구된다.

가족여가활동에서 부모-자녀가 함께 참여하길 희망하는 활동에 대해 질문한 결과, 여행(29.4%)이 가장 많았으며 그 다음으로 휴식활동(14.7%), 문화예술관람 활동(12.7%), 취미·오락활동(12.5%), 스포츠관람(6.7%), 스포츠활동(6.4%) 등의 순으로 나타났다. 성별에 따라서 희망하는 활동에서 차이를 나타냈는데, 남자의 경우는 스포츠관람(8.2%)이나 스포츠활동(7.9%)이 상대적으로 높게 나타났으며, 여자는 문화예술관람(15.2%)이나 여행(31.3%)이 상대적으로 높게 나타났다. 연령별로 살펴보면, 10대의 경우 부모와 여행(41.4%)을 함께 하길 가장 원하였으며, 문화예술관람(19.4%)을 희망하는 경우도 상대적으로 높았다. 20대의 경우 취미 오락활동(11.8%)과 휴식활동(20.6%)의 요구도 높았지만 다른 연령집단에 비해 스포츠관람(9.6%)이나 스포츠활동(6.4%)에의 요구도 높았다. 그러나 50대 이후의 부모세대는 문화예술관람 요구는 낮고 휴식활동에의 요구는 높은 것으로 나타나 대조적이다.

5) 가족여가활동의 인식 및 프로그램 요구

가족여가활동의 의미에 대한 인식을 알아보기 위해 5가지 문항에 대해 질문한 결과, 응답자 가족원의 대부분은 가족여가활동이 가족원의 결속과 신뢰감을 형성하고(67.9%), 가정교육의 한 방법(64.7%)이며, 부부관계의 질과 만족을 향상시키는(63.5%) 긍정적인 기능이라는 것에 동의하였다. 그러나 가족여가활동이 개인시간을 희생하고(43.5%), 의무감이나 강제적으로 부여된 시간(30.9%)으로 인식하는 경우는 상대적으로 낮았다. 이는 대부분의 사람들이 가족여가활동에 대해 긍정적인 기능을 잘 인식하고 기꺼이 가족과 함께하는 여가활동에 참여하고자 하는 의사를 반영한 것이라 분석된다(그림 7-3 참조).

가족과 함께 하는 여가 프로그램에 대해 영화관람이나 문화예술공연(27.5%)을 희망하는 경우가 가장 많았으며, 그밖에 가족봉사활동(21.7%), 문화강좌강습(18.9%), 축제나 이벤트 행사 참가(13.3%), 취미오락동아리 활동(11.5%) 등의 순으로 나타났다.

이는 공공기관에서 제공하는 가족단위 여가활동 프로그램이 상대적으로 접근하기 어려운 예술공연을 제공하거나 봉사활동을 하기 위한 계기를 만들어 주길 희망하는 것으로 판단된다.

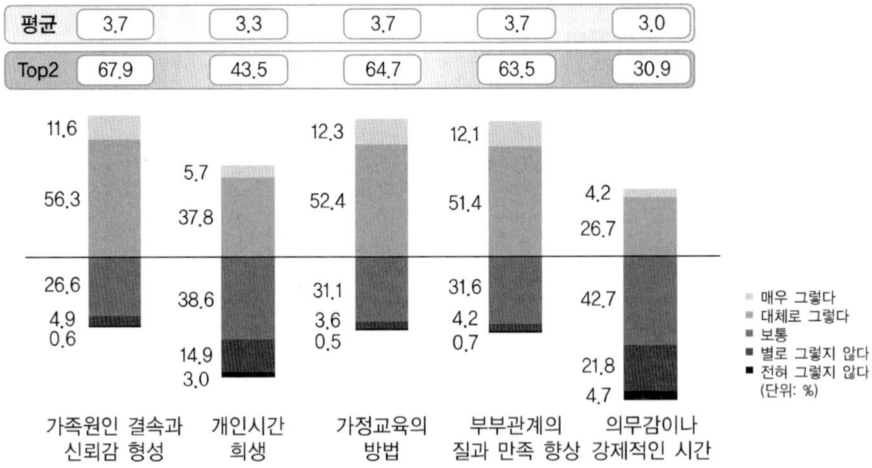

그림 7-3 가족여가활동에 대한 인식

자료: 여성가족부(2011). 2010년 제2차 가족실태조사(p.579).

6. 가족의 복지 및 정책욕구

1) 저출산 해결을 위한 정책

조사대상 가구원 모두에게 저출산 문제해법의 우선순위가 무엇인가를 질문한 결과, 전체 응답자 4,754명 가운데 30.3%가 저출산 해결에 있어 가장 중요한 정책은 바로 '보육비용의 무상지원(공보육제도 도입)' 으로 응답하고 있다. 1순위 '공보육제도 도입' 에 이어 2순위로 응답하고 있는 것은 아동수당, 출산수당 등 현금 지원(25.2%)" 이며 다음이 '다양한 보육서비스의 제공(영아보육, 24시간보육, 시간제 보육 등)' 과 '공교육 강화와 사교육 경감 등 교육관련 정책' 이 동일하게 14.6%로 나타났다(표 7-12 참조).

한편, 육아휴직제도를 알고 있다고 응답한 1,261명 가운데 약 60%의 응답자들은 '여성이 주로 이용하고 남성이 부분적으로 이용' 하는 방식을 지지하고 있었다. 이에 비해 '남녀가 똑같이 이용한다' 라는 응답은 22.1%, '여성이 전적으로 이용한다' 라는 응답은 17.1%로, 육아의 남성참여는 필요하지만, 휴가를 이용한 자녀돌봄은 여전히 여성의 몫으로 인식하는 비율이 매우 높아 특정의 기제가 마련되지 않는 한 육아휴직제도의 남성이용율은 상당부분은 제한적인 수준에서 활용될 것으로 추측된다(그림 7-4 참조).

표 7-12 저출산 문제 해결을 위한 정책의 우선순위 (단위: %)

프로그램 및 서비스	1순위	1+2순위
아동수당, 출산 수당 등 현금 지원	25.2	34.0
보육비용의 무상지원(공보육제도 도입)	30.3	54.0
다양한 보육서비스의 제공(영아보육, 24시간보육, 시간제 보육 등)	14.6	32.9
공교육 강화와 사교육 경감 등 교육관련 정책	14.6	33.1
부모의 시간 확보를 위해 근로시간 단축 및 기업문화의 변화	6.2	17.4
자녀가 있는 가정에 대한 소득공제 확대 및 주택자금 우대	7.0	21.3
양성평등한 가족문화 조성	1.9	5.7
기 타	.2	1.6
전 체	100.0	

자료: 여성가족부(2011). 2010년 제2차 가족실태조사(p.656).

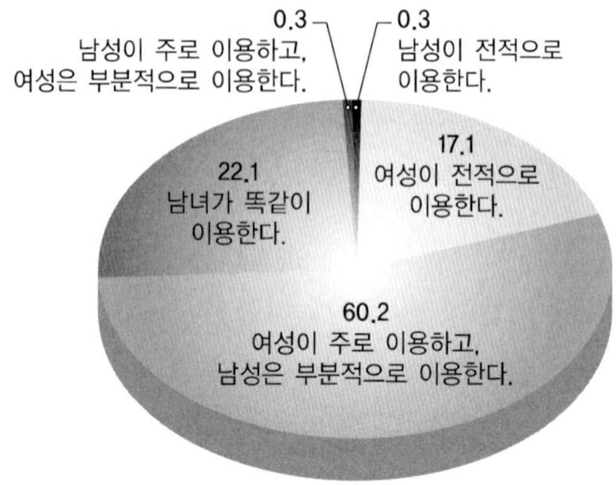

그림 7-4 배우자출산휴가제도 이용방식

자료: 여성가족부(2011). 2010년 제2차 가족실태조사(p.663).

2) 가족친화적인 생활환경 조성의 우선적인 요건

가족친화적인 생활환경의 조성을 위해 가장 필요한 것이 무엇인가라는 질문에 1순위로 꼽은 것은 바로 '직장보육시설, 가족간호 휴가제 등 관련 제도의 확대 보급'인 것으로 나타났다(19.8%). 다음으로는 가족관계 프로그램의 제공이 약 19%로

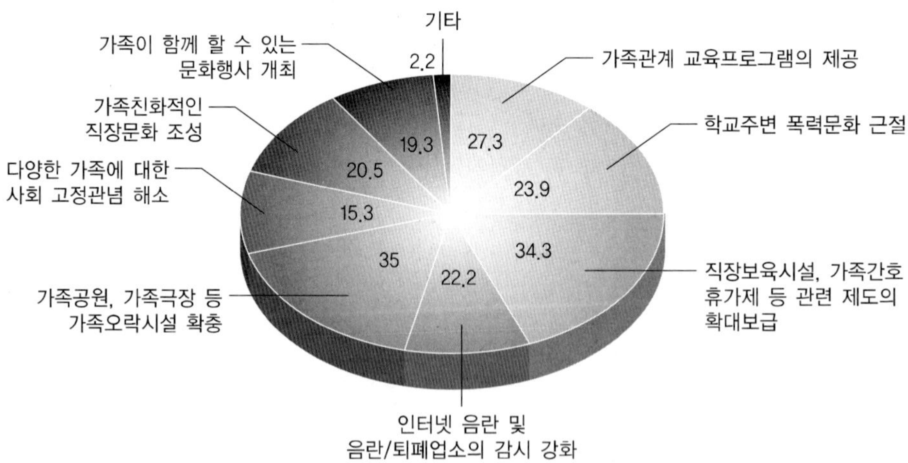

그림 7-5 복수응답을 통해서 본 가족친화 생활환경 조성의 우선순위

자료: 여성가족부(2011). 2010년 제2차 가족실태조사(p.668).

2위로 나타나고 있다. 다른 한편, 가족친화적인 생활환경 조성을 위해 가장 필요한 요건이 무엇인가에 대한 응답결과를 1순위와 2순위 합한 결과는 앞의 1순위만을 살펴본 것과는 다른 결과를 보여 주고 있음에 유의할 필요가 있다(그림 7-5). 즉, 2순위를 포함하여 분석한 결과, 응답한 가족 구성원이 가장 높은 요구도를 보여 주는 것은, 다름 아닌 '가족공원, 가족극장 등 가족오락시설 확충(35.0%)' 이며, 다음으로 '직장보육시설, 가족간호휴가제 등 관련 제도의 확대 보급(34.3%)', '가족관계 교육프로그램의 제공(27.3%)', '학교주변 폭력문화 근절(23.9%)' 순임이 나타났다.

3) 부모부양 책임주체

부모부양의 가장 큰 책임은 누구에게 있는지에 대한 의견을 살펴본 결과 전체 응답자 4,754명 중에서 33.8%의 응답자들은 '아들 딸 모두' 가 부모부양의 책임이 있다고 답하고 있어, 부모부양의 주된 책임은 '모든 자녀' 에게 평등하게 있다는 견해가 가장 높음을 알 수 있다. 그러나 다음 순으로 '능력있는 자녀(22.5%)', '부모자신(19.6%)', '국가나 사회(9.7%)' 의 순으로 나타나고 있어 부모 부양의 책임은 여전히 가족에게 있다고 생각하는 편이다. 다만 남성보다는 여성, 10대와 40대의 연령집단, 배우자 혹은 자녀가 없거나 소득수준이 낮은 집단의 경우에는 '국가나 사회' 의 책임을 더욱 강조하고 있다.

4) 가족 정책 인프라에 대한 인지도와 참여

전문적인 가족지원 서비스를 실시하는 정책 인프라의 인지도와 참여경험을 살펴본 결과는 다음과 같다. 먼저 건강가정지원센터의 경우에 대해서는 전체 응답자 4,754명 가운데 79.8%가 건강가정지원센터에 대해 '들어본 적이 없다.' 라고 응답하고 있어 여전히 대중적인 인지도는 낮은 것으로 파악된다. 뿐만 아니라 건강가정지원센터에 대해 들어본 적이 있는 962명을 대상으로 건강가정지원센터 프로그램의 참여경험 여부를 질문한 결과, 응답자 962명 가운데 89.4%가 참여경험이 없는 것으로 나타나 건강가정지원센터의 이용율 또한 높지 않음을 알 수 있다.

표 7-13 건강가정지원센터 인지도 및 이용경험 여부: 1차 조사와 비교 (단위: %, 명)

구 분	들어본 적 있다 여부		이용경험 여부	
	1차 조사	2차 조사	1차 조사	2차 조사
있 다	5.3	20.2	6.7	10.6
없 다	94.6	79.8	91.7	89.4
모름/무응답	0.1	–	1.6	–
전 체	5,973(100.0)	4,754(100.0)	315(100.0)	962(100.0)

자료: 여성가족부(2011). 2010년 제2차 가족실태조사(p.672).

이에 비해, 다문화가족지원센터에 대한 인지도는 건강가정지원센터에 비해 상대적으로 높은 인지비율을 보여 주고 있다. 물론 여전히 응답자의 절반 이상이 다문화가족지원센터를 '들어본 적이 없다(54.5%).' 라고 응답하고 있지만, 다문화가족지원센터의 설치가 시기가 결코 길지 않음을 염두에 둔다면 현재 약 46%의 인지도는 절대로 낮지 않다고 볼 수 있다.

한편, 건강가정지원센터 인지도 및 이용경험 여부에 대해 1차 조사와 비교해서 분석한 결과는 표 7-13과 같다. 건강가정지원센터에 대한 전반적인 인지도는 여전히 낮지만, 상대적으로 지난 1차 조사 때에 비해 그 인지도가 크게 증가하고 있음이 확인된다. 2005년 1차 조사 시점인 2005년에는 5.3%에 불과했던 인지도가 5년이 경과한 지금에서는 약 4배 가량 증가한 20.2%에 달하고 있다. 또한 건강가정지원센터의 이용경험 여부에 역시 전반적으로는 저조하다고 평가할 수 있으나, 1차 조사 시기에 비해 이용경험은 6.7%에서 10.6%로 증가하고 있어 가족 정책 전달체계가 나름 안착하는 과정인 것으로 이해된다.

7. 가족실태조사 결과의 함의

여성가족부(2010)에서 진행된 '가족실태조사' 를 통해 현 가족의 실생활을 조망할 수 있었는데 이를 통해 알게 된 주요 함의는 다음과 같다.

첫째, 가족의 경제적 특성에서 지출부담이 큰 항목이 자녀양육비 및 교육비 지출로 나타나, 저출산 문제 해결을 위해서라도 양육과 교육비 부담을 경감시켜 주는 경제적 지원책이 필요하다. 더불어 주택마련 등으로 부채 부담을 갖고 있는 경우도 있고, 고령자 등은 여러 측면에서 경제적 어려움을 호소하고 있어 경제적 대책 마련이 요구된다.

둘째, 가족의 인식과 태도 면에서 양성평등적 관점도 있지만, 전통적인 태도가 혼재하는 양상을 보이고 있으며, 특히 자녀에 대해 긍정적인 자녀관에도 동의하지만, 자녀양육의 부담도 높게 나타나는 양가성을 보이고 있어 장기적 안목에서 가족의 자녀양육에 대한 가족 정책 방안이 마련되어야 한다.

셋째, 아동돌봄의 책임과 역할은 개별가족을 중심으로 수행되고 있었으며, 주돌봄자는 대부분 아동의 모(母)로, 이에 대한 정책방향은 돌봄노동의 성별공유에 대한 인식확산 및 이를 지원할 수 있는 제도의 설립과 이행의지 등이 매우 중요하게 부각되어야 한다. 또한 개별가족의 아동 돌봄 부담을 완화하기 위하여 사회적·국가적인 책임과 역할의 분담이 필요하다.

넷째, 남성보다 여성이, 그리고 여성 중에서도 기혼여성의 가사일 참여율이 가장 높으며, 기혼남성이 전통적으로 여성의 일이라 간주되는 식사 및 세탁 등은 더 적게 하고 있어 결혼한 부부의 가사분담이 여전히 잘 이루어지지 않고 있음을 보여 준다. 특히 남성들이 많이 하는 가사일은 주로 매일 일상적으로 해야 하는 필수가사일이 아닌 쓰레기 분리수거, 음식물 쓰레기 버리기, 장보기 등으로 나타났다. 단순히 가사 노동시간만을 고려한다면 남성의 가사 분담이 늘어나는 것으로 보이지만, 가사일 내용에 따라 식사 준비 등 필수적인 가사 노동에 대한 남성의 참여 정도에 대한 분석이 필요하고 가족 내 가사 분담의 공유에서도 가사일에 대해 총량적 접근보다는 필수 가사노동 항목에 대한 가구원 전원의 분담 및 공유가 더욱 필요하다.

다섯째, 가족여가는 부모자녀가 공유할 수 있는 시간이 부족하며, 소비적 여가활동의 경우 금전적 제약을 인식하고, 가족이 함께 하는 활동도 TV매체에 집중하는 경향이 있어 여가의 양적 시간 확보와 여가활동의 질을 높일 필요가 있다. 특히 가족여가 희망 욕구에 대해 가족 구성원 간에 상이한 수준이라는 결과를 토대로 각 가족 구성원의 만족도를 높일 수 있는 여가활동 전략을 지원할 필요가 있다.

여섯째, 가족 정책에 대한 인식 및 가족 정책 관련 서비스 및 전달체계 내용의 정확한 이해와 이용률이 높지 않게 나타나고 있다. 예를 들어, 배우자 출산휴가제도나 육아휴직제도에 대한 이해도 낮은 편이었고, 육아휴직은 주로 여성이 사용하는 것이 좋다는 의견이 높아 여성만이 사용하는 것으로 인식하고 있었다. 따라서 가족 정책 및 서비스에 대한 바른 이해와 이용을 통해 효과성을 높이는 적극적 대처가 필요하다.

요점정리

- 우리나라 가족실태에서 경제적 특성에서 지출부담이 큰 항목이 자녀양육비 및 교육비 지출로 나타났고 긍정적 자녀관과 더불어 자녀양육의 부담 또한 양가적으로 갖고 있어 저출산 문제 해결을 위해서라도 양육과 교육비 부담을 경감시켜 주는 경제적 지원책이 필요하다.
- 우리나라 가족의 돌봄실태를 살펴보았는데, 주돌봄자는 대부분 아동의 모(母)이며, 아동돌봄의 상당부분을 조기교육시장이 대체하고 있어 돌봄에 소요되는 비용을 사회적으로 분담·지원하는 구체적인 정책이 필요성을 알 수 있었다.
- 우리나라 가족의 가사참여는 남성의 참여가 증가되고 있지만, 여전히 기혼여성의 가사일 참여율이 가장 높아 가사분담이 여전히 잘 되지 않고 있음을 알 수 있었고, 가족여가는 가족과 함께 하는 물리적 시간은 적지 않은 반면, 전체 가구원 대다수가 TV 시청에 가장 많은 시간을 사용하는 등 수동적인 여가시간을 가지고 있었다.

생각넓히기

1. 2010년 가족실태조사의 주요 내용 결과를 다시 한 번 살펴보고, 가족이 가진 가장 위기적인 문제는 무엇이라고 생각하는지 각자의 의견을 나눠보자.
2. 가족 구성원의 가사참여가 여전히 불평등한 구조를 갖고 있는데, 그 이유에 대해서 생각해보고, 가사참여에 가구원 전원의 분담과 공유를 이루기 위해서 어떤 변화와 노력이 필요한지 모색해 보자.

가 족 정 책 론

8 Chapter

저출산 가족 정책

1. 출산관련 정책의 변화
2. 저출산 가족 정책 현황
3. 향후 전망 및 계획

8 Chapter 저출산 가족 정책

우리나라에서 가족관련 사회문제로 가장 대두되는 문제는 출산율의 급격한 감소이다. 출산율 감소는 사회로 하여금 사적인 영역으로 치부했던 가족 문제를 공적인 개입이 필요하다고 인식하는 전환을 이루고, 나아가 가족 정책 및 관련 서비스가 확대하는 계기를 마련하게 하였지만, 저출산 문제는 다른 여러 가지 사회변화와 맞물려 쉽게 해결되지 못하고 있다.

본 장에서는 저출산 문제를 해결하기 위한 가족 정책에 대해 고찰해 보기 위해, 저출산 문제를 중심으로 현재 우리나라 출산정책이 현재까지 어떤 변화를 가져왔는지 살펴보고, 향후 변화 추이를 통해 현재 관련 정책 평가와 앞으로 저출산 관련 가족 정책의 과제를 알아보도록 하겠다. 저출산 가족 정책을 광범위하게 보면 우리나라 가족 정책뿐 아니라 사회전반적인 정책과도 모두 맞물려 있다고 할 수 있어, 어디까지 다룰 것인지 그 범위를 규정하는 것이 필요하다. 본 장에서는 저출산 가족 정책 범위를 축소하여 출산 관련 영역에 역점을 두고 살펴보고자 한다.

1. 출산관련 정책의 변화

1) 1960년대

1960년대는 6·25전쟁과 국토분단으로 인해 정치 및 사회가 혼돈의 시기를 겪고 있었으며, 생산시설이 건설되지 못하고 필요한 인력 또한 공급되지 못하는 경제적 빈곤 문제도 심각했다. 반면 북한난민의 남하하고 베이비붐으로 인한 출생률 증가와 항생제 등의 보급으로 사망률은 감소하여 연평균 3% 이상의 자연인구 증가율이 나타났다. 이와 같은 증가추세는 우리나라 인구증가율 변화추세에서 가장 높은 자연성장률로 기록되고 있으며, 전쟁 이후의 베이비붐 현상은 사회기반이 미흡한 당시로서는 곧 빈곤문제로 연결되는 주요 원인이었다.

정부가 인구증가 문제에 대응하기 시작한 것은 1961년 경제개발 5개년 계획수립 과정에서 인구증가 억제정책을 국가시책으로 채택하면서부터이다. 1963년에는 '가족계획사업 10개년 계획' 을 통해 1971년까지 2.0% 수준으로 인구증가율을 감소시키겠다는 목표를 수립하기에 이른다. 이는 단지 계획수립에만 머문 것이 아니라, 정부는 같은 해인 1963년에 가족계획사업을 범국가적인 사업으로 판단하고 업무 주관을 보건사회부에서 하고 모든 부처가 지원하도록 하였으며, 각 부처의 역할 및 내용을 작성한 구체적인 사업지침도 마련하였다. 특히 중앙정부에서는 보건사회부 보건국 내 모자보건과를 설치하여, 가족계획계를 통해 가족계획사업을 주관하고 전개하도록 하였다. 이후 1964년에는 시·도 보건과에도 가족계획과를 신설하여 가족계획사업을 주관하도록 하였다(유계숙 외, 2008).

이 시기 범국민적으로 가족계획운동에서 홍보한 표어 내용을 통해 당시 출산 억제정책을 알아볼 수 있는데 '알맞게 나아서 훌륭하게 기르자.', '3. 3. 35 운동 : 3명의 자녀를, 3년 터울로, 35세 이전에 낳자!' 등 자녀출산 억제를 위한 노력을 볼 수 있다. 또한 포스터 내 문구에 '가장 효과적이며 안전하고 간단한 '루우프' 장치를 아십니까? 원하시는 분은 보건소나 가족계획 지도원을 찾으십시오.' 라고 명시하여 피임을 적극적으로 권하는 정책이 실시되었다.

2) 1970년대

1970년에 들어서면서 지난 10년 간 정부가 추진한 가족계획사업 성과로 20~44세 부인의 피임 실천율은 1971년에 25% 수준으로 증가하고 합계 출산율도 1960년~1970년 기간 중 6.0명에서 4.5명으로 감소하였다. 또한 계획했던 대로 1971년 인구증가율은 2.0%를 달성하면서 당시 보건사회부는 3차(1972~1976) 5개년 계획기간에는 인구증가율을 1.8%로, 4차 5개년 계획(1977~1981)에는 1.5% 저하를 목표를 수립하며 자녀 적정 수를 3명에서 2명으로 세웠다.

특히 이 시기에는 자녀 다산의 이유가 사회적으로 팽배한 남아 선호 사상이라는 점에 집중하여 '둘 낳기 운동'을 전개하기 시작한다. 이 시기 가족계획 홍보 표어는 '딸 아들 구별말고 둘만 낳아 잘 기르세', '좋은 환경 밝은 가정, 알고 보니 가족계획!' 등, 자녀 2명으로 가족계획을 한 가정일수록 좋고 바른 가정이라는 인식을 확대하였다.

한편 1973년에 모자보건법이 공표되어 일부 인공 임신 중절을 법적으로 허용(우생학적 및 유전학적 이유, 특수 전염성질환, 강간 또는 준강간에 의한 임신, 법률상 혼인할 수 없는 혈족 내의 임신, 임신의 지속이 모체건강에 유해할 우려가 있는 경우)하고, 정관수술자는 예비군 훈련시간을 감면하는 정책, 1976년 부총리 산하 인구정책심의회를 설치하여 각종 인센티브 제공을 통해 산하제한 정책을 추진(예 : 2

1970년대 가족계획사업이 한창이던 때, 가족계획 전국 꼴지인 외진마을 용두리에 국가에서 가족계획요원(김정은 분)을 파견하면서 일어나는 해프닝

그림 8-1 1970년대 가족계획운동 홍보 포스터 및 관련 영화

자녀를 가진 여성으로서 불임수술을 수용한 자에게 주택분양의 우선권 부여)한다. 한편 1977년에는 가족법이 개정되어 여성의 상속권이 인정되었고 1974년에는 3자녀까지만 소득세를 감면하던 정책이, 1977년에는 2자녀까지로 제한하는 등의 사업이 중앙집권하에 적극적으로 진행되었다.

3) 1980년대

1970년대가 경제발전에 주력하며 그 경제발전에 저해 요소인 인구증가를 가족계획을 통해 억제하였다면, 1980년대의 정책방향은 경제개발 중심에서 사회개발 분야로 확대되면서 정부는 복지사회구현에 초점을 둔다. 특히 복지사회구현에 인구문제가 선결되어야 한다는 입장을 피력하면서 인구증가 억제대책은 여전히 실시되었다.

대표적 정책으로 1981년 가족계획사업의 관리제도 개선, 피임보급의 확산, 자비피임실천의 촉진, 자녀출산 제한 관련 규제 및 보상제도의 강화, 남녀차별을 시정하기 위한 사회제도 개선, 홍보교육활동 강화 방안 등 6개로 구분한 인구증가억제 정책 49개 시책이 발표되었다. 그림 8-2에서 보듯이 당시 가족계획사업의 홍보 포스터를 보면 '둘도 많아. 하나만 나아 잘 기르자.' 라는 표어로 인구가 일정하게 유지되는 자녀 2명 출산도 억제시키려는 정책을 펼쳤다. 이와 같이 약 30년 동안의 가족계획 정책은 드디어 1983년 2.1명, 1980년 후반에는 1.6명을 달성하게 되어 우리나라 인구억제 정책은 매우 성공을 거두었다.

그림 8-2 1980년대 가족계획운동 홍보포스터

그러나 자녀 출산 수는 줄었지만 반면 태아의 성 감별이 의학발달도 확실히 되면서 여전히 남아있는 남아 선호사상으로 출생성비의 불균형 문제를 초래하게 되자, 정부는 가족계획사업의 방향에 태아 성 감별을 금지하고 가족법을 개정하는 등 성 비균형을 촉진하는 내용도 포함하여 진행하였다.

4) 1990~2000년대 초반

우리나라는 1990년에 들어서면서 출산율이 인구대체 수준보다 낮아져 인구억제 정책은 일단 성공을 거두었다고 볼 수 있다. 그러나 한편 인구억제정책을 폐지해야 한다는 반대의 주장도 대두되기 시작하는데, 이들은 사회경제적인 면에서 고령인구가 증가하는 것과 맞물리면서, 노동인구가 감소하여 국가발전에 부정적 영향을 줄 수 있다고 주장하였다.

드디어 1995년 각계 전문가로 구성된 인구정책심의위원회가 구성되어 인구증가 억제 정책은 폐지되고 인구자질 향상 정책으로 전환되어야 한다고 주장하면서, 1996년에 들어서서 인구증가 억제정책 대신 인구자질 및 복지증진 정책이 실시되었다. 즉, 저출산 수준의 유지, 유병률과 사망력 개선, 출생성비 균형, 인공 임신 중절의 방지, 남녀평등 및 여권 신장, 청소년의 성활동 예방, 에이즈 및 성병 예방, 인구분포의 균형, 가족보건 및 복지증진, 노인복지 증진에 초점을 맞추는 정책을 펼치기 시작하였다.

아빠! 하나는 싫어요.
엄마! 저도 동생을 갖고 싶어요.

낳을수록 희망가득
키울수록 행복가득

그림 8-3 2000년대 후반 가족계획운동 홍보포스터

5) 2000년 중반 이후

인구증가 억제정책을 폐지하고 인구자질 및 복지증진 정책으로 전환한지 얼마 되지 않은 2000년대 우리나라 합계출산율은 1.1명대에 머무는 초저출산 현상이 나타난다. 여기에 고령화현상이 급속도로 나타나면서 정부는 부랴부랴 초저출산 현상과 고령화 현상의 심화문제를 해결하기 위한 대책으로 '저출산·고령화사회기본법'을 제정하게 된다.

저출산·고령화사회기본법은 국가의 지속적인 발전을 위한 인구 구성의 균형과 질적 향상을 실현하고, 국민이 건강하고 안정된 노후생활을 할 수 있도록 하는 것을 기본이념으로 저출산 및 인구의 고령화에 따른 변화에 대응하는 저출산·고령사회 정책의 기본방향과 그 수립 및 추진체계에 관한 사항을 규정하고 있다.

주요 내용은 국가 및 지방자치단체로 하여금 고령사회 정책을 수립하고 시행하는 것을 강구하는 부분과 저출산·고령사회 정책을 수립하고 추진하는 체계를 마련할 것을 내용으로 하고 있다. 특히 저출산·고령사회정책 수립 및 추진체계에서는 매 5년 저출산 고령사회 기본계획을 작성하여 저출산·고령사회위원회 및 국무회의의 심의를 거친 후 대통령의 승인을 얻어 확정하도록 하였다(제20조 제1항, 제2항). 수립된 기본계획은 중앙행정기관에서 매년 시행계획을 수립하고, 지방자체단체도 중앙행정기관의 시행계획에 따라 당해 지방자치단체의 시행계획을 수립하도록 되어 있으며, 시행계획에 따른 추진실적을 평가하고 그 결과를 저출산·고령사회정책에 반영하는 내용도 포함하였다(제21조).

이 과정에 의해 2006년 '출산·양육에 유리한 환경 조성 및 고령사회 대응기반 구축'이라는 추진목표하에 3대 분야, 70개 이행과제, 236개 세부사업을 포함하는 제1차 저출산 고령사회 기본계획(새로마지플랜 2010)이 확정되었다. 제1차 기본계획에서 정부는 저출산 극복을 위한 기본 토대를 마련하기 위해 먼저 사회적 인식을 제고하는 데 역점을 두고 저소득층 중심의 세부계획을 추진하였다(그림 8-3 참조).

반면, 2011년부터 2015년에 해당되는 제2차 저출산 고령사회기본계획(새로마지플랜 2015)은 '점진적 출산율 회복과 고령사회 대응체계 확립'을 목표로, 4대 분야에 걸쳐 231개 과제로 구성하였으며, 5년 동안 75.8조 원이 소요될 것으로 추계하고 있다(뉴스웨이브, 2010. 10. 26).

표 8-1 1차 계획과 2차 계획의 비교

구 분		1차 계획	2차 계획
저출산	주요대상	저소득 가정	맞벌이 등 일하는 가정
	정책영역	보육지원 중심	일·가정양립 등 종합적 접근
고령화	주요대상	65세 이상 저소득 노인	50세 이상 베이비 붐 세대
	정책영역	소득보장, 요양보호	소득, 건강, 주거 등 전반적 사회시스템
추진방식		정부주도	범사회적 정책공조
투자규모		42.2조 원(실제규모)	75.8조 원(투자계획)

자료 : 보건복지부(2010). 2011년 보건복지부 업무계획.

제1차와 제2차 저출산 고령사회 기본계획의 주요 차이점은 표 8-1과 같은데, 저출산 관련 내용을 보면, 주요 대상이 저소득 가정에서 맞벌이 등 일하는 가정으로, 정책 영역이 보육 지원 중심에서 일·가정 양립 등 종합적 접근으로 바뀌었다. 또한 제2차 계획안에서 저출산 분야는 출산과 양육에 유리한 환경조성을 정책 방향으로 삼고 총 95개 과제로 제출하고 있는데, 주요 내용은 첫째, 일·가정의 양립 활성화를 통한 가족친화적 제도개선과 사회문화 조성을 위해 육아휴직제도 개선, 유연

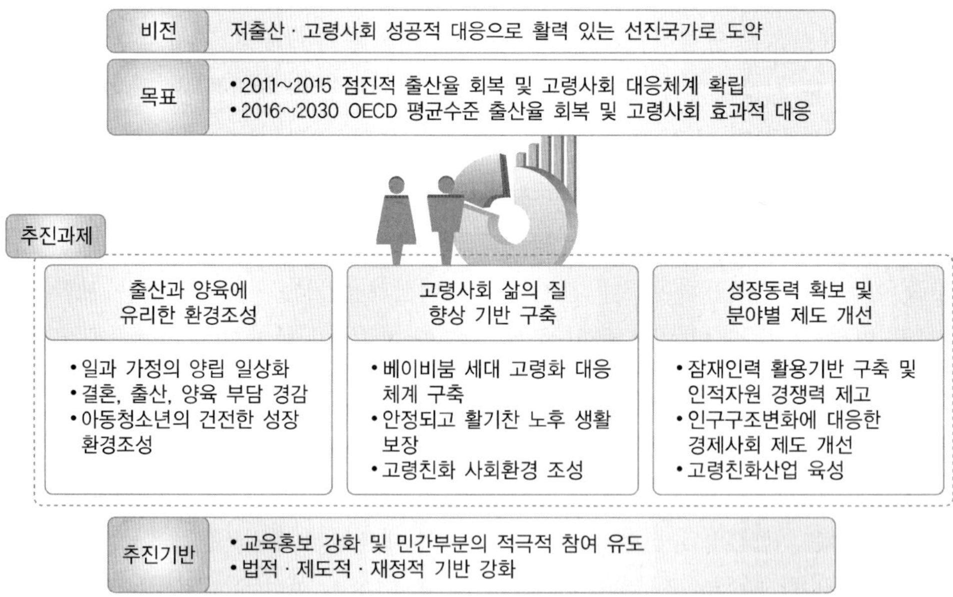

그림 8-4 제2차 저출산 고령사회기본계획 추진방향

자료 : 대한민국정부(2011). 제2차 저출산·고령사회기본계획.

한 근무형태 확산, 가족친화적인 직장환경 조성 등을 과제로 삼고 있으며, 둘째, 결혼·출산·양육 부담 경감과 관련하여 임신·출산에 대한 지원 확대, 자녀양육비용의 지원 확대, 다양하고 질 높은 육아 지원 인프라 확충을, 셋째, 아동·청소년의 건전한 성장환경 조성과 관련해서는 취약계층의 아동 지원 강화, 아동·청소년의 역량개발 지원, 아동·청소년의 안전한 보호체계 구축 등을 세부 내용으로 삼고 있다(그림 8-4 참조).

2. 저출산 가족 정책 현황

1) 정부의 저출산 정책

급격한 저출산을 경험한 우리나라는 정부의 관련주무 부서를 주축으로 관련된 부서와 협조를 통해 저출산 현상에 대해 다양한 대책을 강구하고 있으나, 주로 인구학적 관점에서 출산율 제고에 편향되어 있고 상대적으로 건강한 임신·출산에 대한 관심은 미흡한 실정이다. 제1차와 제2차 저출산 고령사회 기본계획에서도 저출산 문제 해결을 주요 과제로 삼고 출산과 양육 부담을 감소하기 위해 다양한 지원책을 마련하고 있지만, 주로 보육과 교육비 지원 중심으로 자녀출산을 촉진하는 데 맞춰져 있다. 그러나 환경오염은 물론 일과 가족의 양립에 따른 과중한 부담 등으로 인해 모성보호, 기형아·미숙아 예방 등 건강한 임신·출산의 중요성이 부각되고 있기 때문에 임신부터 출산, 그리고 양육과정에서 발생하는 건강 문제를 예방하고 지원하는 질적내용도 검토할 필요가 있다.

태아와 임산부의 건강증진과 관련된 지원으로는 관련비용에 대한 소득공제, 보건소의 빈곤층에 대한 건강진단지원, 미숙아와 선천성 이상아에 대한 경제적 부담의 일부지원, 저소득층 불임부부의 체외수정 지원 등 저소득 중심의 일부 지원만이 전부이기 때문에 일반 개별 가족의 경제적 부담이 큰 실정이다. 따라서 임신, 출산에 대한 사회적 책임성을 확대하여 모자건강권을 확립함으로써, 가족 친화적 임신과 출산환경을 구축할 필요성이 있다. 특히 임신과 출산을 국가 미래의 근본과제라는 점에서 공적인 문제로 인식하고 사회적 지원을 강화할 필요가 있다.

한편 현재 출산 관련 지원책은 자녀의 출생 시에 일정금액을 지원하는 일회성의 성격을 보인 것에서부터, 일정기간 동안 지속적으로 보육료를 지원하는 것에 이르기까지 그 내용은 다양하다. 최근 출산율 위기를 벗어나기 위해 출산장려금 지급, 셋째 자녀 양육비 지원, 산전·후 휴가급여 및 육아휴직 지원 확대, 정관복원 수술비의 건강보험 적용 등이 우후죽순식으로 실시되고 있으며, 현재 출산과 관련해서 가장 보편적으로 확산되고 있는 것은 출산장려금이지만, 급여수준이나 급여방식의 차원에서 실질적인 지원효과를 거두기에는 미흡한 실정이다. 그 외 출산 및 보육비 지원은 부모의 소득에 따라 주로 도시 근로자 가구 평균소득 이하여야 혜택을 볼 수 있어 실제 출산율을 높이는 데 큰 영향을 미치지 않는다고 본다. 2차 저출산 고령사회 기본계획(새로마지플랜 2015)에서는 저소득층 중심의 지원에서 맞벌이 등 일하는 가정 중심으로 지원의 확대·변경된다고 하는 것은 고무적이나, 그 실시여부와 결과가 아직은 초기단계라 그 효과성은 좀 더 두고 보아야 한다.

지자체마다 '천차만별' 91곳은 아예 지급 안해

국회 저출산·고령화 특위 소속인 한나라당 손숙미 의원이 보건복지가족부로부터 제출받아 3일 발표한 '지자체별 출산장려금 현황'에 따르면 지난해 전국 230개 시·군·구 중 139곳(60%)은 출산장려금을 지급한 반면 나머지 91곳은 이 제도를 시행하지 않았다.

출산장려금제도를 시행하고 있는 지자체 중에서 셋째 아이에 대한 출산지원금을 기준으로 보면 경남 함안군은 500만 원이었지만 서울 용산구와 광주 서구는 5만 원에 그쳐서 지역별 차이가 100배에 달했다. 이처럼 출산장려금이 지자체별로 제각각인 이유는 이 제도가 중앙 정부 차원에서 집행되는 것이 아니라 지자체에서 자율적으로 진행하고 있는 사업이기 때문이다.

자료 : 조선일보(2009. 4. 4)

한편 2차 저출산 고령사회 기본계획(새로마지플랜 2015)에 따른 서울시 2011년도 저출산 고령사회 시행계획에서 저출산 분야 추진방향과 사업 내용을 보면, 기존 저출산 분야의 추진사업이 저소득 3자녀 이상 다자녀 가정과 보육시설 위주의 지원으로 정책 체감도가 낮고, 결혼기피나 소자녀관 등 결혼과 가족에 대한 가치관 변화에 대한 대응이 미흡하다고 보았다. 여성의 경제활동 참여 증가에 따른 출산·양육에 대한 부담 인식이 부족하다는 평가에 따라 저출산 현상은 특정계층의 문제뿐만 아니라 소득과 관계없는 사회전반의 문제로서, 더 이상 한정적 지원으로는 근본적인 해결이 어렵다고 판단하였다. 따라서 ① 향후 개선방향은 복지차원의 저소득 위주의 제한적 지원정책에서 생애주기별로 결혼지원부터 출산 후 보육지원 환경을 구축하는 통합적 지원, ② 출산과 양육을 위한 제도적인 지원정책과 함께 기업, 사회 모두가 역할을 분담하고 지지하는 문화패러다임 형성이 절실하다고 보고 다음과 같은 추진방향과 체계를 마련하였다(서울특별시, 2011).

희망하는 자녀 수만큼 낳고 키울 수 있는 서울

실제 출생아 수 0.96명 → 희망 출생아 수 1.96명(2030년대)

목표 : 출산율 증가기반 마련(2009년 0.96명 → 2011년 1.05명)

연도별	2009	2010	2011
출산율(명)	0.96	1.01(잠정)	1.05(목표)
출생아 수(명)	89,595	92,000(잠정)	94,000(목표)
가임여성(천명)	2,931	2,855	2,820

* 2011년 이후 가임여성인구 : 통계청 추계인구 참고

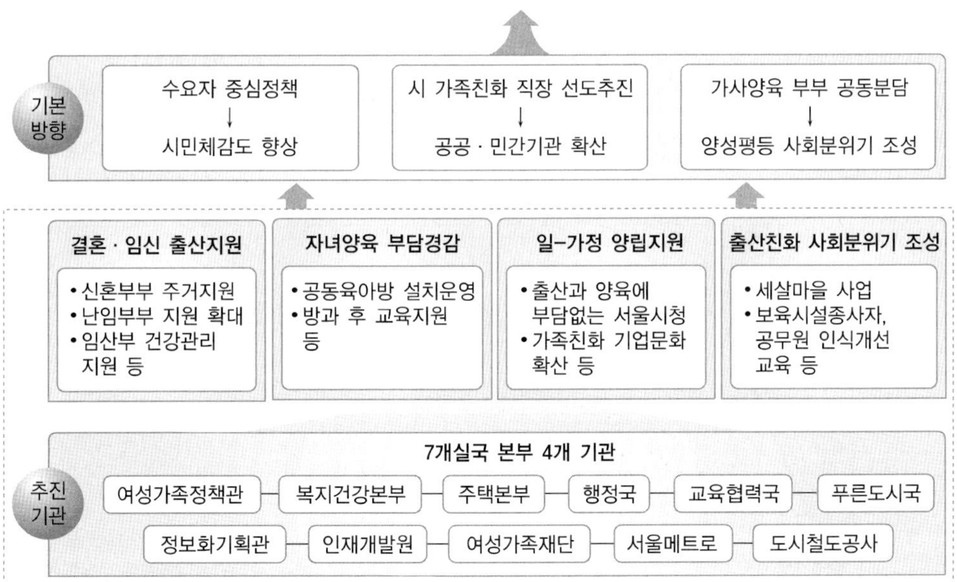

그림 8-5 서울특별시 저출산 분야 시행계획 추진방향 및 추진체계

자료 : 서울특별시(2011). 저출산·고령사회 시행계획.

2) 여성근로자의 가족과 직장의 양립 지원 정책

여성 경제활동 참가자는 그림 8-6에서 보는 바와 같이 생애노동 공급곡선은 M자 커브가 이동하는 모습을 보이고 있다. 보통 경제활동 초기에는 여성 경제활동 참가 수준은 높은 편에서 시작하다가, 자녀 가임기 및 출산, 그리고 양육시기에는 노동시장에서 이탈하여 경제활동 비율이 낮아지고, 다시 중년 초기에 경제활동이 높아지는 현상을 볼 때 여성근로자의 가족과 직장의 양립을 위해서 산전·후 휴가로 대표되는 임신·출산 관련 제도 및 자녀양육 관련 돌봄 및 보육지원이 필요한 것은 자명하다.

현재, 산전·후 휴가기간 90일 중 30일분의 급여만 고용보험에서 부담하던 것을 2006년부터 중소기업에 대해서는 90일분 전체에 대하여 고용보험에서 지원하여 여성고용 확대 및 출산여성의 경력단절 방지를 추진하거나, 유산·사산한 여성근로자의 모성보호를 위해 임신 16주 이상인 경우 기간에 따라 30~90일의 휴가 부여, 육아휴직의 활성화, 육아기 근로시간 단축제도 도입, 아버지 출산 휴가제 도입, 경력단절 여성근로자에 대한 '출산여성 재취업 장려금' 신설, 비정규직 여성근로자를 위한 '출산후 계속고용 지원금' 등의 제도를 국가적 차원에서 적극적으로 추진하고 있지만, 실제 활용 면에서는 미흡하다.

특히 가족과 직장의 양립을 지원할 수 있는 임신·출산 관련 대표 제도인 산전·후 휴가가 대기업은 물론 중소기업, 영세사업장의 종사자 및 자영업자, 그리고 비정규직까지 실질적으로 안착되도록 장려 및 유도할 필요가 있다.

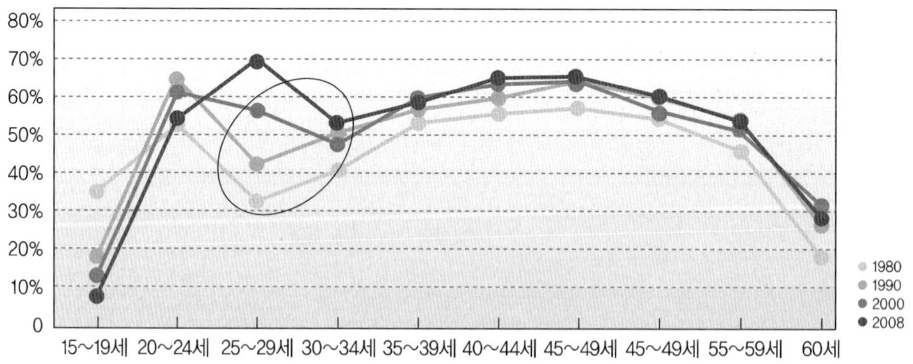

그림 8-6 연령별 여성의 경제활동 참가율

자료 : 통계청(2009)

한편, 보건복지가족부(2008년)는 가족친화 사회환경 조성 정책안을 발표하였는데, 구체적인 내용은 다음과 같다.

- 주 40시간 근로제 시행 단계적 확대와 함께 시차출퇴근제, 재택근무제, 집중근로시간제 등 탄력근무제 확산
- 가족친화제도를 모범적으로 운영하고 있는 기업에 인증부여: 인증마크 등 홍보에 활용, 정책자금 융자 시 가점 부여 등 인센티브 부여
- 가족친화제도의 확산을 위하여 가족친화 컨설팅을 지원, CEO 마인드 변화를 위한 가족친화 경영교육 실시
- 둘째 자녀는 1년, 셋째 자녀부터는 1년 6개월의 연금 납부기간을 추가해 주는 국민연금 출산 크레디트 제도 실시

한편 배우자의 산전·후 휴가제도에 대한 기업과 근로자의 의식의 격차는 심각하여 노사 간의 의견조율과 정책적 개입, 그리고 사회적 인식 확산이 요구된다. 산전·후 휴가 실시로 인해 사업체가 체감하는 가장 큰 부담은 업무대체와 인력대체이므로 이를 고려해 볼 때, 대체인력 서비스를 제공하는 방식이 추진되어야 할 것이다.

3. 향후 전망 및 계획

출산정책은 국가 차원에서 대대적 출산 장려로 출산율이 소폭 증가할 것으로 예측되나, 크게 회복되지 않을 것으로 전망된다. 더욱이 출산율 감소 요소로 가족의식과 노동환경의 변화 속에서 자녀양육은 곧 경제적 부담으로 인식되고 있고, 이러한 가족의 내외적인 환경의 변화로 가족의 소규모화 경향은 심화되고, 여성의 경제활동참가율이 점진적으로 증가하고 있다는 면을 고려한다면 향후 합계 출산율은 더욱 감소될 것으로 예측하고 있다.

그러므로 저출산 경향에는 기혼여성의 취업과 긴밀한 상관관계가 있으므로 저출산 가족 정책은 여성고용, 더 나아가 부모 모두의 남녀 고용지원 강화에서 출발되어야 할 것이다. 또한 출산의 지원과 양육을 아직까지는 여전히 개인적인 생애사건의

하나로 인식하는 경향이 많은데, 임신과 출산의 사회적 중요성과 책임성을 홍보하고 이를 위한 제도적 지원을 확대할 필요가 있다. 따라서 제2차 저출산 고령사회 기본계획(새로마지플랜 2015)에서 맞벌이 부부의 일과 가정 양립을 위한 산전·후 휴가제도의 강화를 비롯한 안전하고 건강한 임신과 출산의 사회적 보호, 자녀양육 부담 경감을 위한 기업과 사회적 지원을 통한 부부의 고용상태 유지 등의, 여러 정책 과 과제를 실제 효과까지 얻도록 하는 것은 매우 중요하다.

향후 저출산과 관련하여 가족 정책에서 좀 더 관심을 가져야 할 과제를 제시하면 다음과 같다.

첫째, 임신·출산 관련 제도의 의무시행 및 감독이 더욱 강화되어야 한다. 임신과 출산에 관련된 건강권과 노동권을 개인의 정당한 권리로서 보장해야 하며 이를 위한 임신·출산관련 제도의 의무적 실현이 추진되어야 하겠다. 이를 위해서 해결해야 할 과제는 산전·후 휴가, 육아휴직, 근로시간 단축 등의 유연화 근무환경 등을 실시하므로 기업 부담이 높다는 것이다. 따라서 이를 국가적 차원에서 구체적인 추진계획과 시행계획을 세우고 실행하는 것이 필요하며, 기업의 임금부담 완화 및 실시기업에 대한 인센티브 제공 등의 지원과 휴가제도 실시에 대한 감독 강화, 근로기준법 등 관련법의 정비를 통해 산전·후 휴가 법규위반에 대한 불이익 강화가 필요하다.

둘째, 앞에서 제시한 과제와 연결하여 산전·후 휴가 대상자 확대와 지원체계가 확립되어야 한다. 우선, 산전·후 휴가 대상자 확대와 지원체계는 보편주의에 기반하여 근무환경, 조건, 채용조건 등과 상관없이 누구나 출산을 앞두고 있다면 산전·후 휴가를 이용할 수 있어야 한다. 따라서 비정규직·영세사업장 지원 확대, 무급가족, 여성자영업가족 여성 지원, 배우자 출산간호 휴가제 등의 실시를 더욱 확립하고 확대해야 할 것이다.

셋째, 태아와 임산부에 대한 안전한 환경 조성이 마련되어야 한다. 무엇보다 임신과 출산은 사회적인 책무이며 생명존중이라는 인식이 확대되어야 하겠다. 즉, 태아와 임산부의 건강 보호가 국가의 의무이고 임신과 출산에 관련된 건강권이 노동권 등 다른 권리와 상충하지 않는 개인의 정당한 권리임에 대한 인식이 확산되어야 한다. 또한 임신과 출산에서부터 육아로 이어지는 생애변화과정의 성별공유를 유도하고 격려하는 사회문화가 조성되어야 한다. 현재는 저소득층으로 제한하여 불임부부 지원, 미숙아 출생 시 의료비 지원, 신생아 난청검사 및 장애예방검사, 국가필수예방접종 사업 등을 실시하고 있는데, 실시 대상을 확대하여 태아와 임산부는 누구나 안전하게 보호되어야 한다.

넷째, 사회 전반적으로 저출산 문제를 해결할 수 있는 인식 제고 및 환경 정비가 기초적으로 마련되어야 한다. 이를 위해서는 통합적 차원에서 보편적 가족 가족 정책 관점에서 우선, 가족이라는 영역과 공적인 영역 간의 상생할 수 있는 가치관의 재정립이 필요하다. 나아가 자녀출산에 있어서 부모 및 기업과 정부의 공동 관심과 분담을 가능하게 하는 제도와 문화적 환경 등 자녀출산의 공공적 책임의식이 요구된다.

요점정리

- 우리나라 출산관련 정책은 1980년까지 출산억제를 정부 주도로 매우 강력하게 실시되었고, 1990년에는 출산억제 정책에 대한 논쟁에 이어, 2000년에는 급속한 출산율 저하로 출산장려 정책으로 변경되었다.
- 우리나라 출산장려를 위해 여러 정책을 2000년 중반부터 시작하였고, 저출산·고령화 사회기본법에 따라 5년마다 저출산 고령사회 기본계획을 마련하여 저출산 관련 정책을 마련하고 있다. 그러나 아직은 저소득층 중심의 정책으로 한정되어 있어 일과 가정을 양립할 수 있는 출산촉진 정책을 더욱 적극적으로 계획하고 시행할 필요가 있다.
- 앞으로 출산장려 관련 가족 정책은 제도의 의무시행 및 감독을 더욱 강화해야 하며, 산전·후 휴가 대상자 확대와 지원체계를 확립하고 태아와 임산부에 대한 안전한 환경을 조성해야 한다.

생각넓히기

1. 우리나라 출산 관련 정책 과정을 검토해 보고, 현재 초유의 저출산 문제가 발생할 것을 장기적인 안목에서 바라보지 못한 이유는 무엇이라고 생각하는지 의견을 나눠 보자.
2. 주변에 출산 관련하여 여러 지원을 경험한 사례를 찾아, 지원 유형과 규모, 내용을 조사하고 관련하여 장점과 단점, 그리고 앞으로 더 필요한 지원을 무엇인지 알아보고 그 내용을 정리해 보자.

9 Chapter

보육 가족 정책

1. 보육환경의 현황
2. 기존 정책의 현황
3. 향후 전망 및 과제

9 Chapter 보육 가족 정책

자녀양육 책임에 대해 사회의 관심이 높아지고 있다. 그 이유는 저출산 초래 현상으로 인해 자녀양육 부담을 사회에서도 함께 할 필요를 감지했기 때문이다. 그러나 단지 인구증가 정책만이 아니라, 한 아동의 보육은 가족 및 사회, 그리고 국가 발전에 지대하게 영향을 주는 인력의 질적 양성이기 때문에 절대로 간과할 수 없는 정책이라 할 수 있다.

우리나라에서 보육정책에 관심을 본격적으로 가지기 시작한 것은 1991년 영유아보육법 제정 이후라고 할 수 있는데, 당시는 주로 가정에서 적절한 양육을 받기 어려운 저소득 중심의 보육이었다. 그러나 최근에는 보편적으로 보육이 필요한 모든 아동들이 보호와 교육을 받을 권리이면서 기혼여성에게는 일할 수 있는 권리를 보장해 주는 정책으로 자리잡고 있다.

본 장에서는 일과 가정 양립이라는 가족 정책 관점과 건강한 사회 인력의 질적 양성이라는 측면에서 보육지원의 현황과 문제점, 그리고 향후 나아갈 방향에 대해 살펴보도록 하겠다.

1. 보육환경의 현황

1) 보육시설 수요율 및 보육아동 수

2007년을 기준으로 합계 출산율은 1.26명으로 세계 최저 수준이며, 총 인구도 2020년을 정점으로 감소될 전망이다. 한편, 출산율 저하 등의 이유로 영유아의 수는 해마다 감소하고 있어 상대적으로 보육시설의 지속적 확충으로 해마다 수요율은 높아지고 있다. 그림 9-1에서 보는 바와 같이 2010년 전체 영유아 수 대비 보육시설 수요율은 43%까지 확충되었다.

반면 앞으로 생산가능 인구 부족으로 인해 여성경제활동의 필요성이 증가할 전망이므로 영유아 수는 감소하더라도 보육에 대한 수요는 비례적으로 늘어날 전망이다. 그림 9-1에서 보는 바와 같이 해마다 보육시설을 이용하는 아동 수는 점차적으로 늘어나고 있다.

2) 양질의 보육 욕구 증가

한 가정의 자녀 수가 줄어들면서 자녀 양육에 관심이 증대되는 것과 동시에 국민소득 2만 불 시대를 맞이하면서 양질의 보육과 다양한 형태의 보육에 대한 부모들의 욕구는 증가되고 있다. 조사에 의하면 소득이 높아질수록 아동보육도 단순한 보호차원인 탁아사업에서 아동보육·교육중심으로 전환이 된다고 한다.

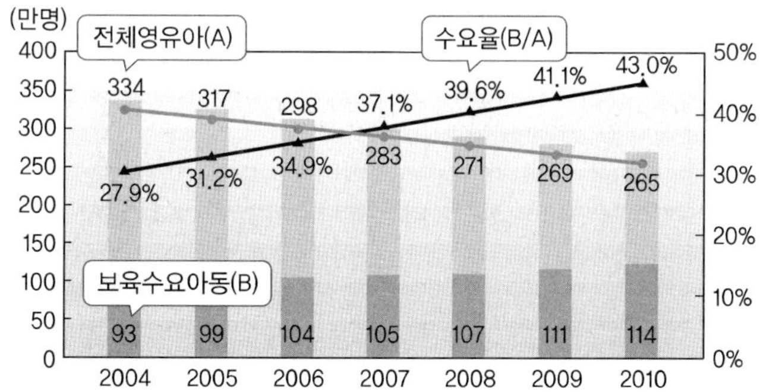

그림 9-1 영유아 수 대비 보육 수요율 추이

즉, 국민소득 1만불 이하 때는 직장여성 중심으로 탁아 중심의 보육사업이었다면 국민소득 1~2만불 시대에는 직장여성 중심과 아동보육 욕구가 동시에 요구되고, 국민소득 2만불 이상이 되면 아동보육·교육으로 전환될 것이라고 전망하고 있다. 따라서 단순히 자녀를 맡아서 돌보는 수준이 아닌, 교육적인 측면을 더욱 강화하는 양질의 보육욕구가 증가할 것으로 보인다.

그림 9-2에서 보는 바와 같이 양질의 보육 서비스 확충의 한 요소로 보육교사 1인당 아동 수를 보면 2004년 12명에서 2008년 말 8.1명으로 3.9명이 감소하였는데, 이 또한 양질의 보육 욕구에 부응하기 위한 대책이라고 볼 수 있다. 뿐만 아니라, 아동의 물리적 환경, 교육내용 및 수준 등 질적인 제고를 요구하는 소리가 높아지고 있다.

3) 양육 부담 증가

최근 부모들은 자녀 양육에 대한 관심이 과거보다 상대적으로 높은 경향이 있다. 따라서 전문적이고 질 높은 보육서비스 욕구 및 조기교육 과열 현상 등으로 양육비 부담이 증대되고 있다. 조사에 의하면 영유아 1인당 월 평균 자녀양육 비용은 영아 62.9만 원, 유아 74.8만 원이다. 여성가족부 2010년 가족실태조사에서도 우리나라 가족은 양육에 대한 경제적 부담이 높은 편이고 이 현상은 출산을 기피하는 가장 중요한 요인이 된다.

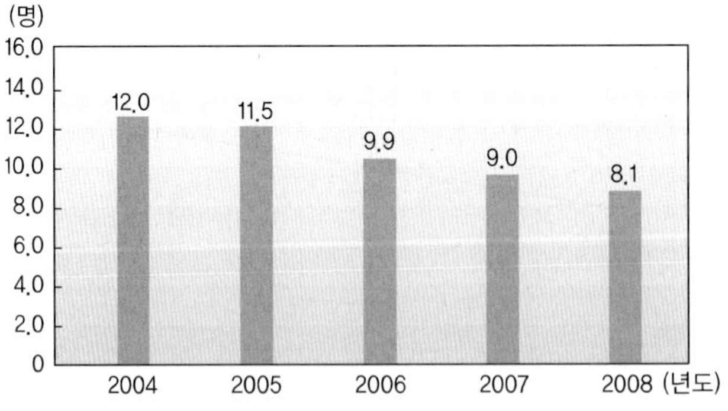

그림 9-2 보육교사 1인당 아동 수(2004~2008년)

자료 : 보건복지부(2009)

따라서 양육비 부담에 대한 경감이 필요하고 특히, 양육비 부담 증가로 보육시설 미이용 아동 발생 등 아동 발달과 성장에 저해요인이 되는 상황이 발생하지 않도록 해야 한다.

4) 보육 취약계층 증가

일반적으로 자녀 양육에 대한 관심이 증대되는 반면, 가족 해체 등으로 조손가정, 한부모 가족, 다문화가정이 지속적으로 증가하고 있으며, 장애아 출현율도 증가하는 추세이다.

다수에 포함되지 않지만 이들 또한 적절한 보육을 받을 권리를 보장해 주어야 하며, 취약계층의 보육은 보육 서비스 이외에 아동을 둘러싼 가정환경의 변화를 가져오도록 아동과 부모를 위한 포괄적 서비스 또한 제공할 필요가 있다.

5) 보육에 대한 의식변화

여성의 취업 증가로 일과 가정 양립이 보편화되면서 자녀양육을 국가·사회가 지원해야 한다는 국민의식이 증대되고 있다. 또한 선거과정에서 제시된 보육관련 공약으로 국민의 기대가 크게 증가하여 상대적 만족도는 낮아지는 경향이다.

한편 아동투자가 비용 대비 효과성이 가장 높다는 인식이 확산되고 있다. 구체적으로 보고된 입증된 결과를 제시하면 Masse와 Barnett(2003)은 아동이 성인이 되기까지의 전 과정을 통하여 절약된 사회비용은 정부투자 $1당 $4의 환원효과를 가져왔다고 보고하고 있다. 미국 Head Start 프로그램의 효과성 연구에서는 장래 기대 임금의 4% 상승, 백인 아동 고등학교 탈락률의 5% 감소하는 효과(Currie &Thomas, 1995)를 가져왔다는 결과를 제시하고 있다.

2. 기존 정책의 현황

1) 국공립 보육시설의 부족

가족의 자녀양육을 지원해주는 보육 서비스 욕구가 늘어나고 있고 보육시설 수도 증가하고 있다. 그러나 아직까지 보육시설 수가 충분하다고 평가할 수 없으며 더욱이 개별 가족의 특성과 요구에 맞는 다양한 보육시설 수는 여전히 부족하다. 표 9-1에서 보는 바와 같이 2010년 기준 우리나라 보육시설은 총 38,021개소인데 민간 보육시설 및 가정 보육시설이 89.5%를 차지하고 있어 대부분은 개인이 운영하는 형태다. 국공립 보육시설이 차지하는 비율은 5.4%(2,034개소)이고, 직장 내 보육시설은 1%(401개소)에 불과하다.

표 9-1 2010년 보육시설 설치·운영 현황(2010. 12. 31. 현재) (단위: 개소)

계	국·공립 보육시설	법인 보육시설	민간 보육시설			부모협동 보육시설	가정 보육시설	직장 보육시설
			소계	법인 외	민간개인			
38,021	2,034	1,468	14,677	888	13,789	74	19,367	401

자료: 보건복지부(2011). 2010년 보육통계.

맞벌이, 한국에서는 너무 힘들다

자녀양육은 맞벌이 부부 앞에 닥친 가장 큰 고민거리다. 맞벌이 부부가 자녀양육에 대한 부담 때문에 출산을 포기하면서 심각한 저출산율이라는 사회적 문제는 반복되고 있다.

무엇보다 아이를 맡길 보육시설 투자가 많지 않다는 게 가장 큰 이유 중 하나. 전체 3만 3,000여 개 보육시설 가운데 국공립 시설은 5.5%인 1,800여 개에 불과하다. 맞벌이 부부들은 보육비 부담이 큰 사설 어린이집이나 유치원에 아이를 맡길 수 밖에 없다.

프랑스가 1980년대 이후 출산율이 하강곡선을 탈피하며 저출산 국가에서 벗어난 비결은 보육탁아 시설을 확충했기 때문이다. 인구 6,000만 명인 프랑스에서는 가족 탁아시설 수만 64만 개다. 보육탁아시설이 5,600여 개인 우리나라와는 비교가 되지 않는다.

2008년 OECD 교육지표에 따르면 우리나라 유아교육 재정에서 부모가 부담하는 사적 부담 비율은 41.1%. 선진국은 물론이고 OECD 국가 평균인 14.5%와 비교해도 크게 높은 수치다. 이처럼 자녀 키우는 책임이 온전히 부모 부담이 되는 상황에서 둘째, 셋째 아이를 가질 엄두를 내기 힘들다는 지적이다(중략).

자료: 조선일보(2009. 10. 23) 보도자료 인용

부모들은 소규모 시설의 민간보육시설보다 시설규모가 있고 정부의 지원도 많은 곳이 안정적이며, 보육교사에 대한 신뢰도 높은 국공립 보육시설을 선호한다(김경희, 2005). 따라서 시장경제에 의해 보육이 맡겨지고 있는 열악한 현 보육시설 현황에서 보육 수요자의 욕구에 맞는 보육을 보장받기는 쉽지 않다.

2) 다양한 보육시설 충족 미비

개별 가족의 처해진 상황에 따라 야간보육, 주말보육 등 보육 서비스 욕구가 매우 다양함에도 다양한 보육수요를 충족해 주는 시설은 미미한 실정이다. 현재 정책적으로 개인의 욕구에 맞게 영아, 장애아, 방과 후, 시간연장, 휴일보육, 24시간 보육을 정책적으로 가능하도록 되어 있으나, 표 9-2에서 보는 바와 같이 시간연장이 가능한 시설만이 전체 보육시설 38,021개소 중 6,535개소이고, 나머지 유형은 2% 미만으로 운영하고 있다. 따라서 다양한 욕구를 반영한 보육시설 선택이 쉽지 않은 상황이며 여기에 지역별, 연령별로 보육시설의 배치도 균형적이지 않아 개별적으로 자신의 상황과 욕구에 의한 보육시설을 찾는 것이 용이하지 않다. 또한 한편 다문화 가정에 대한 영유아의 보육 서비스 지원이나, 저소득층 아동의 경우는 아동 대상의 보육 서비스와 부모와 그 가족을 포함한 통합 서비스를 제공하는 다차원적 접근이 필요한데 이와 같은 욕구를 반영한 보육시설은 없다.

표 9-2 특수보육시설 현황(2010. 12. 31. 현재) (단위 : 개소)

구 분	총 계
영아 전담	648
장애아 전담	166
장애아 통합	810
방과후	516
시간연장	6,535
휴일	207
24시간	230

자료 : 보건복지부(2011). 2010년 보육통계.

3) 보육비용 지원의 확대

보육비용의 지원에 대해 필요성은 오래전부터 주장되어 왔고, 지금도 이에 대한 필요성에 대해서는 사회적으로 동의하고 있으나, 예산 지원 등의 어려움으로 보편적인 보육비용 지원은 실시되지 못하고 있다. 그러나 출산 촉진의 저해요인으로 보육비 부담이 대두되고 있는 상황에서, 보육료를 보편적 양육수당으로 지원할 필요가 있다.

보건복지부에서 제시한 2011년 보육사업에서 보육료 지원 대상을 크게 만 0~4세 보육료, 만 5세아 보육료, 맞벌이가구 보육료, 장애아 무상 보육료, 다문화 보육료, 방과후 보육료, 시간연장형 보육료 등으로 구분하여 세부 지원기준과 내용을 제시하고 있는데 만 0~4세 보육료와 만 5세 보육료 주요 내용을 정리하면 다음과 같다(보건복지부, 2011).

(1) 만 0~4세 보육료

① 지원 대상: 법적소득층 아동[1], 영유아가구 소득하위 70% 이하 가구의 보육시설 이용자

② 지원단가

표 9-3 만 0~4세 보육료 지원 내용(2011년 기준) (단위: 원)

구 분	지원대상	지원비율	연 령	지원단가		
				종 일	야 간	24시
영유아	영유아 가구 소득하위 70% 이하	100%	만 0세	394,000	394,000	591,000
			만 1세	347,000	347,000	590,500
			만 2세	286,000	286,000	429,000
			만 3세	197,000	197,000	295,500
			만 4세	177,000	177,000	265,500

※ 만 0~4세 보육료 전액지원 확대(소득하위 70% 이하까지)에 따라 두 자녀 이상 보육료는 종료

1) 법정소득층 아동 기준 ① 국민기초생활보장법 제5조에 의한 수급권자 및 그 가구원(의료, 교육, 자활 급여 특례 수급권자 포함), ② 한부모가족지원법에 따른 보호대상자로 선정된 모·부자가정 아동, ③ 아동복지법 제16조에 의한 아동복지시설에서 생활중인 만 3~4세 아동(아동복지시설에서 생활중인 만 0~2세 아동은 지원 불가), ④ 여성폭력피해자보호시설(가정, 성폭력), 성매매피해자 지원시설에 입소한 여성의 동반자녀, ⑤ 모·부자(일시)보호시설 등에 입소한 자의 동반자녀 등, ⑥ 미혼모자 공동생활 가정에 입소한 자의 동반 자녀

(2) 만 5세 보육료

① 지원대상

- 영유아 소득하위 70% 이하 가구 자녀 중 초등학교 취학전 만 5세아(아동복지법 제16조에 의한 아동복지시설에 생활 중인 만 5세아도 지원됨)
- 취학대상 아동이 취학을 유예하는 경우 만 5세아 보육료 재지원 가능. 다만 1회 지원

② 지원단가

177천 원(법적 저소득층에 대해서는 보육시설 실수납액과 정부지원단가 차액 수압하지 않음)

이 외에도 맞벌이가구의 경우 부모의 소득을 합산한 금액의 25%를 감액하여 소득인정액을 산정해서, 해당가구의 소득인정액이 소득하위 70%에 해당하는 소득인정액 이하로 낮아지는 가구의 영유아에게, 장애아와 다문화가족의 자녀, 방과후 아동, 그리고 시간연장 보육료 중 일부 지원 등이 있다.

장애아, 다문화가족의 자녀 등은 예외 규정이 있지만, 아직까지 보육료는 소득하위 70% 이하 가구의 자녀에게만 지원하고 있는데, 보육료 지원에 대한 욕구는 앞으로 더욱 커질 것으로 예상된다.

4) 보육시설의 질적 강화

정부는 보육시설에 대한 질적 강화를 위해 보육시설 인증제를 실시하고 있다. 영유아보육법 규정에 의해 설치된 보육시설 중 방과후 전담 보육시설을 제외한 모든 보육시설은 인증평가를 신청할 수 있다. 평가내용은 영유아보육법 시행규칙 31조에 의해 보육환경, 보육과정 운영, 보육교사와 보육영유아 간의 일상적 상호작용, 영유아의 건강·영양 및 안전, 보육인력의 전문성, 보육시설 운영 관리, 가족 및 지역사회의 연계 등에 대해 우선 자체점검을 실시하여 운영 전반을 점검하고 보완사항을 개선한 후, 자체점검평가 결과로 제출된 자료를 현장관찰에서 점검하여, 인증심의에 통과되면, 한국보육진흥원 원장 명의의 참여 확인서와 현판을 발급받게 된다.

보육시설 인증시설 40% 안전 적발

보육시설 안전점검 결과 적발시설의 40% 이상이 인증시설인 것으로 나타났다.

국회 보건복지가족위원회 소속 이정선 의원(한나라당)은 보육평가 인증시설에 대한 식약, 소방방재청, 전기공사, 가스공사, 보건복지가족부의 점검 현황을 받은 결과 안전실태에서 인증보유시설과 미인증시설과의 차이가 없으며 위생점검 및 화재 현황 실태 등은 오히려 인증시설이 더 심각한 것으로 나타났다고 23일 밝혔다.

보육시설 점검현황에 따르면 올해 상반기 위생점검으로 적발된 시설 33곳 중 인증시설 수는 절반이 넘는 18곳이었으며 화재현황으로 적발된 시설 26곳 중 인증시설 수도 11곳으로 절반가량이었다. 또한 전기안전점검으로 적발된 19곳 중 9곳이 인증시설이었으며 신종플루 대응관리 지도점검으로 적발된 977곳 중 인증시설은 372곳이나 됐다.

특히 보육시설 화재현황의 경우 전체 37건의 인증시설 화재사고 중 원인불명과 방화 등 타인에 의한 사고는 7건에 불과했으며 나머지 30건은 합선, 가전기기 과열, 관계자 부주의 등으로 인한 사고였다.

이 의원은 "더욱이 화재사고 4건은 인증 평가기간 중 발생했음에도 버젓이 인증을 받았다는 점에서 인증제의 실효성에 심히 의문을 가지게 된다."라고 밝혔다.

자료 : 메디컬투데이(2009. 10. 23)

인증기간은 3년간 유효하고 기간이 지나면 재인증 절차를 밟아야 한다. 그러나 인증제 기준이 질적인 면에서 아직 보완해야 하는 면이 있고, 더 나아가 질적인 보육의 질을 강화하기 위해서는 단지 인증제만이 아닌 보육교사의 자격의 보완과 보수교육 강화, 그리고 체계적인 보육과정을 통한 개별아동 맞춤 보육서비스 등도 함께 제고할 필요가 있다.

3. 향후 전망 및 과제

자녀양육은 개별적으로 가정에서 여성의 돌봄노동 중 하나로 여겨졌던 시대가 그리 오래되지 않았다. 그러나 이젠 자녀 양육은 여성만의 역할이 아닌 부모 모두가 참여해야 하는 역할로, 그리고 사회도 가정과 더불어 공동양육의 의무를 지니는 시대로 변화되었다. 앞으로는 남성 1인 생계부양자 가구에서 남성 및 여성 2인 생계부양자 가구로 이동하고, 여성의 노동시장 참여 또한 증가될 것으로 예상되므로 보육은 사회가 함께 부담해야 할 과제라는 인식은 커지고 있다. 따라서 앞으로 보육관련 정책이 가족을 지원하고 나아가 양육된 자녀가 건강한 인력으로 양성되기 위해서 다음과 같은 과제에 좀 더 관심을 가져야 한다.

첫째, 국공립 보육시설 확충이 필요하다. 현재 이에 대한 문제점이 부각되면서 국공립 보육시설 확충에 대해 논의되고 있는데, 최근 신문기사에 의하면 국공립 보육시설의 대기자 수가 서울에만 32만 4,000여 명에 달하고 있으며, 전국적으로 보육시설에 다니는 아동 127만 9,910명 중 국공립 보육시설을 이용하는 아동은 2010년 기준 10.8%(13만 7,604명)에 불과하다며, 국공립 시설을 전체 아동의 30%(38만 3,000여 명)를 수용할 수 있도록 확대해야 한다고 했다(조선일보, 2011. 7. 11). 따라서 국공립 보육시설 수요의 시급성을 수용하여 가능한 빠른 시간 내 증설되는 것이 필요하다.

둘째, 다양한 욕구에 부합하는 보육 서비스 제공이 필요하다. 우리나라 보육시설은 90% 정도가 민간 및 가정 보육시설이고 그 외는 공립시설 및 기타 보육시설로 개별적인 보육욕구에 맞는 다양한 보육시설이 미비한 상황이다. 그러므로 직장 보육시설에 대한 제재 조항을 강화하여 직장 내에서 자녀 보육이 가능하도록 해야 하고, 직업 유형에 적합한 시간제, 야간, 24시간, 주말 보육도 확충되어야 한다. 또한 자녀의 특성에 맞는 보육을 선택할 수 있도록 질적 보육의 기회가 제공되어야 하며 특히 다문화, 저소득, 결손 가족의 자녀의 경우는 단순히 보육만이 아닌 그들의 환경적인 접근도 가능한 통합적 보육 서비스가 실시되어야 할 것이다.

셋째, 오래전부터 강조되고 있지만, 보육교사의 처우개선과 자격강화는 매우 중요한 과업이다. 보육교사가 어떤 자격조건과 수준을 보유하고 있느냐가 곧 보육의 질이라고 해도 과언이 아니다. 그만큼 보육교사가 보육의 질을 좌우하는 요소로서 영향력이 크므로 보육의 가치와 태도, 그리고 보육 관련 지식과 기법을 더욱 향상시키는 자격조건과 보수교육 제도는 빠른 시간 내에 마련되어야 한다. 또한 현재 보육교사의 처우가 과거에 비해 향상되었지만, 그러나 여전히 보육교사는 직업의 만족도가 낮고 잦은 이직이 문제가 되고 있다. 특히 민간 및 가정 보육시설의 교사 처우는 국공립 보육시설 수준보다 낮아 이들의 처우문제를 해결할 필요가 있다. 이는 보육교사의 자격요건과도 연결되는데, 자격을 강화하기 위해서는 그 자격에 부응하는 처우도 마련되어야 할 것이다.

요점정리

- 우리나라 자녀의 보육정책은 점차적으로 보육시설을 확충하여 제공하고 있으나, 양질의 보육 및 다양한 욕구에 맞춘 보육시설은 부족한 상황이며, 특히 보육 관련 경비는 저소득층 위주로 지원되고 있어 보편적 보육 서비스로 확대할 필요가 있다.
- 한 가정의 자녀 수가 줄어들면서 자녀양육에 관심이 증대되는 것과 비례하여 양질의 보육과 다양한 형태의 보육에 대한 부모들의 욕구가 증가하고 있어 이에 부응하는 보육시설 및 보육교사의 질적 제고가 요구된다.
- 우리나라 보육시설은 민간 운영에 치우쳐 있어, 부모 및 수요자들로부터 신뢰감 부족과 보육시설의 안정적 운영의 곤란을 겪고 있어 국공립 보육시설을 수요의 시급성에 따라 가능한 한 빠른 시간 내에 증설하는 것이 요구된다.

생각넓히기

1. 살고 있는 지역사회의 보육시설을 방문하여 보육시설이 어떻게 운영되고 있는지 관찰하고 관련자에게 보육시설 운영에 어려움은 무엇이고 그럼에도 불구하고 보육시설을 운영하면서 갖게 되는 긍지는 무엇인지 살펴보자.
2. 우리나라 보육정책과 관련된 신문기사를 찾아 읽어 보고 기자가 말하고자 하는 주요 내용이 무엇인지 정리하고 자신의 의견을 이야기해 보자.

가 족 정 책 론

10 Chapter

저소득 가족 정책

1. 저소득층 개념과 범위
2. 저소득층 가족 정책 현황
3. 향후 전망 및 과제

10 Chapter 저소득 가족 정책

우리나라는 외환위기를 겪으면서 경제적 어려움 때문에 가정들이 해체되는 경험을 하였다. 이후 가족의 빈곤문제가 일시적으로 완화되는 듯하였으나, 사회적 양극화가 심해지면서 빈곤율이 높아지고 있다. 그러나 현실적으로 우리나라 저소득 가구에 대한 사회안전망은 국민기초생활보장제도를 제외하고는 전무한 실정이며, 기타 다른 제도에서 규정한 자격조건에 의한 혜택이 있는 정도이다. 그러나 법적으로 제시한 소득층의 가구 외 차상위 계층은 이마저도 혜택을 받지 못해 역으로 기초생활수급권자보다 열약한 생활을 지탱하고 있다고도 말한다.

본 장에서는 저소득 가족을 위한 정책에 대해 우선 저소득층의 개념과 기준을 살펴본 후 저소득층 가족을 위한 주요 정책을 논의해 보겠다.

여기서 현재 실시되고 있는 저소득층 가족 정책을 가족 전체 및 가족 유형별, 그리고 개별구성원까지 포함하여 볼 수 있지만, 가족 유형별 정책을 다른 장에서 다루면서 가족 개별구성원 관련 정책도 제시되기 때문에 본 장에서는 주로 가족지원 정책을 중심으로 살펴보겠다.

1. 저소득층 개념과 범위

1) 빈곤의 개념

저소득층 가족을 설명하기 앞서 빈곤의 개념을 먼저 살펴볼 필요가 있는데, 빈곤은 사회·문화적 배경 및 학자와 개인에 따라 다양한 정의를 내릴 수 있다.

권진숙 외(2006)는 빈곤의 개념을 기본적 욕구가 충족되지 않은 상태라고 하며 크게 경제적 빈곤, 문화적 빈곤, 인간적 빈곤, 사회정책상의 빈곤으로 나누었다(표 10-1 참조).

경제적 빈곤은 객관적 기준이 있느냐 없느냐에 따라 객관적 빈곤과 주관적 빈곤으로 나눌 수 있으며, 객관적 빈곤은 절대적 빈곤과 상대적 빈곤으로 나눈다. 절대적 빈곤의 기준은 의식주 등 기본적 욕구를 해결하지 못한 상태를 의미하는 것으로 생계유지를 위해 반드시 필요하다고 여겨지는 최저기준을 설정하여 나누게 된다. 반면, 상대적 빈곤의 기준은 소득 순으로 하위 일정비율을 기준으로 삼거나, 혹은 국민 전체의 평균소득 수준 대비 일정비율을 기준으로 삼는다. 주관적 빈곤은 자신이 충분히 갖고 있지 않다고 느끼는 것을 말하는데, 이는 제3자의 판단에 의한 기준으로 정해지는 것이 아니라, 개인의 주관적 판단 수준에서 결정된다.

문화적 빈곤은 빈곤을 문화적 관점에서 해석한 것으로 사회의 지배문화는 질적으로 다른 태도, 가치, 행동을 포함하는 빈곤문화를 형성하고 그 안에서 자신들 특유의 생활양식을 이루며 사는 것을 말한다.

인간적 빈곤은 소득 이외의 인간적 삶의 질에 영향을 미치는 요인들이 결핍된 상태, 즉 짧은 수명, 아동의 영영실조, 높은 문맹률, 수질오염 등의 상태를 의미하는데, 김기원(2000)은 인간빈곤을 생존, 지식, 품위 있는 생활수준이라는 세 가지 발달영역과 사회적 배제를 가지고 계산되는 인간빈곤지수로 측정된다고 하였다.

사회정책상 빈곤 개념은 정부나 사회단체로부터의 공적부조를 수혜하는 가족을 사회정책상 빈곤가족으로 규정하는데, 우리나라의 경우는 국민기초생활보장법과 의료보호법에 규정된 공적부조 대상이 되는 경우가 많다.

따라서 빈곤은 표면적으로 소득의 부족이라는 경제적 곤란을 겪는 것으로 사회에서도 경제적 빈곤에 초점을 두지만 생활, 문화, 교육 등에서 실제 열악한 상황에

표 10-1 빈곤의 개념

빈곤의 분류			개 념
경제적 빈곤	객관적 빈곤	절대적 빈곤	인간이 살아가는 데 절대적으로 필요한 최소한의 자원을 충족시키지 못한 상태
		상대적 빈곤	다른 사람들과 비교해 상대적으로 적게 가지고 있는 상태
	주관적 빈곤		주관적 판단에 의해 근거한 빈곤
문화적 빈곤			빈곤문화의 특성을 가지고 살아가는 상태
인간적 빈곤			소득 이외의 인간적 삶의 질에 영향을 미치는 요인들이 결핍된 상태
사회정책상 빈곤			공적부조의 대상이 되는 상태

자료 : 권진숙 외(2006 : 203)

있거나 차별적인 느낌을 받는 것까지 빈곤에 포함되기에 이들을 돕는 방법도 단순히 경제적 지원에 머물러서는 안 된다.

2) 저소득층 구분

우리나라는 공식적으로 매년 계측된 최저생계비를 기준으로 빈곤의 층을 구분한다. 이를 다른 말로 저소득층으로 표현하며, 아래와 같이 크게 3가지로 나뉘게 된다.

- 법정 저소득층 : 국민기초생활보장법에 의한 수급권자, 한부모가족지원법에 의해 보호 대상자로 선정된 저소득 한부모가족, 사회복지 관련 시설(보장시설)에 입소한 경우
- 기타 저소득층 : 법정 저소득층에 속하지 않으나 각종 사회복지 서비스 관련법에서 해당 사업의 지원 대상으로 규정하고 있는 저소득층(예 : 도시 근로자 가구의 월평균 소득 기준으로 그 이하)
- 차상위 계층 : 일반적으로 불안정한 취업상태에 있으면서 자신뿐 아니라 가족의 기본적 욕구를 충족시키지 못한 상태에 있는 사람들로서 상황에 따라 쉽게 절대빈곤층이 될 수 있는 잠재성을 가지고 있는 대상(예 : 최저생계비의 120% 이하)

우리나라의 최저생계비는 보건복지부장관이 매년 12월 1일까지 중앙생활보장위원회의 심의·의결을 거쳐 매년 다음 연도의 최저생계비를 공표하도록 되어 있는데

표 10-2 최저생계비 기준

구 분	2006년 최저생계비	2010년 최저생계비	2011년 최저생계비
1인 가구	418,309	504,344	532,583
2인 가구	700,849	858,747	906,830
3인 가구	939,849	1,110,919	1,173,121
4인 가구	1,170,422	1,363,091	1,439,413
5인 가구	1,353,242	1,615,263	1,705,704
6인 가구	1,542,382	1,867,435	1,971,995

자료 : 보건복지부. 최정생계비 기준. 각 연도.

표 10-3 2011년 현금급여 기준

구 분	1인 가구	2인 가구	3인 가구	4인 가구	5인 가구	6인 가구
금액(원/월)	436,044	742,453	960,475	1,178,496	1,396,518	1,614,540

※ 8인 이상 가구의 현금급여 기준 : 1인 증가 시마다 218,022원 증가(7인 가구 : 1,832,562원/8인 가구 : 2,050,584원)

2006년, 2010년, 2011년 최저생계비를 살펴보면 표 10-2와 같다. 최저생계비 이하가 되면 가족 수에 따라 일정한 금액을 지원받을 수 있는데 2011년을 기준으로 보면 6인 가구까지 금액을 제시하고 이후 가족 수가 1인씩 증가할 때마다 일정금액을 추가하고 있다. 일반적으로 공표된 최저생계비 이하인 가족은 국민기초생활보장법에서 규정한 기초수급자가 되어 최저생계비의 부족분을 현물급여로 받게 된다(표 10-3 참조).

2. 저소득층 가족 정책 현황

앞서 살펴본 것처럼 빈곤의 개념이 경제적인 측면만은 아니지만, 정책적인 면에서 수혜대상 선정과 수혜방법을 결정하는 기준은 일반적으로 경제적 측면을 고려하는 편이다. 현재 우리나라에서 가족 관련한 경제적 지원 정책은 크게 산재보험, 고용보험, 건강보험, 노인장기요양보험 등 사회보험, 국민기초생활보장제도, 긴급복지지원제도, 한부모가족지원제도 등의 공적부조, 그리고 조세감면으로 나누어 볼 수 있다.

여기서 저소득층 가족 대상의 지원정책은 공적부조에 해당되는 경우가 많은데 이들은 주로 법적 저소득층 가구이며, 이들 가족들의 유형에는 한부모 가구, 노인 가구, 장애인 가구, 소년소녀가장 가구 등이 주로 많은 비율을 차지하고 있다. 저소득층 가족을 위한 주요 정책을 살펴보면 다음과 같다.

1) 국민기초생활보장제도

2000년 10월에 시행된 이 제도는 보호가 필요한 모든 사람에게 최저생활을 국가가 보장하되, 자립할 수 있는 생산적 복지수단을 제공하는 것을 목적으로 한다. 이전 40년간 시행된 생활보호법이 생계비 지원의 시혜적 성격을 가진 단순 보호 차원이었다면, 이 제도는 일정수준 이상의 생활을 하는 것은 모든 국민의 기본권이라는 관점에서 접근하고 있다. 따라서 근로능력이나 연령에 상관없이 정부가 제시한 최저생계비 이하인 모든 가구에 대하여 생계급여, 주거급여, 의료급여, 교육·해산·장제급여, 자활급여 등 일정한 범위 내에서 지원하고 있다.

한편 우리나라의 국민기초생활보장법에서 기초수급자로 선정이 되기 위해서는 소득인정액이 최저생계비 이하인 것 이외에 '부양의무자가 없거나 부양의무자가 있어도 부양능력이 없어서 부양을 받을 없는 경우' 에 해당되어야 한다. 이 기준으로 소득인정액은 최저생계비 이하이지만, 부양의무자 기준으로 실제 부양을 받지 못하면서도 수급자로 선정되지 못하는 사례가 발생하기도 한다. 특히 2010년 1월 사회복지통합관리망(사통망)이 개통되면서 부양의무자 기준에 저촉되어 수혜 대상에서

'부양자 있다'며 수급대상 제외 노인자살

혼자 사는 60대 남성이 부양의무자가 있다며 기초수급대상자에서 제외된다는 통보를 받자, 스스로 목숨을 끊는 안타까운 일이 발생했다. 12일 오후 2시10분께 충북 청주시에서 조모(64)씨가 숨져 있는 것을 지인(57)이 발견해 경찰에 신고했다. 경찰에 따르면 조씨는 30년 전 부인과 이혼한 뒤 자식들과도 연락이 끊겨 기초수급대상자에 포함돼 한 달에 46만원씩 받아왔다. 그러나 최근 지자체로부터 "부양가능한 아들이 호적에 등록되어 있으므로 기초수급 중지 예정자가 됐다"라는 통보를 받고 괴로워한 것으로 조사됐다. (중략)

자료: 연합뉴스(2011. 7. 12)

대거 탈락되는 문제가 발생하자, 탈락된 노인이 자살을 하는 등 사회적 이슈로 부각되기도 하였다.

2010년 12월 말 기준으로 국민기초생활수급자는 약 155만 명(87만 9천 가구)으로 전 인구 대비 국민기초생활수급자의 비율인 수급률은 3.1%이며(표 10-4 참조), 수급자 비율을 생애주기별로 보면 중년기(40~64세)가 35.0%로 가장 높으며, 노년기(65세 이상) 26.8%, 청소년기(10~19세) 20.6% 순이며, 총 인구수 대비 수급자 비율을 보면 노년기가 7.1%로 가장 높은 반면, 청년기는 가장 낮은 1.1%이다(표 10-5 참조).

국민기초생활보장법의 당면 과제는 먼저 최저생계비 수준이 너무 낮아 수급자는 최저생계비에 못 미치는 급여로 인해 최저생활이 보장되지 않는 문제가 발생하고, 최저생계비 수준을 넘어 기초수급자가 되지 못하는 계층은 그나마의 혜택도 받지 못해 사각지대에 놓인다는 점이다. 두 번째, 수급자의 소득과 급여의 총합이 최저생계비 이상이 되도록 보장하고 있지만, 현금화되지 않는 재산을 일부 소득으로 보고 급여에서 차감되기 때문에 급여를 받은 후 총소득이 현금급여 기준선에 못 미칠 수

표 10-4 수급자 수와 구성비율(2010년) (단위 : 명, %)

구 분	계	일반수급자	시설수급자	가구 수
수급자 수	1,549,820	1,458,198	91,622	878,799 가구
구성비	100	94.1	5.9	

자료 : 보건복지가족부(2010). 2010년도 국민기초생활보장제도 수급자 현황(p.13).

표 10-5 생애주기별[1] 일반수급자 현황(남자) (단위 : 명, %)

구 분	계	영유아기	학령기	청소년기	청년기	중년기	노년기
수급자 수	626,798	14,062	28,697	152,057	72,526	252,733	106,723
수급자 비율	100	2.2	4.6	24.3	11.6	40.3	17.0
총 인구수	25,310,385	1,185,537	1,278,040	3,598,726	7,838,364	9,170,137	2,239,581
총 인구수[2] 대비 수급자 비율	2.5	1.2	2.2	4.2	0.9	2.8	4.8

1) 생애주기는 영유아기(0~4세), 학령기(5~9세), 청소년기(10~19세), 청년기(20~39세), 중년기(40~64세), 노년기(65세 이상)로 분류함

2) 통계청, 주민등록인구(50,515,666명)

자료 : 보건복지부(2011). 2010년도 국민기초생활보장제도 수급자 현황(p.16).

있다는 점도 문제로 지적된다. 그리고 세 번째, 앞서도 밝혔지만 실제 혜택을 받아야 할 대상자가 부양의무자 기준 때문에 실제 부양 여부와 상관없이 수급대상에서 탈락되어 그 누구로부터도 지원을 받지 못하는 맹점이 있다.

2) 자활지원사업

자활지원은 근로능력이 있는 수급자에게 자활에 필요한 사업에 참여할 것을 조건으로 생계급여를 실시하고, 자활지원 서비스와 각종 자활사업 참여 기회를 제공하는 급여를 말한다.

자활사업 대상자는 국민기초생활보장법 제9조 제5항과 국민기초생활보장법 시행령 제3조의2, 제7조, 제8조에 의거하여 다음과 같다(보건복지부, 2010).

- 조건부수급자 : 자활사업 참여를 조건으로 생계급여를 지급받는 수급자
- 일반수급자 : 근로능력이 있으나 가구여건, 환경적응, 근로참여 등으로 조건부과는 제외된 자 중 자활사업 참여를 희망하는 수급자
- 특례수급가구의 가구원 : 의료급여특례, 교육급여특례가구의 근로능력 있는 가구원 중 자활사업 참여를 희망하는 자
- 자활급여특례자 : 수급자가 자활근로, 자활공동체, 성과관리형 자활시범사업 등 자활사업에 참가하여 발생한 소득으로 인하여 소득인정액이 선정기준을 초과한 자
- 차상위계층 등 : 소득인정액이 최저생계비의 120% 이하인 자

대상자 중 의무참여자는 조건부 수급자로 이들은 자활사업에 참여하는 조건으로 생계급여를 지원받으며, 그 외 대상은 희망자에 한해 참여가 가능하다(그림 10-1).

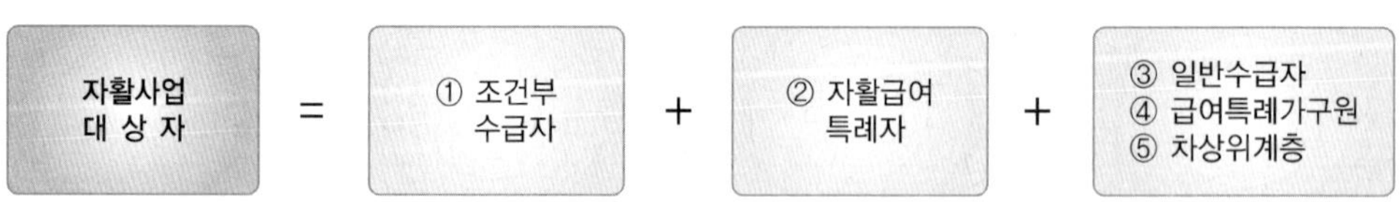

※의무참여: ①, 희망참여: ②~⑤ ※수급자: ①, ②, ③ ※참여우선순위: ① → ② → ③, ④, ⑤

그림 10-1 자활지원사업 대상자 및 참여 우선순위

자료 : 보건복지부(2010). 2010년 자활사업안내.

자활사업은 시·군·구별로 지역사회 자활사업 실시기관을 통해 지역사회 복지자원을 최대한 이용하여 자활공동체, 자활근로사업, 사회적응 프로그램(디딤돌사업), 자산형성 지원사업, 창업 지원 등의 다양한 자활 프로그램을 제공할 뿐 아니라, 고용노동부의 고용 관련 인프라를 통하여 취업을 지원하는 등 저소득층의 자활을 촉진하고 있다. 자활사업의 전체적인 과정은 그림 10-2와 같다.

특히 최근 보건복지부에서는 일을 통한 근로 빈곤층의 탈빈곤 촉진을 위해 일반노동시장에 취업한 기초생활수급 가구에게 자산형성 지원사업 중 '희망키움통장사업' 을 추진하고 있는데, 3년 후 기초생활수급에서 벗어나는 조건으로 3년간 근로

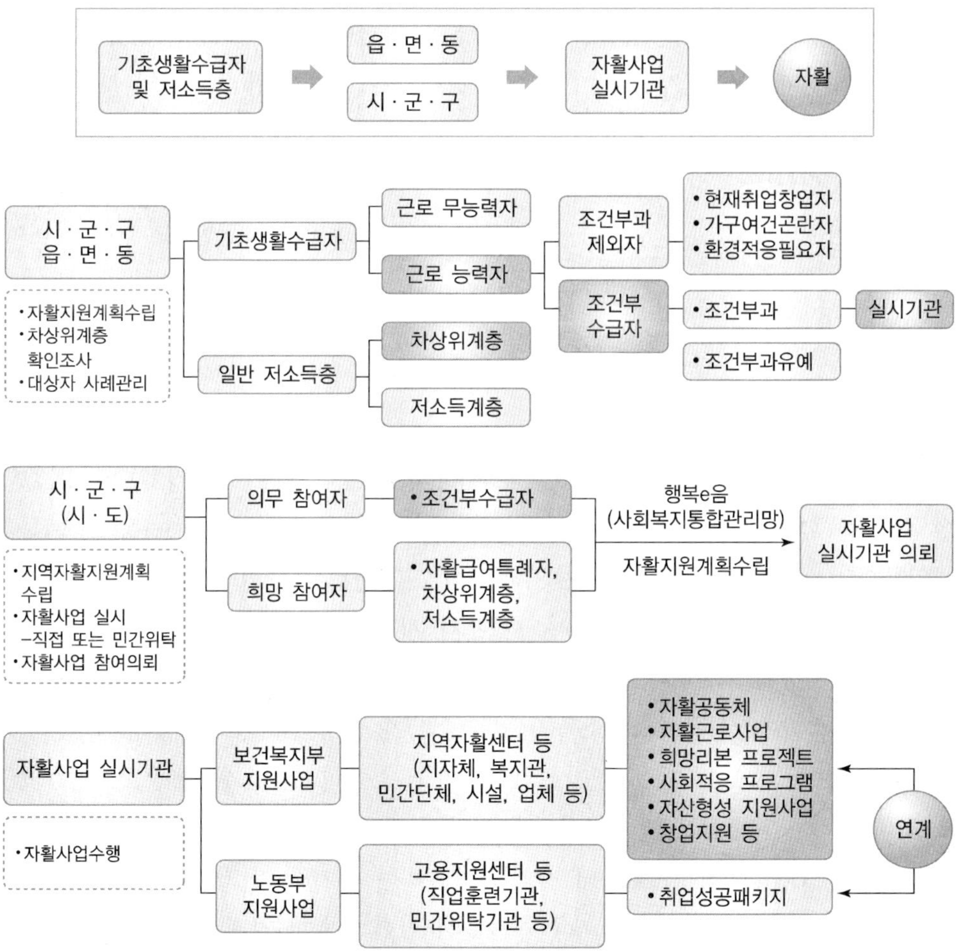

그림 10-2 자활사업 흐름도

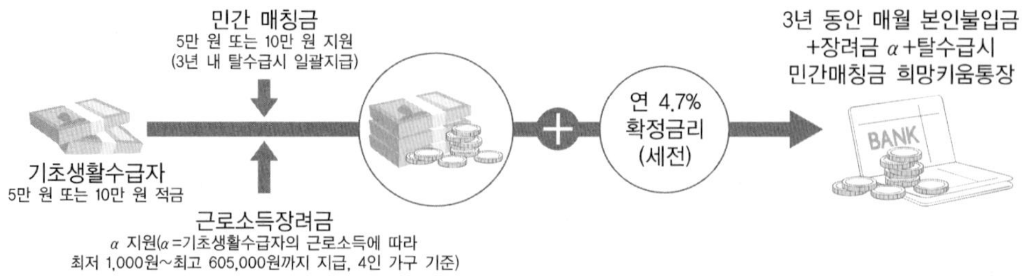

그림 10-3 희망키움통장 사업 흐름도

자료 : 희망키움통장 http://hopegrowing.com

소득장려금 및 개인저축에 대한 매칭금을 지원하고 있다. 또한 희망키움통장 적립금 수급자에게는 사회서비스 일자리, 성과 중심 자활시범사업에 우선 지원할 수 있는 일자리 연계, 미소금융, 저소득층 생업자금창업자금 우선 지원 등의 창업자금, 신용회복상담, 노후설계서비스 등을 통해 탈빈곤을 위한 통합적 접근(total solution)을 실시하고 있다(보건복지부, 2010). 이와 같은 탈빈곤 지원정책은 중앙정부만이 아니라, 각 지자체별로도 실시되는 등, 빈곤에서 가능한 벗어나 자활할 수 있는 정책이 강조되고 있다.

3) 긴급복지지원제도

소득, 재산 및 부양의무자 기준 등으로 인하여 기존의 기초생활보장제도로 보호받을 수 없는 경우 생계곤란 등의 위기 상황에 처하여 도움이 필요한 자를 신속하게 지원함으로 위기상황에서 벗어나도록 하는 제도로 관련 법령인 '긴급복지지원법' 이 2005년 12월 23일 공포되고 2006년 3월부터 시행되고 있다.

긴급복지지원제도에서 지원대상은 위기상황으로 인해 생계유지가 어렵게 된 가구로 여기서 위기상황은 ① 주소득자(主所得者)가 사망, 가출, 행방불명, 구금시설에 수용되는 등의 사유로 소득을 상실하고 가구 소득이 '국민기초생활보장법' 제6조에 따라 해마다 공표되는 최저생계비 이하인 경우, ② 중한 질병 또는 부상을 당한 경우, ③ 가구 구성원으로부터 방임(放任) 또는 유기(유기)되거나 학대 등을 당한 경우, ④ 가정폭력을 당하여 가구 구성원과 함께 원만한 가정생활을 하기 곤란하거나 가구 구성원으로부터 성폭력을 당한 경우, ⑤ 화재 등으로 인하여 거주하는 주택 또는 건물에서 생활하기 곤란하게 된 경우, ⑥ 그 밖에 보건복지부장관이 정하여 고시하는 사유가 발생한 경우로 규정하고 있다(긴급복지 지원법 제2조).

긴급복지지원 원칙은 ① 위기상황에 처한 자에게 우선 실시한 후 나중에 소득, 재산 등을 조사하여 지원의 적정성을 심사하는 선지원 후처리 원칙, ② 생계지원은 최대 4개월, 의료지원은 2회까지만 지원하는 단기지원 원칙, ③ 타법률에 의해 긴급지원과 동일한 내용의 구호·보호나 지원을 받는 경우 지원하지 않는 타법률 지원 우선 원칙, ④ 현물지원을 우선으로 하고 예외적으로 금전지원을 실시하는 현물지원 우선의 원칙, ⑤ 의료지원을 제외하고 가구단위로 지원을 산정하는 가구단위 지원 원칙에 의해 시행된다.

긴급복지지원제도의 급여는 크게 금전 또는 현물 등의 직접지원과 민간기관·단체와의 연계 등의 지원으로 나눈다. 금전 또는 현물 등의 직접지원은 식료품비·의복비 등 생계유지에 필요한 비용 또는 현물을 지원하는 생계지원, 각종 검사 및 치료 등 의료 서비스를 지원하는 의료지원, 임시거소(臨時居所) 제공 또는 이에 해당하는 비용 지원하는 주거지원, '사회복지사업법' 에 따른 사회복지시설 입소(入所) 또는 이용 서비스 제공이나 이에 필요한 비용 지원하는 사회복지시설 이용 지원, 초·중·고등학생의 수업료, 입학금, 학교운영지원비 및 학용품비 등 필요한 비용을 지원하는 교육지원, 연료비 등 위기상황 극복에 필요한 비용 또는 현물 지원하는 그 밖의 지원이 있다. 민간기관·단체와의 연계 등의 지원은 '대한적십자사 조직법' 에 따른 대한적십자사, '사회복지공동모금회법' 에 따른 사회복지공동모금회 등의 사회복지기관·단체와의 연계 지원과 상담·정보제공, 그 밖의 지원이 제공된다.

긴급복지지원에 해당되는 위기상황 발생 시 주소지 관할 동주민센터나 복건복지부 콜센터(129)에 신청하면, 담당 공무원의 현장확인을 통해 긴급한 지원이 필요하다고 인정되면 지원과 관련 정보 및 상담 서비스를 제공받을 수 있다. 긴급복지지원 절차는 그림 10-4와 같다.

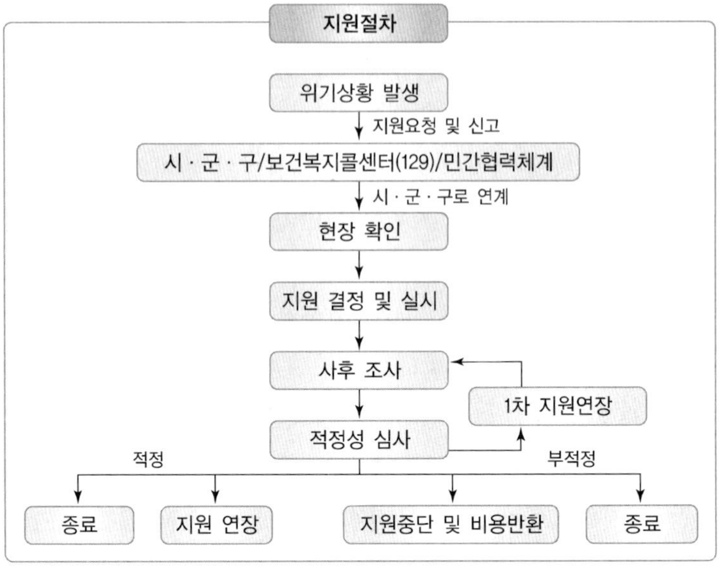

그림 10-4 긴급복지 지원의 절차도

3. 향후 전망 및 과제

우리나라의 저소득층 가족 정책은 기존 사회적 안전망의 한계로 빈곤 및 사회양극화가 외환위기 이후 일시적으로 완화되었던 빈곤 문제가 다시금 심화되고 있는 추세임에도, 현실적으로 저소득 가구에 대한 사회안전망은 국민기초생활보장제도를 제외하고 전무한 실정이다. 더욱이 현행 국민기초생활보장제도의 혜택을 받고 있는 수급자 가정의 경우 최저생계비 기준의 비현실성 때문에 지원 수준도 매우 낮지만, 법적으로 혜택을 받지 못하여 역으로 기초생활 수급권자보다, 열약한 생활을 지탱하고 있는 차상위계층 가족 등 사각지대 가족 지원은 매우 부족한 실정이다. 따라서 심화되는 빈곤 문제를 겪는 가족에게 통합적 지원과 완전 자립을 목표로 하는 획기적인 사회안전망이 필요하다.

더욱이 저소득층 가족의 경우 과거에 비해 가족유형 또한 다양해지고 있다. 과거 저소득층 가족이라고 하면, 소년소녀가장 가구, 노인 가구, 장애인 가구 정도였다면 최근에서 한부모 가구, 국제결혼 가구, 북한이탈주민 가구 등 다양한 형태의 가족유형에 증가하고 있어 이들의 가족의 특수한 욕구를 반영하는 지원이 필요할 뿐만 아니라, 가족생애주기에 따른 가족 및 가족 구성원을 위한 연계적인 가족 정책도 마련되어야 한다.

이와 같은 문제점에 의해 최근 정부는 생애주기별로 가족을 지원하는 관점에서 빈곤정책이 기초생활보장제도에 의한 보호 차원에서 근로 능력있는 수급자와 차상위계층 등을 중산층으로 복귀시키기 위한 자활정책 및 사업을 추진하는 것은 고무적이다.

그러나 앞으로 가족과 관련하여 현재와 같이 양극화는 심해지고 우리사회의 지속가능한 성장 또한 쉽지 않을 것으로 예상되므로, 빈곤가족이 개인의 문제만이 아니라는 인식과 대안 마련에 사회적 공감대가 확대될 것이며, 둘째, 향후 이혼율 증가 등 가족해체 심화로 인해 가족 구성원 중에서 아동과 청소년의 빈곤위험이 가속화되고, 다양한 형태의 가족이 증가함에 따라, 이들 가족의 경제적 상황에 대한 지원방안의 요구 또한 강해질 것이기에, 향후 경제적 지원이 요구되는 저소득층 가족 정책 과제는 다음과 같다.

첫째, 빈곤가족에 대한 사회 안전망이 정비되어야 한다. 국민기초생활보장제도의 정비에 있어서는 장기적으로 부양의무자 기준 폐지, 재산, 소득, 자동차 기준 등 엄격한 기준 등이 완화되어야 하며, 의료 및 교육 급여 등에 있어서는 차상위계층까지 지속적으로 확대·추진되어야 할 것이다.

둘째, 다양한 가족 유형이 등장하면서 이들이 빈곤가족으로 내몰리지 않기 위한 특별 수당 및 지원이 검토되어야 한다. 특히 이들 가정의 아동과 청소년들이 빈곤의 대물림이 되지 않도록 급여의 확대 및 서비스 확충이 필요하다. 급여수준은 아동이 있는 가구의 경제생활에 실제 도움이 되는 수준의 지원이 필요하며, 경제적 지원 이외에 자녀를 위한 직접적 서비스 제공과, 부모의 양육 및 고용을 지원하는 간접적 서비스 제공도 필요하다.

셋째, 무엇보다 저소득 가족 구성원을 위한 적극적인 노동시장 정책 마련되어야 한다. 우선과제는 이들의 일할 권리를 보장하는 것이며, 적극적 노동시장 정책의 일환으로 높은 수준의 직업훈련이 강화되어야 한다. 또한 적절한 임금이 보장될 수 있는 사회적 일자리 창출도 저소득 가구의 고용 강화가 이루어질 필요가 있다.

넷째, 빈곤문제는 개인적 요인뿐 아니라, 사회구조적 요인의 영향도 있어 단순하고 일시적 지원으로 해결될 수 없는 특성을 가지고 있다. 특히 빈곤에 진입한 가구는 단기간에는 빈곤을 탈피하려 하지만, 시간이 지날수록 빈곤층에서 헤어나지 못하는 장기 빈곤층이 되는 양상을 보이고 있다. 구인회(2005) 장기 빈곤층 관련 조사에 의하면 5년 이상의 장기 빈곤층이 전체 빈곤층의 50%를 차지하고 10년 이상 최장기 빈곤층도 25%를 넘고 있다고 제시한 것처럼 경제적 어려움을 갖고 있는 가족이 가능한 장기 빈곤층에 머무르지 않도록 다각적인 측면에서 통합적인 자활 정책이 이루어져야 한다.

요점정리

- 우리나라 가족의 경제적 어려움을 지원하는 정책은 주로 기존 사회복지제도 내에서 저소득층을 중심으로 지원하는 정책이 거의 대부분이며, 보편적인 가족지원정책이나 가족의 경제적 상황에 대한 대비 및 지원방안은 부족하다.
- 국민기초생활보장제도의 경우 장기적으로 부양의무자 기준 폐지, 재산, 소득, 자동차 기준 등 엄격한 기준 등이 완화되어야 하며, 의료 및 교육 급여 등에 있어서는 차상위 계층까지 지속적으로 확대·추진되어야 한다.
- 일을 통한 근로 빈곤층의 탈빈곤 촉진을 위해 근로능력이 있는 수급자에게 자활에 필요한 사업에 참여할 것을 조건으로 생계급여를 실시하고, 자활지원 서비스와 각종 자활사업에 참여할 기회를 제공하는 자활지원사업은 저소득 가족이 빈곤으로부터 탈피할 수 있도록 다각적이고 통합적인 정책으로 발전되어야 한다.

생각넓히기

1. 저소득 가족이 겪고 있는 문제를 다각적으로 생각해 보고 이들이 빈곤에서 벗어나지 못하는 가장 큰 원인은 무엇이라 보는지 의견을 나누어 봅시다.
2. 우리나라에서 현재 저소득 가족을 위한 지원정책 중에서 하나를 선택하여 그 내용을 구체적으로 살펴보고 이 정책이 실제적으로 저소득 가족에게 어떻게 전달되는지 파악하고 문제점 및 대책을 생각해 봅시다.

가 족 정 책 론

Chapter 11

가정폭력 가족 정책

1. 가정폭력 개념
2. 아동(자녀)학대 예방정책
3. 배우자학대 예방정책
4. 노인학대 예방정책

11 Chapter 가정폭력 가족 정책

가정 내에서 가족 구성원들 간에 발생되는 폭력문제는 최근까지도 개별가족의 사적인 영역으로 이해되어 왔으나, 가정폭력에 대한 심각성이 인식되기 시작하면서 우리사회에서도 정책적인 차원의 관심과 개입을 시작하였다. 현재, 배우자학대 중심의 가정폭력 정책과 아동학대 정책 및 노인학대 정책이 유기적으로 연계되어 가족 단위로 포괄적인 서비스가 전달될 수 있도록 하는 방안과, 보다 실질적이며 다양한 서비스들이 제공될 수 있도록 하는 정책이 개발되어야 한다.

따라서 본 장에서는 이러한 쟁점에 입각한 문제들을 안전한 가족생활보장 정책에 대한 초점을 두고 현재 가정폭력의 범주로 두고 있는 아동학대, 배우자학대, 노인학대에 대한 문제점을 짚어보고 이에 대한 정책적인 대안을 제시해 보도록 하겠다.

1. 가정폭력 개념

'폭력'을 사전에서는 남을 거칠고 사납게 제압할 때에 쓰는, 주먹이나 발 또는 몽둥이 따위의 수단이나 힘, 넓은 뜻으로는 무기로 억누르는 힘을 이르기도 한다

(네이버 사전)라고 설명하고 있으나, 학술적으로는 한마디로 정의하기 어렵다. 또한 폭력과 비슷한 용어로 '학대'가 있는데, 학대는 사전적으로 몹시 괴롭히거나 가혹하게 대우하는 것으로 제시하고 있으며(네이버 사전), 강자의 약자에 대한 과혹한 대우, 지배, 힘의 행사, 좁은 뜻으로는 의도적, 비의도적과는 관계없이 대상과 특별한 관계에 있는 자 등이 대상에 불필요한 고통을 주는 것(생면과학대사전, 2008) 등으로 설명하고 있으나, 이 또한 학술적으로 정의하기 쉽지 않다. 예를 들어, 학대를 일반적으로 "관계 속의 한 사람이 다른 사람을 통제하기 위해 사용하는 학습된 행동패턴"이라고 정의하기도 하지만 이에 모두 동의하지는 않는다(권진숙 외, 2006).

특히 가족 안에서 가정폭력 또는 가족학대라는 용어를 말할 때 그 차이 및 범주 등에 대해서는 혼동이 더 크다. 학대는 포괄적인 학술용어이고 폭력은 보다 구체적이고 임상적인 용어로 정리하기도 하지만(권진숙 외, 2006), 광범위한 가족폭력 개념 안에 아동학대, 노인학대를 포함하거나, 아내학대 또는 아내구타만이 협의의 가족폭력으로 제시하기도 하고 반대로 학대를 폭력과 구타를 포함하는 포괄적 개념으로 신체적 폭력만이 아닌 심리·정서적 손상을 주는 모든 행위를 포함하여 설명하기도 한다(유계숙, 2008).

그러나 실제 현장에서는 폭력의 개념과 학대개념이 각각 광범위한 개념까지 확대하여 정의하고 대상과 유형에 있어서도 상호 유사한 내용을 담고 용어를 혼재하여 사용하고 있는 편이다. 따라서 본 장에서는 학술적인 면에서 정의하고 있는 폭력, 구타, 폭행을 포괄하는 학대라는 개념보다, 실제 우리나라에서는 가정폭력범죄의 처벌 등에 관한 특례법에서 가정 구성원 사이의 신체적·정신적 또는 재산상 피해를 수반하는 행위를 가정폭력으로 정의하고 있기 때문에, 가정폭력이라는 용어 내에 아동학대, 배우자학대, 노인학대로 나눠 살펴보고자 한다.

가정 폭력에 대한 개념은 아직 정확히 규정된 상태가 아니고 시대와 나라에 따라 변화하는 개념이라고 할 수 있다. 초기에는 매맞는 아내에서에서 출발한 결혼한 부부 사이에서 일어나는 폭행을 의미하였지만, 오늘날에는 가족 구성원 간의 학대와 폭력을 폭넓게 가리키는 용어로 사용된다. 여기에는 배우자학대, 자녀학대, 부모 학대, 형제 간 학대 등이 포함될 수 있고, 가정 폭력의 유형으로 신체적·정신적 또는 재산상 피해를 주는 행위, 그리고 이에 덧붙여 성학대나 방임, 유기 등도 가정 폭력의 유형에 포함될 수 있다.

따라서 가정폭력은 가족 구성원 간에 발생되는 모든 종류의 폭력을 의미하고, 자녀에 대한 부모의 폭력인 아동학대(18세 미만), 가정폭력(18세 이상 자녀), 배우자에 대한 배우자 폭력인 아내학대(협의의 가정폭력), 남편학대, 부모에 대한 자녀의 폭력-가정폭력(미성년자), 노인학대(성인자녀), 그리고 자녀들 간의 폭력인 가정폭력으로 구분할 수 있고, 가족폭력의 유형으로는 신체적 학대, 정서적 학대, 성학대, 방임, 유기, 경제적 착취 등을 포함하고 있다.

2. 아동(자녀)학대 예방정책

1) 아동학대의 이해

아동학대는 협의의 개념과 광의적 개념으로 나눠 볼 수 있는데 협의의 개념은 신체학대 또는 성학대만을 의미하는데, 이 개념에서는 객관적 기준과 명백한 증거에 초점을 두고 심리적 측면은 배제하고 있다. 아동학대에 대한 광의의 개념에서는 아동의 발달과 욕구를 충족시켜주지 못하는 모든 환경을 포함하며 신체적 학대는 물론 심리적 학대, 방임, 아동의 발달을 저해하는 가정 내·외적인 사회환경까지 모두 포함하는 의미로 정의를 하고 있다.

아동복지법 제2조 4항에서는 아동학대를 보호자를 포함한 성인에 의하여 아동의 건강과 복지를 해치거나 정상적인 발달을 저해할 수 있는 신체적·정신적·성적 폭력 또는 가혹행위 및 아동의 보호자에 의하여 이루어지는 유기와 방임으로 정의내리고 있다. 한편 세계보건기구(WHO)에서는 아동의 양육에 책임을 지고 있거나 신뢰 관계에 있거나 권위를 가진 사람에 의한 모든 형태의 신체적·정서적 가혹한 처사, 성학대, 방임 또는 보호의 태만 및 상업적이거나 다른 형태의 착취 결과 아동의 건강, 생존, 발달 및 존엄성에 실제적인 해를 끼치거나 그러한 가능성을 초래한 것까지를 아동학대 범주로 보고 있다.

아동학대 유형별 정의는 표 11-1과 같다(보건복지부, 2011).

표 11-1 아동학대 유형 및 정의

학대유형		정 의
신체학대(Physical Abuse)		보호자를 포함한 성인이 아동에게 우발적인 사고가 아닌 상황에서 의도적으로 신체손상을 입히거나 또는 신체손상을 입도록 허용하는 등의 행위
정서학대(Emotional Abuse)		보호자를 포함한 성인이 아동에게 행하는 언어적 모욕, 정서적 위협, 감금이나 억제, 기타 가학적인 행위
성학대(Sexual Abuse)		보호자를 포함한 성인이 자신의 성적 욕구 충족을 목적으로 18세 미만의 아동과 함께 하는 모든 성적 행위
방임(Neglect) 및 유기(Abandonment)	방 임	보호자가 아동에게 반복적인 아동양육과 보호를 소홀히 함으로써 아동의 정상적인 발달을 저해할 수 있는 모든 행위 • 물리적 방임 : 기본적인 의식주를 제공하지 않는 행위, 상해와 위험으로부터 아동을 보호하지 않는 행위, 불결한 환경이나 위험한 상태에 아동을 방치하는 행위, 아동의 출생신고를 하지 않는 행위, 보호자가 아동을 가정 내에 두고 가출한 경우 등 • 교육적 방임 : 보호자가 아동을 학교(의무교육)에 보내지 않거나 아동의 무단결석을 허용하는 행위, 학교 준비물을 챙겨 주지 않는 행위, 특별한 교육적 욕구를 소홀히 하는 행위 등 • 의료적 방임 : 아동에게 필요한 의료적 처치를 하지 않는 행위, 예방접종이 필요한 아동에게 예방접종을 실시하지 않는 행위, 장애 아동에 대한 치료를 하지 않거나 거부하는 행위 등
	유 기	보호자가 아동을 보호하지 않고 버리는 행위

2) 아동학대 현황

아동보호전문기관이 설치된 이후 약 10년간의 아동학대 신고 건수를 표 11-2에서 보면, 전체 학대 신고 접수는 2001년 4,133건에서 2010년 9,199건으로 약 2.2배 증가하였고 이 중에 약 80% 정도가 응급 아동학대사례 또는 아동학대 의심사례로 접수되는데, 응급과 비응급을 포함한 아동학대 의심사례는 2001년 2,606건에서 2010년 7,406건으로 약 2.8배가 증가하였다.

2010년 전국아동학대현황보고서에 의하면 아동학대 의심사례 7,406건에 대해 현장조사를 실시한 결과 아동학대로 판정된 아동학대사례는 5,657건(76.4%), 잠재위험사례 506건(6.8%), 일반사례 1,243건(16.8%)이었다. 또한 학대행위자는 크게 부모와 부모가 아닌 자로 구분하여 살펴볼 수 있는데, 학대행위자가 부모인 경우는 4,709건으로 전체 아동학대 사례의 83.2%를 차지하였으며, 특히 친부 49.4%, 친모

표 11-2 아동학대 신고현황(2000년~2010년)

기 간	신고접수건수					
	계	아동학대 의심사례			일반상담	중복신고
		응급아동학대 의심사례	아동학대 의심사례	계		
2000. 10~12	1,678	–	603	603	1,075	–
2001	4,133	–	2,606	2,606	1,527	–
2002	4,111	–	2,946	2,946	1,165	–
2003	4,983	–	3,536	3,536	1,447	–
2004	6,998	–	4,880	4,880	2,118	–
2005	8,000	–	5,761	5,761	2,239	–
2006	8,903	–	6,452	6,452	2,451	–
2007	9,478	–	7,083	7,083	2,395	–
2008	9,570	602	6,617	7,219	2,351	77[1)]
2009	9,309	756	6,598	7,354	1,854	101
2010	9,199	893	6,513	7,406	1,704	89

1) 2008년 중복신고건수는 '신고접수건수' 소계에 포함되지 않음
※ 타 센터 이관 사례는 신고접수건수에 포함되지 않음
자료 : 중앙아동보호전문기관(www.korea1391.org) : 보건복지부(2011). 2010 전국아동학대현황보고서.

30.2%로 나타나 아동학대 사례가 주로 친부모에 의해 발생하고 있는 것으로 밝혀졌다. 아동학대 유형별 현황은 중복학대를 별도로 구분하지 않고 각각의 아동학대 사례 유형에 모두 표기해서 살펴보면 정서학대가 2,974건(35.1%)으로 가장 많이 발생하였고, 방임이 2,878건(34.0%), 신체학대 2,182건(25.8%), 성학대 400건(4.7%), 유기 32건(0.4%)의 순으로 나타났다. 또한 아동학대 발생빈도는 학대가 거의 매일 발생한 경우가 2,320건(41.0%), 2~3일에 한 번 발생한 경우가 1,081건(19.1%)이었다.

한편, 아동학대사례 중에서 초기 사례개입 후 종결되었던 학대사례가 다시 재신고된 현황을 살펴보면, 2001년 20건을 시작으로 2010년 1,262건의 재신고 접수율을 보여 재신고 사례에 대한 분석과 이를 감소시킬 수 있는 방안 강구가 필요하다(그림 11-1 참조).

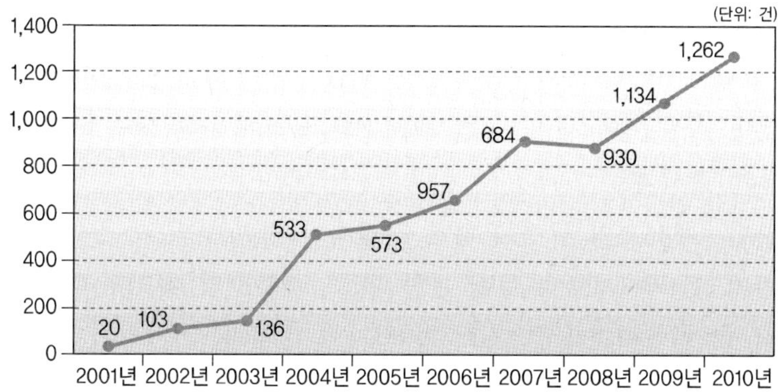

그림 11-1 연도별 재신고 사례 발생건수

자료: 보건복지부(2011). 2010 전국아동학대현황보고서.

3) 아동학대 관련법 및 제도

1981년 아동복지법이 제정될 당시 아동학대예방을 위한 법적 근거는 제18조만이 아동학대에 관련된 유일한 내용한 내용이었다. 이 조항에 의해 관계 공무원, 아동복지지도원, 아동위원 등이 금지행위를 한 자를 조사할 수 있었으나, 위험에 처한 아동의 긴급분리, 가해자에 대한 조치를 할 수 없었다.

2000년 아동복지법 개정에서는 아동학대의 개념을 법적으로 정의하고 아동보호전문기관 설치 근거 등을 규정함으로 학대피해아동을 보호할 수 있는 실제적 정책이 마련되었다. 이후 아동학대 신고의무자를 확대하고 신고의무자 교육을 의무화하는 법 개정이 있었으며, 2009년에는 임상심리치료 전문인력 배치 의무화와 자격 기준을 명확히 하는 등의 내용을 담은 법 개정을 시행하였다.

아동복지법 제26조에 규정된 신고의무자는 다음과 같다.

- '초·중등교육법' 제19조의 규정에 따른 교원
- '의료법' 제3조의 규정에 따른 의료기관에서 의료업을 행하는 의료인
- 아동복지시설의 종사자 및 그 장
- '장애인복지법' 제58조의 규정에 따른 장애인 복지시설에서 장애아동에 대한 상담 치료 훈련 또는 요양을 행하는 자
- '영유아보육법' 제10조의 규정에 따른 보육시설의 종사자

- '유아교육법' 제7조의 규정에 따른 유치원의 장, 교직원 및 종사자
- '학원의 설립·운영 및 과외교습에 관한 법률' 제6조의 규정에 따른 학원의 운영자·강사·직원·종사자 및 동법 제14조의 규정에 따른 교습소의 운영자·교습자·직원·종사자
- '소방기본법' 제35조의 규정에 따른 구급대의 대원
- '성매매방지 및 피해자보호 등에 관한 법률' 제5조 및 제10조의 규정에 따른 지원시설 및 성매매피해상담소의 장이나 그 종사자
- '한부모가족지원법' 제8조 및 제19조의 규정에 따른 한부모가족복지상담소의 상담원 및 한부모가족복지 시설의 종사자

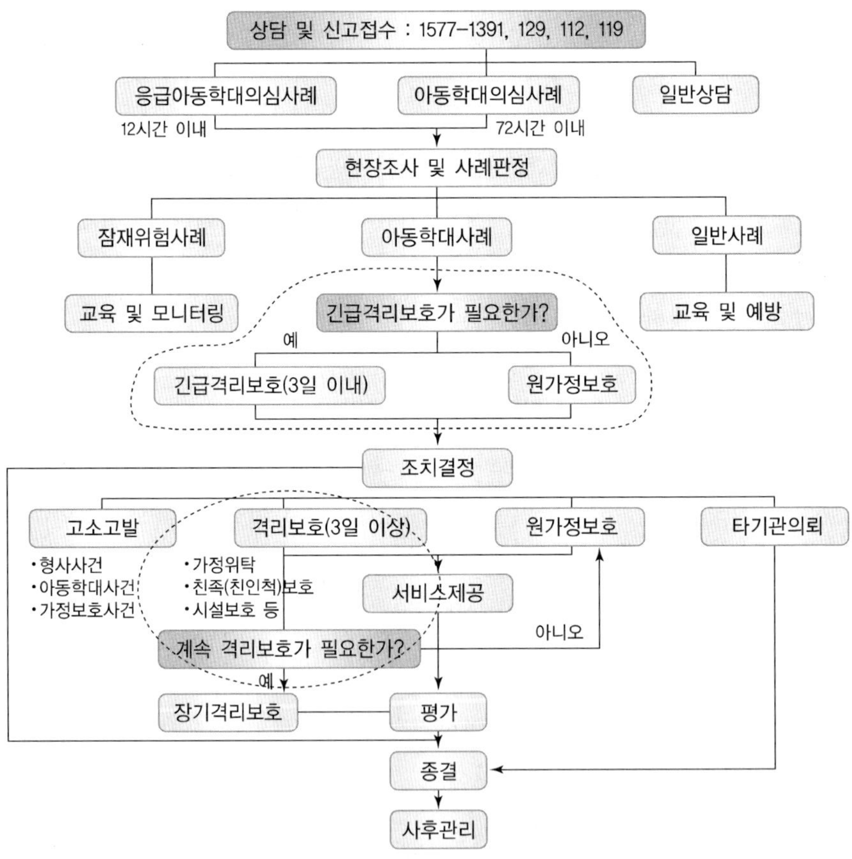

그림 11-2 학대피해아동 서비스 과정

자료 : 보건복지부(2010). 아동청소년사업안내.

• '가정폭력방지 및 피해자보호 등에 관한 법률' 제5조 및 제7조의 규정에 따른 가정폭력 관련 상담소의 상담원 및 가정폭력 피해자보호 시설의 종사자
• 아동복지지도원 및 '사회복지사업법' 제14조에 따른 사회복지전담공무원

한편, 국가는 아동학대예방사업 활성화 및 지역 간 연계체계 구축을 위한 중앙아동보호전문기관을 설치·운영하고, 지방자치단체는 학대받은 아동의 발견, 보호, 치료에 대한 신속처리 및 아동학대예방을 위한 지역아동보호전문기관을 설치·운영하고 있는데, 아동보호전문기관의 설치·운영 근거는 아동복지법 제24조~제27조, 제31조의 제4호에 제시되어 있다. 2011년 1월 시점으로 중앙 및 시·도 아동보호전문기관은 20개소이며, 시·군·구 아동보호전문기관은 25개소이다. 아동보호전문기관의 아동학대사례에 대한 서비스 진행은 그림 11-2와 같다.

한편, 아동성폭력의 경우는 아동성폭력전담센터(해바라기아동센터)를 2004년 설립하였는데, 아동성폭력 관련법제의 다양성과 관할기관의 복잡화 등으로 효과적이고 실효성 있는 대응체계의 정립 곤란 등을 해결하고 성폭력 피해아동 중심의 One-Stop 시스템의 종합진료지원체계 구축의 필요성에 의해서 여성부가족부가 주축이 되어 진행하고 있다. 아동성폭력전담센터에서는 성폭력 피해아동의 신체적·정신적 피해에 대한 종합진료 체계를 구축하여 피해아동 중심의 One-Stop 서비스를

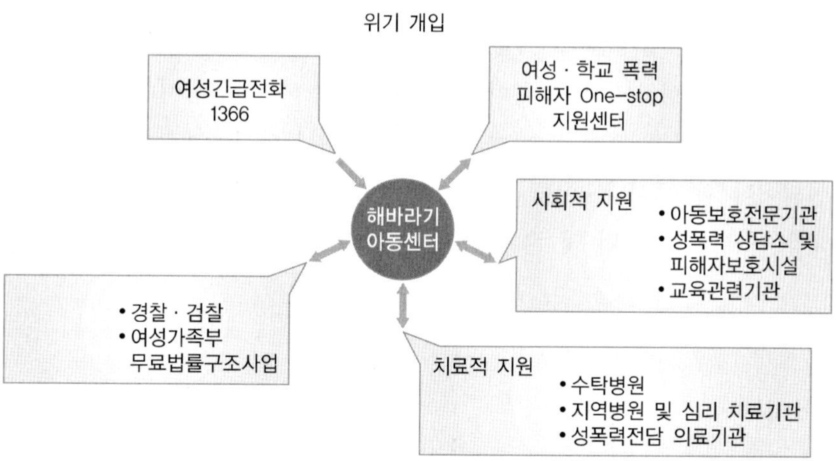

그림 11-3 아동성폭력전담센터 업무처리 흐름

자료: 여성가족부(2011). 2011 여성아동권익증진사업 운영지침(p.132).

실시하여 수사 증거자료 확보 등을 위한 응급처치, 소아정신과·아동심리학자 등 전문가 그룹에 의한 후유증 치료를 실시함으로써 성폭력 피해아동의 건강한 성장과 함께 부모 및 보호자의 정신건강을 증진하는 역할을 담당하고 있다(그림 11-3 참조).

4) 아동학대 예방 관련 정책과제

첫째, 아동학대예방사업의 궁극적인 목적은 모든 아동을 학대로부터 보호하고 그들의 권익을 증진하는 것에 있다. 이를 위해서는 단지 아동학대가 발생했을 때 개입하는 사후적 지원만이 아니라, 사전예방을 통해 아동이 안전하게 보호될 수 있는 환경을 조성하는 것과 더불어, 학대피해아동과 학대행위자, 비학대 부모 및 가족 구성원 모두의 회복과 재통합을 지원하는 사회적 지원 체계가 제공되어야 한다.

둘째, 아동학대에 대한 홍보의 활성화 및 예방교육 강화되어야 한다. 이에 대한 필요성을 인식하고 신고의무자 규정을 확대하고 신고의무교육을 받도록 하는 등 다각적인 노력이 이뤄지는 것은 고무적이다. 그러나 신고의무자 신고율은 매년 전체 신고자의 1/3 수준에도 미치지 못하는 상황이므로 신고의무자로 하여금 아동학대 사례를 발견했을 때 신고할 것인지 말 것인지를 고민하는 것이 아닌 아동학대 사례를 발견한 즉시, 신고할 수 있도록 이들을 대상으로 한 교육과 홍보가 더욱 강화되어야 할 것이다.

셋째, 아동학대는 발생한 후 사후조치보다 학대가 발생하지 않도록 하기 위한 아동학대예방교육 활성화가 더욱 확대되어야 한다. 특히 학령기 아동을 둔 학부모, 아동을 교육하고 돌보는 직업군, 나아가 지역사회 일반인들에게도 아동학대예방교육이 추진되어야 할 것이다. 이를 위해서 기관 간의 연계와 협력체계가 구축되어야 하며 다양한 교육커리큘럼 및 콘텐츠를 개발하여 시행할 수 있도록 지원해야 할 것이다.

3. 배우자학대 예방정책

1) 배우자학대의 이해

배우자학대는 흔히 가정폭력의 동의어로 사용되고 있다. 그러나 가정폭력이라는 용어 자체가 가정 내에서 발생하는 모든 폭력을 의미하고 있으며, 실제 가정폭력범죄의 처벌 등에 관한 특례법에서도 가정폭력은 가정구성원 사이의 신체적, 정신적 또는 재산상 피해를 수반하는 행위를 가정폭력으로 정의하고 있어 배우자학대와는 엄격히 다른 의미로 보아야 한다. 그러나 우리나라의 경우 배우자학대에 대한 제도적 지원 요구와 법제화에 여성관련 단체가 중심이 되어 실행하였기에, 법의 정의와 사업내용에서는 광범위한 가정폭력의 개념을 담고 있지만, 통념적으로 그리고 실제 가정폭력피해자를 위한 여러 정책 및 지원은 배우자, 특히 여성배우자 학대에 무게를 두고 있다.

배우자학대는 일반적으로 배우자에게 신체적으로 상처를 입힐 정도의 힘이 사용되었을 경우를 말하고, 보다 구체적으로는 상대에 대한 폭행, 구타, 해치거나 죽이겠다는 협박, 기타 법률에 저촉되는 강압적 행동·폭력이 사용된 경우와 나이에 관계없이 결혼관계 내에서 가해지는 정서적 학대도 포함하는 것으로 정의하고 있다(권진숙 외, 2006). 또한 배우자학대에 하나의 유형으로 성폭력(성적 학대)도 포함하여 신체적 학대, 정서적 학대, 경제적 학대 및 심리적 학대, 그리고 성학대로 유형을 나누기도 한다.

우리나라는 1994년에 '성폭력범죄의 처벌 및 피해자보호 등에 관한 법률' 이 제정되고 1997년 '가정폭력범죄의 처벌 등에 관한 특례법', '가정폭력방지 및 피해자보호등에 관한 법률' 이 제정되면서 본격적으로 성폭력상담소, 가정폭력상담소 및 피해자보호시설 등이 설치되어 가정에서 학대받는 배우자를 지원하기 시작했다.

이와 같이 가정 내에서 발생하는 폭력은 단순한 타박상에서 골절, 실명, 죽음에 이르는 등 다양한 신체적 손상과 함께 사회적, 가정적으로 보호받지 못한다는 소외감과 심한 수치심에 빠지게 되며, 약물과 알콜 남용, 자살기도, 신체적 질환 등을 겪게 된다(변화순 외, 1993). 성폭력 피해자 또한 피해 직후 신체적으로는 임신 또는 임신에 대한 두려움, 타박상, 두통 등의 증상이 나타나며, 정신적으로는 신경 예민, 불면증 등의 증상과 함께 주변의 왜곡된 시선 등을 피하기 위한 대인기피증을 수반하게 되는 것으로 나타난다(한국성폭력상담소, 2003).

2) 배우자학대 현황

우리나라는 배우자학대를 독립적으로 접근하지 않고 가정폭력이라는 이름으로 접근하고 있는데, 관련 현황의 대부분이 배우자, 특히 여성배우자가 피해를 경험한 것으로 가늠할 수 있겠다. 여기서는 여성가족부에서 제시한 가정폭력 관련 운영 실적을 통해 살피면 다음과 같다.

우선 가정폭력상담소 2006년에서 2010년까지 운영실적을 보면 전체 상담실적은 약간 상승했으나 가정폭력 관련한 상담건수는 약 13만 건 정도에서 상회하고 있다. 한편 가정폭력상담소 개소 수가 2006년 372개소에서 2010년 251개소로 줄어 개소당 상담 건수는 증가하고 있다(표 11-3 참조).

표 11-3 가정폭력상담소 운영실적(2006~2010년) (단위 : 개소, 건, 명)

연도별	개소 수	상담실적(건)			개소당 평균 상담실적
		계	가정폭력	기 타	
2006년	372	283,705	138,949	144,756	763
2007년	316	295,825	135,386	160,439	939
2008년	303	307,851	130,921	176,930	1,016
2009년	275	307,009	132,227	174,782	1,129
2010년	251	296,686	135,069	161,617	1,182

자료 : 여성가족부(2011). 2010년도 가정폭력보호시설 및 상담소 등 운영실적.

가정폭력상담소에 신고 또는 접수된 사례의 상담내용을 보면 가정폭력상담은 전체 상담에서 50% 이내를 차지하고, 그 외 이혼, 부부갈등, 가족문제 등이며, 성폭력과 성매대 상담은 상대적으로 낮은 편이다(표 11-4 참조).

표 11-4 가정폭력상담소 상담내용(2006~2010년) (단위: 건, %)

연 도	계	가정 폭력 상담	기타상담								
			소계	이혼	부부 갈등	가족 문제	성폭력	성매매	성상담	중독	기타
2006년	283,705	138,949	144,756	29,151	33,847	30,988	3,338	295	5,037	3,496	38,604
	100%	49.0	51.0	10.3	11.9	10.9	1.2	0.1	1.8	1.2	13.6
2007년	309,657	135,386	174,271	36,495	41,311	34,071	3,400	666	5,769	5,471	47,088
	100%	43.7	56.3	11.8	13.3	11.0	1.1	0.2	1.9	1.8	15.2
2008년	307,851	130,921	176,930	34,788	39,361	37,231	6,295	778	8,423	3,844	46,210
	100%	42.5	57.5	11.2	12.7	12.1	2.3	0.3	2.7	1.2	15.0
2009년	307,009	132,227	174,782	32,054	40,956	40,691	2,867	359	5,349	3,017	49,489
	100%	43.1	56.9	10.4	13.3	13.3	0.9	0.1	1.7	1.0	16.1
2010년	296,686	135,069	161,617	30,382	39,026	36,032	4,212	909	3,828	3,655	43,573
	100%	45.5	54.5	10.2	13.2	12.1	1.4	0.3	1.3	1.2	14.7

자료 : 여성가족부(2011). 2010년도 가정폭력보호시설 및 상담소 등 운영실적.

가정에서 폭력을 경험한 피해자를 위해 '가정폭력방지 및 피해자보호 등에 관한 법률' 등에 근거를 둔 가정폭력 피해자보호시설이 있는데 이는 피해자들에게 일정 기간 안정과 치료를 제공하는 쉼터 기능을 한다. 2010년 9월 기준 우리나라 가정폭력피해자 보호시설은 총 64개이며 입소정원은 1,093명이다. 이중 장애인시설이 서울과 광주에 각각 1개소가 운영되고 있고, 중장기시설로 서울, 경기, 광주, 부산에 설치되어 있다(표 11-5 참조).

표 11-5 가정폭력피해자 보호시설 현황(2010년 8월 기준/개소, 명)

구 분	서울	부산	대구	인천	광주	대전	울산	경기	강원	충북	충남	전북	전남	경북	경남	제주	합계
보호 시설 수	11	3	2	1	4	1	1	10	5	3	5	4	4	2	6	2	64
입소 정원	155	80	20	17	91	30	20	119	66	73	77	70	55	49	121	50	1,093

※ 장애인시설 : 서울 1(15명), 광주 1(10명)
※ 중장기시설 : 서울 1(12명), 경기 1(10명), 광주 1(31명), 부산 1(20명)
자료: 여성가족부(2011). 2011 여성아동권익증진사업 운영지침.

가정폭력피해자 보호시설은 '가정폭력방지 및 피해자보호등에관한법률' 제7조에서 국가나 지방자치단체는 가정폭력피해자 보호시설을 설치·운영할 수 있으며, '사회복지사업법' 에 따른 사회복지법인, 그 밖의 비영리법인은 시장·군수·구청장의 인가(認可)를 받아 보호시설을 설치·운영할 수 있다고 규정하고 있다.

보호시설의 종류는 '가정폭력방지 및 피해자보호등에관한법률' (제7조의 2 제1항)에서 피해자 등을 6개월의 범위에서 보호하는 '단기보호시설', 피해자 등에 대하여 2년의 범위에서 자립을 위한 주거편의(住居便宜) 등을 제공하는 '장기보호시설', 배우자가 대한민국 국민인 외국인 피해자 등을 2년의 범위에서 보호하는 '외국인보호시설', '장애인복지법' 의 적용을 받는 장애인인 피해자 등을 2년의 범위에서 보호하는 '장애인보호시설' 로 구분하고 있다. 또한 단기보호시설이지만 10세 이상 남아를 동반한 피해자를 우선으로 입소하는 '가족보호시설' 을 별도로 두고 가족 단위의 별도 공간 확보하도록 되어 있다. 보호기간은 단기보호시설 기준으로 6개월이며, 시장·군수·구청장의 승인을 득하면 3개월의 범위에서 한 차례 연장할 수 있다(가정폭력방지 및 피해자보호등에관한법률 제7조의 2 제1항).

3) 배우자학대 관련법 및 제도

배우자학대와 관련된 법은 '가정폭력범죄의 처벌에 관한 특례법' 과 '가정폭력방지 및 피해자보호 등에 관한 법률', 그리고 '성폭력범죄의 처벌 및 피해자보호 등에 관한 법률' 등이 해당된다.

'가정폭력범죄의 처벌에 관한 특례법' 은 1997년 제정되어 1998년 7월 시행되었다. 목적은 가정폭력범죄의 형사처벌 절차에 관한 특례와 가해자에 대해 환경의 조정과 성행의 교정을 위한 보호처분을 행함으로써 가정폭력범죄로 파괴된 가정의 평화와 안정을 회복하고 건강한 가정을 가꾸며 피해자와 가족 구성원의 인권을 보호하는 데 있다. 신고의무는 가정폭력범죄를 알게 된 경우 신고하도록 하고 있으며, 응급조치에 있어서는 신고를 받은 사법경찰관리는 즉시 현장에 임하여 조치를 취하도록 하고 있다. 임시조치는 피해자 보호를 위해 필요하면 퇴거 등의 격리조치, 접근금지, 요양소 위탁, 구치소 유치 등의 임시조치를 취할 수 있다. 한편 보호처분은 행위자에 대해 보호관찰이나 사회봉사, 수강명령, 감호위탁, 치료위탁, 상담위탁을

할 수 있도록 규정하고 있다.

'가정폭력 방지 및 피해자보호 등에 관한 법률' 은 1997년 제정되어 1998년 7월에 시행되었다가 2006년 대폭 보완 및 개정이 되었다. 본 법률 제정의 목적은 가정폭력을 예방하고 가정폭력의 피해자를 보호, 지원함을 목적으로 하고 있다. 이 안에서는 가정폭력 관련 상담소와 피해 여성 보호시설 등에 대한 설치 및 운영 규정, 종사자 자격 규정이 마련되었다.

'성폭력범죄의 처벌 및 피해자보호 등에 관한 법률' 은 1994년 성폭력 범죄의 예방과 피해자 보호의 목적으로 제정되었으며, 국가와 지방자치단체는 성폭력 범죄를 예방하고 그 피해자를 보호하며 유해환경을 개선하기 위하여 필요한 법적·제도적 장치의 마련과 청소년에 대한 성교육 및 성폭력 예방에 필요한 교육실시에 관하여 규정하고 있다. 그리고 국가 또는 지방자치단체는 성폭력을 방지하고 성폭력 피해자를 보호·지원하기 위하여 성폭력피해상담소를 설치·운영할 수 있도록 하고 있다. 또한 보호시설을 설치하여 성폭력 피해자의 일시보호와 성폭력 피해자의 신체적·정신적 안정 회복과 사회복귀를 돕도록 하고 있다.

배우자학대와 관련된 주무기관은 여성가족부 인권보호팀으로 주된 업무로는 가정폭력·성폭력 예방과 피해자 보호계획의 수립, 가정폭력·성폭력 피해자 보호시설 및 상담소의 지원·육성, 가정폭력·성폭력 상담원 및 관계기관 담당자의 교육, 가정

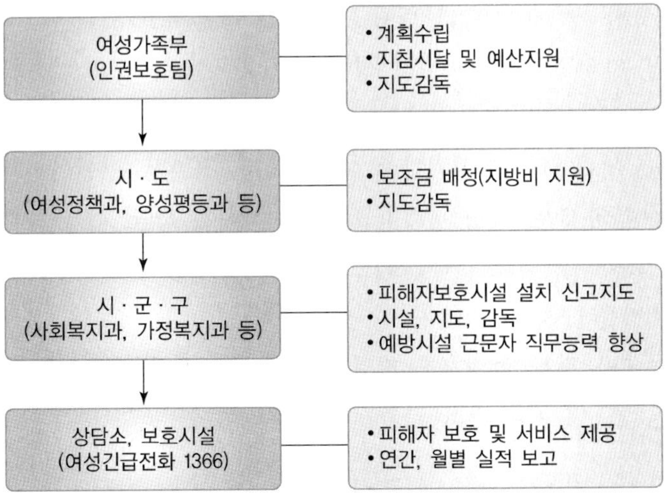

그림 11-4 가정폭력 및 성폭력 관련 사업 업무 흐름도

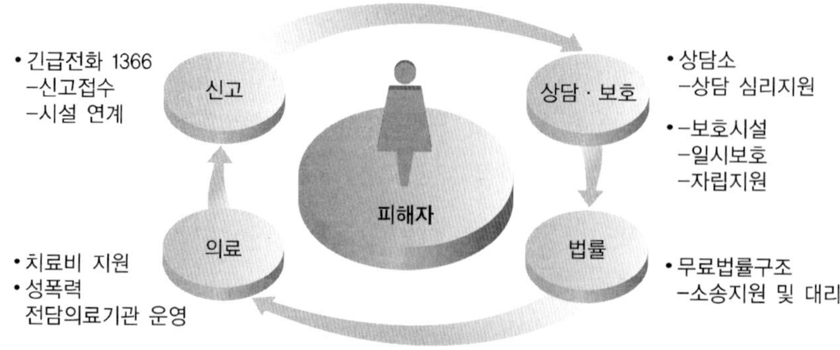

그림 11-5 가정폭력피해여성 지원서비스 체계

폭력·성폭력의 예방교육 및 홍보, 가정폭력·성폭력 가해자 교정 프로그램의 개발 및 교정, 가정폭력·성폭력 피해자의 의료지원, 여성긴급전화의 운영 및 지원, 그 밖에 가정폭력·성폭력의 예방에 관한 사항이다. 여기서 성폭력 피해자는 가정 내에서 발생하는 성폭력을 포함하여 성희롱, 성매매 등, 사회 전반적으로 발생하는 성폭력을 포괄하고 있다. 그림 11-4는 가정폭력 및 성폭력 관련 업무 흐름도이다.

폭력을 당한 피해여성을 위한 지원 서비스 체계는 그림 11-5에서 보는 바와 같이 여성긴급전화 1366 센터를 24시간 운영하면서 긴급상황에 처한 피해자를 인근 상담소 및 보호시설 등에 인계·보호 조치 취하도록 되어 있으며, 가정폭력상담소 및 보호시설, 성폭력상담소 및 보호시설을 통해 상담과 심리지원, 일시보호 및 자립지원을 받고 필요한 경우 의료 및 법률 서비스를 제공하고 있다.

한편 성폭력·가정폭력만이 아니라 성매매, 학교폭력 등 폭력 피해자에 대하여 상담, 의료, 법률·수사 지원의 24시간 One-Stop 통합지원을 하는 '여성·학교 폭력피해자 One-Stop 지원센터' 를 설치하여 여성가족부, 경찰청, 병원이 3자 협약을 통해 폭력피해자(여성 외 모든 폭력 피해자 등도 포함)에게 상담, 긴급구조, 사건조사 및 증거채취 및 법률지원, 의료지원, 그리고 피해자 보호지원을 위한 관계기관 또는 전문가와의 연계망을 구축하고 있다.

가정에서 폭력을 당한 피해자를 지원하기 위해 여성가족부에서 주관한 시설 및 상담소 현황은 표 11-6과 같다.

표 11-6 가정폭력 피해자를 위한 시설 및 상담소 현황

번 호	시설별	시설수	대 상	보호기간	비 고
1	성폭력피해상담소	160	성폭력 피해여성		이용시설
2	성폭력피해자 보호시설	19	성폭력 피해여성	6월(+1년 6월) * 친족피해자는 18세까지 연장가능	생활시설
3	성폭력 피해아동·청소년 전용쉼터	2	친족 성폭력 피해아동·청소년	19세까지(만 18세)	생활시설
4	여성·학교폭력피해자 ONE-STOP지원센터	17	가정폭력·성폭력·성매매·학교폭력 피해자		이용시설
5	아동성폭력전담센터	9	13세 미만 성폭력 피해자 (정신지체장애인 포함)		이용시설
6	해바라기 여성·아동센터	1	가정폭력 성폭력 등 폭력피해자		이용시설
7	이주여성 긴급지원센터 1577-1366	7	가정폭력 등 피해 이주여성		이용시설
8	이주여성 쉼터	18	가정폭력 등 피해 이주여성 및 동반아동	2년 이내	생활시설
9	이주여성 자활지원센터	1	가정폭력 등 피해 이주여성 및 동반아동	2년 이내	생활시설
10	이주여성 그룹홈	1	가정폭력 등 피해 이주여성 및 동반아동	2년 이내	생활시설
11	가정폭력상담소	249	가정폭력 피해여성		이용시설
12	통합상담소	26	가정·성폭력 피해여성		이용시설
13	가정폭력피해자 보호시설	64	가정폭력피해여성과 아동	6월(+3월) * 장기시설 : 2년 이내	생활시설
14	여성긴급전화 1366	16	가정폭력·성폭력·성매매 등 피해여성		이용시설

자료: 여성가족부(2011). 2011 여성아동권익증진사업 운영지침.

4) 배우자학대 예방 관련 과제

배우자학대의 문제는 가족의 안전성 보호뿐 아니라 피해자 인권 인식을 보다 확대해야 한다. 따라서 부부강간을 처벌하도록 하는 법적 근거가 마련되고, 학대행위자에 대한 처벌을 강화하는 등의 내용으로 가정폭력 관련법이 개정될 필요가 있다.

한편 국제결혼가족, 새터민가족 등 문화적 차이에서 비롯된 갈등이 가정폭력이나 학대로 발전 가능성도 배제될 수 없다. 이를 위해 가정 내 폭력 예방 및 개입을 위한 과제를 살펴보면 다음과 같다.

첫째, 가정폭력은 현재 여성가족부를 중심으로 추진되면서, 24시간 긴급접수 및 보호기능(1366), 상담기능, 그리고 회복과 자립을 돕는 보호시설 등이 상호연계되어 사업을 추진하고 있다. 그러나 피해자 중심의 서비스 체계를 가지고 있어 가족을 기능을 회복시키는 역할은 미비한 상황이다. 학대행위자 및 자녀까지 포함한 통합적 지원체계를 구축하는 방향을 모색할 필요가 있다. 이런 측면에서 가정폭력 및 학대 가해자에 대한 개입이 확대되어야 하겠다. 학대행위자에 대한 법적 처벌 내용 강화와 동시에 학대행위자에 대한 상담 및 교육의 의무화, 약물중독 등 심리적 문제에 대한 심리치료의 기회 제공이 이루어져야 하겠다.

둘째, 가족원의 폭력예방 및 안전한 가족환경의 조성이 확대되어야 한다. 폭력 및 학대는 발생한 이후가 아닌 이전에 예방해야 하는 부분이 중요한데, 현재로서는 이 가정폭력 예방과 홍보가 적극적으로 진행되지 못하고 있다. 가족이 폭력으로부터 안전하게 생활할 수 있는 안전한 가족환경을 가족원들이 구체적으로 어떻게 역할과 기능을 할 것인지, 또한 사회환경적으로 지원할 내용은 무엇인지 고찰하고 이를 좀 더 실천적인 방향으로 실시할 필요가 있다.

셋째, 가정폭력관련 시설의 상담원 자격의 수준과 질을 향상할 필요가 있다. 현재 법률에 명시된 상담원의 자격기준을 보면 복잡한 원인과 심각한 문제를 가지고 오는 폭력피해자와 그 가족을 돕기는 역부족이다. 따라서 지금이라도 자격규정을 재평가하여 좀 더 전문적 수준을 향상할 수 있는 방안을 마련해야 한다.

4. 노인학대 예방정책

1) 노인학대의 이해

노인학대는 노인복지법 제1조의2 제4호에 기초하여 노인에 대하여 신체적·정신적·성적 폭력 및 경제적 착취 또는 가혹행위를 하거나 유기 또는 방임하는 것으로 정의하고 있다. 이를 근거로 '2010년도 노인보호전문기관 업무수행지침' 에 의하면 노인학대는 노인의 가족 또는 타인이 노인에게 신체적, 언어·정서적, 성적, 경제적으로 고통이나 장해를 주는 행위, 또는 노인에게 필요한 최소한의 적절한 보호조차 제공하지 않는 방임, 자기방임 및 유기 등으로 제시하고 있다. 이 정의에 근거하여 노인학대 유형은 신체적 학대, 정서적 학대, 성적 학대, 경제적 학대, 방임, 유기 등 6가지로 구분하고 있다(표 11-7).

노인학대는 학대가 발생하는 공간에 따라 가정학대와 시설학대, 기타학대 세 개의 범주로도 분류한다. 가정의 노인학대는 피해노인과 특별한 관계에 있는 성인자녀, 배우자, 친지 등의 보호 제공자가 행하는 학대이고, 시설학대는 노인에게 비용을 받고 제공하는 요양원 및 양로원 등의 시설에서 발생하는 학대이며, 기타 학대는 가정 및 시설 외의 공간에서 발생하는 학대이다.

노인학대는 가정폭력의 하나로 단발적인 사건이기보다는 만성질환과 마찬가지로 시간의 경과에 따라 점진적 발전을 보이며 재발되는 특징을 갖는다(Lach & Pillemer, 1995). 또한 노인학대는 피해노인과 학대행위자의 성격 및 정신과 신체

표 11-7 노인학대 유형

유 형	정 의
신체적 학대	물리적 힘 또는 도구를 이용하여 노인에게 신체적 혹은 정신적 손상, 고통, 장애 등을 유발하는 행위
정서적 학대	비난, 모욕, 위협 등의 언어 및 비언어적 행위를 통하여 노인에게 정서적으로 고통을 유발하는 행위
성적 학대	성적 수치심 유발 행위 및 성폭력(성희롱, 성추행, 강간) 등의 노인의 의사에 반하여 강제적으로 행하는 모든 성적 행위
경제적 학대(착취)	노인의 의사에 반하여 노인으로부터 재산 또는 권리를 빼앗는 경제적 착취, 노인 재산에 관한 법률 권리 위반 등 경제적 권리와 관련된 의사결정에서 통제하는 행위
방 임	부양 의무자로서의 책임이나 의무를 거부, 불이행 혹은 포기하여 노인의 의식주 및 의료를 적절하게 제공하지 않는 행위(필요한 생활비, 병원비 및 치료, 의식주를 제공하지 않는 행위) * 자기방임 : 노인 스스로가 의식주 제공 및 의료 처치 등의 최소한의 자기보호 관련행위를 의도적으로 포기 또는 비의도적으로 관리하지 않아 심신이 위험한 상황이나 사망에 이르게 하는 행위
유 기	보호자 또는 부양의무자가 노인을 버리는 행위

자료 : 보건복지부(2011). 2011년 노인보건복지사업안내.

표 11-8 노인학대의 원인

노인의 특성 요인	학대행위자 특성 요인
• 여성임 • 연령이 높음 • 건강이 나쁨 • 의존성이 높음 • 고립됨 • 지나친 관대함 또는 기대 높음	• 남성임 • 40~50대 • 경제적 어려움 • 비평적이고 참지 못하는 성격 • 스트레스와 부담감 • 부양경험의 부족
상황적 요인	**사회·문화적 요인**
• 노인과 학대행위자 동거 상태 • 부양부담과 기대 수준 불일치 • 가족기능 저하 • 가족결속력 약화 • 가족의 고립됨 • 가족 지원 체계 없음	• 노인차별 문화 • 강한 가족주의 • 사회제도 및 서비스의 부족

상황, 그리고 가족의 경제상황, 관계의 질, 갈등, 부양스트레스, 지원체계 등 가족의 복잡하고 다양한 원인들과 개인과 가족관계에 영향을 미치는 사회문화 요인이 결합되어 발생한다(권금주, 2007).

일반적으로 제시하는 노인학대의 원인을 정리하면 먼저 학대노인의 특성요인으로는 고연령 여성으로 건강상태는 나쁘며, 의존성이 높거나 고립 및 혹은 지나친 관대함이나 기대가 높은 특징을 보였다. 한편 학대 행위자의 특성으로는 주로 남성이 많았으며, 연령분포는 40~50대로 경제적으로 어렵거나 평소 비평적이고 참지 못하는 성격, 스트레스와 부담감을 많이 겪거나 부양경험의 부족이 요인이었다. 상황적인 요인으로는 주로 노인과 학대행위자가 동거상태가 큰 요인으로 나타났으며 이외에도 여러 요인으로 나타났다. 사회·문화적 요인으로도 노인차별문화, 강한 가족주의 등이 제시되었다(표 11-8 참조).

2) 노인학대의 현황

노인학대사례에 대한 개입과 지원은 2000년에 민간에서 노인학대 서비스가 처음 시작되어, 이후 2004년 노인복지법 개정으로 노인보호전문기관이 설치되고 운영이 시작되었다.

현재, 신고된 학대사례의 대부분이 가정에서 일어나지만, 최근 노인장기요양보험 실시로 노인시설이 증가하면서 시설학대에도 관심을 가지기 시작하였다.

한편 우리나라 노인학대 신고 현황을 살펴보면 제시된 그림 11-6과 같이 매년 증가추세를 보이고 있는데 2009년 현황을 전년도와 비교할 때 전년대비 신고접수 건수는 5,254건에서 6,159건으로 17.2% 증가하였고, 그중 학대사례는 2,369건에서 2,691건으로 13.6%, 일반사례는 2,885건에서 3,468건으로 20.2% 증가하였다.

학대사례 신고 건수와 더불어 노인학대 사례 관련 상담현황을 보면 상담횟수 53,789회 중 학대상담은 46,855회로 87.1%를 차지하였고, 일반상담은 6,934회로 전체 상담횟수 중 12.9%를 차지하였다. 2009년 현황을 전년도와 비교했을 때, 전년

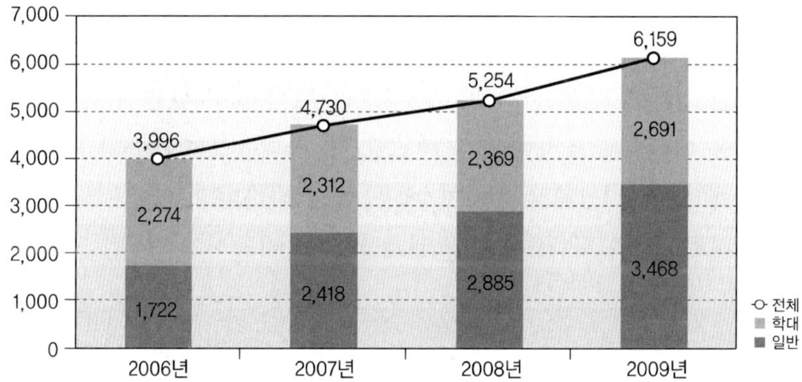

그림 11-6 노인학대 신고 현황(2006년~2009년)

자료: 보건복지부(2010). 2009 전국노인학대현황보고서.

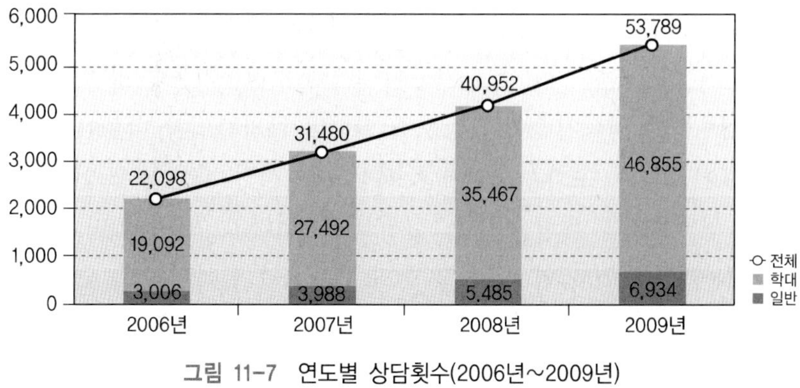

그림 11-7 연도별 상담횟수(2006년~2009년)

자료: 보건복지부(2010). 2009 전국노인학대현황보고서.

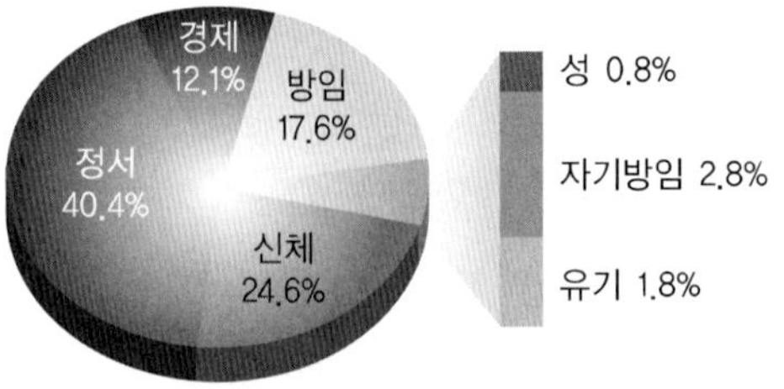

그림 11-8 중복 노인학대유형

자료: 보건복지부(2010). 2009 전국노인학대현황보고서.

도에 비해 전체 상담횟수는 40,952회에서 53,789회로 31.3% 증가하였고, 그중 학대상담 횟수는 27,492회에서 46,855회로 27.3% 증가하였다.

노인학대 유형별 현황을 2009년 노인학대 현황으로 살펴보면, 중복 노인학대유형을 포함하여 정서적 학대가 40.4%(1,853건)로 가장 높게 나타났고, 신체적 학대 24.6%(1,127건), 방임 17.6%(806건) 순으로 그 뒤를 잇고 있는데 선행연구결과에서 일부 노인을 대상으로 조사한 것과 비교할 때, 학대유형의 비율의 순위는 비슷하나, 비율수준에 있어서 신체적 학대가 매우 높게 나타나고 있다.

한편, 학대피해노인과 학대행위자의 관계를 보면 아들이 51.1%(1,544명)로 가장 높게 나타났고, 딸 11.3%(342명), 며느리 9.6%(291명) 순으로 주로 자녀에 의한 학대가 주로 신고되었다.

3) 관련법 및 정책 현황

노인학대 관련법은 2004년 1월 개정되어 7월에 시행된 노인학대 관련 개정에서 찾을 수 있다. 현재 노인복지법에 근거하여 노인보호전문기관을 설치·운영하고 있는데, 주요 업무는 노인복지법에 규정한 노인학대 예방사업과 더불어 노인인식 개선교육(경로효친교육 등 포함), 노인자살 예방교육, 사업 시설 내 노인권리 보호 및 기타 노인의 권익보호를 위한 사업을 실시할 수 있다고 제시되었다.

노인보호전문기관은 2010년 12월 말 현재 24개소가 설치되었고, 중앙노인보호전문기관(1개소)과 지방노인보호전문기관(23개소)으로 나눠, 중앙노인보호전문기관은 노인학대예방사업 운영에 필요한 총괄적인 관리·지원 및 조정 업무 등과 관련된 역할을, 지방노인보호전문기관은 노인학대 사례를 신고·접수하고 현장조사와 자료 수집을 통해 학대피해노인 및 행위자에 대한 다각적인 서비스 제공 및 노인학대예방 관련 사업 등을 담당하고 있다. 현재 2011년에는 학대피해노인에게 안전한 보호처 제공을 위해 학대피해노인 전용쉼터 15개소 설치를 목표로 하고 있으며, 이는 각 지방자치단체에서 지방노인보호전문기관에 위탁운영체로 지정하여 운영하도록 하고 있다. 노인학대예방사업 수행체계는 그림 11-9와 같다.

한편 노인학대는 학대사실을 은폐하고 숨기려는 특성이 강해 신고의무자 및 지역사회 지킴이를 통해 학대사례를 적극적으로 발견, 신고하도록 되어 있는데, 노인복지법에서는 누구든지 노인학대를 알게 된 때에는 노인보호전문기관 또는 수사기관에 신고할 수 있도록 규정하면서 그 직무상 노인학대를 알게 된 때에는 즉시 노인보호전문기관 또는 수사기관에 신고하는 의무규정을 두고 있으며(노인복지법 제39조 6의 2항), 신고인의 신분은 보장되어야 하며 그 의사에 반하여 신분이 노출되어서는 아니된다(노인복지법 제39조 6의 3항)고 하여 신고자들의 신분보장을 제시하고 있다.

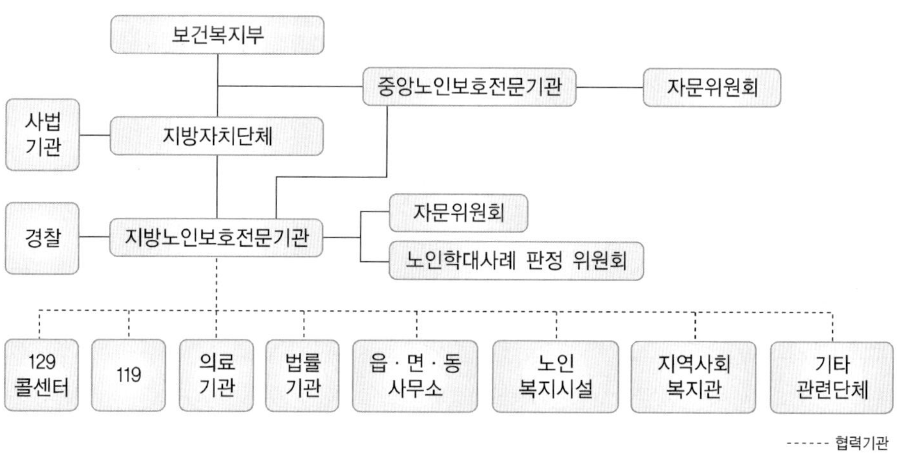

그림 11-9 노인학대예방사업 수행체계

자료 : 보건복지부(2011). 2011년 노인보건복지사업안내.

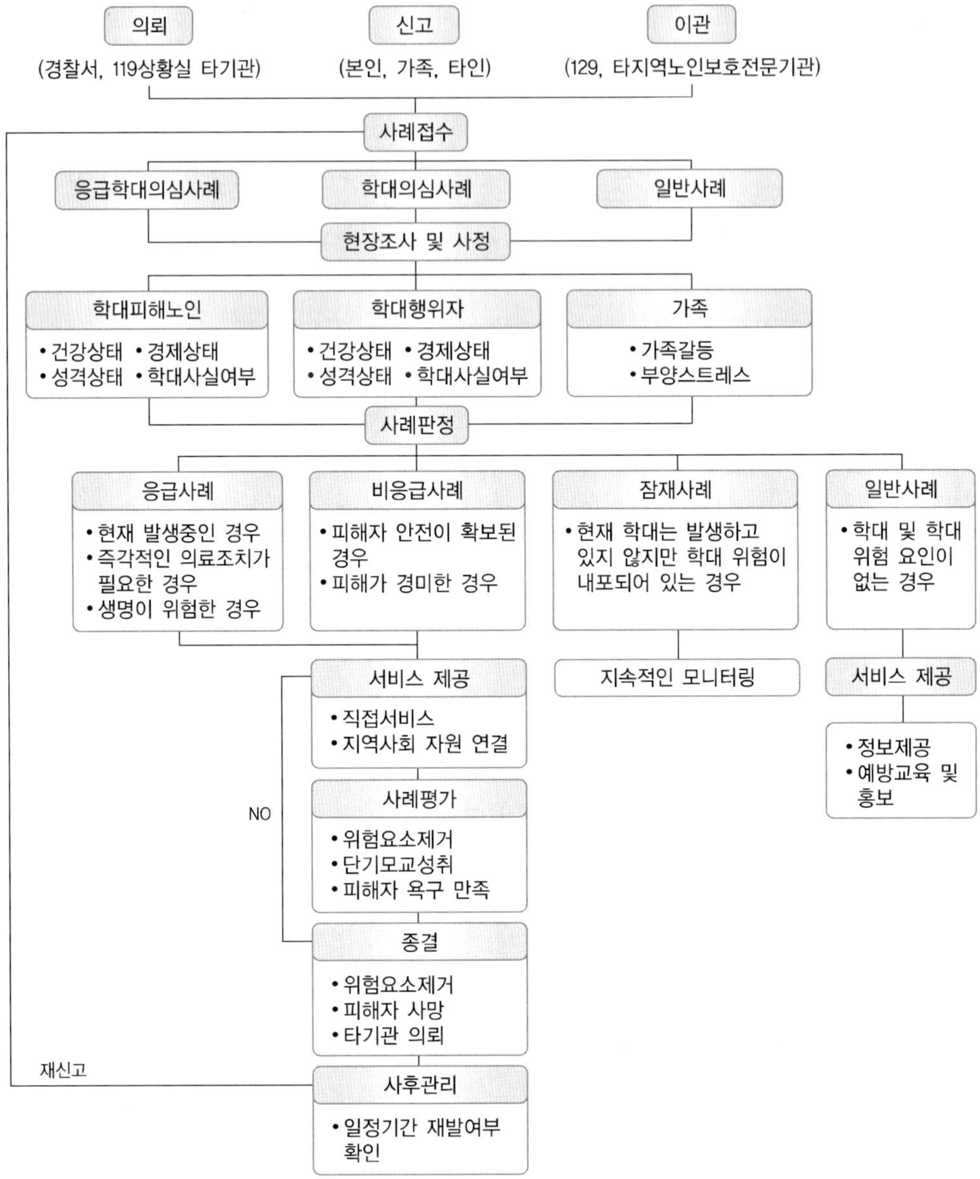

그림 11-10 노인학대사례 업무진행도

노인복지법에서 규정한 노인학대신고의무자는 다음과 같다.

- 의료법 제3조 제1항의 의료기관에서 의료업을 행하는 의료인
- 노인복지시설의 장 및 그 종사자

- '장애인복지법' 제58조의 규정에 의한 장애인복지시설에서 장애노인에 대한 상담·치료·훈련 또는 요양을 행하는 자
- 가정폭력방지 및 피해자보호등에관한법률 제5조 및 제7조의 규정에 의한 가정폭력관련상담소의 상담원 및 가정폭력피해자보호시설의 종사자
- 노인복지상담원 및 사회복지사업법 제14조의 규정에 의한 사회복지전담공무원
- 노인장기요양보험법의 장기요양기관의 장과 종사자
- 구급대원
- 건강가정지원센터의 장과 종사자

노인학대사례를 접수하여 현장방문을 통해 학대사례를 판정하고 관련 서비스를 제공하는 등의 노인학대 사례 관련 업무진행도은 그림 11-10과 같다.

4) 노인학대 예방 관련 과제

노인인구 증가 및 노인인구에 대한 경제적 부양부담 증가로 가족내·외부에서 노인의 신체적, 정서적, 경제적 학대 가능성이 높아지고 있다. 한편 노부모 세대와 자녀세대 간에 상호부양에 대한 기대와 이해관계로 세대 간 갈등의 가능성이 높아지고 있다.

따라서 앞으로 노인학대 문제는 지속적으로 증가할 것으로 예상된다. 이러한 노인학대 예방을 위한 과제를 제시하면 다음과 같다.

첫째, 노인학대 예방과 관련하여 사회적으로 조성되어야 할 것이 노인인권에 대한 인식과 행동이다. 그러므로 노인인권이 침해되거나 유린되는 문제에도 관심을 가질 필요가 있다. 현재 우리나라에서 인권은 '국가인권위원회' 에서 주된 역할을 하고 있는데 그러나 이곳은 다양한 대상과 계층의 인권문제들 다루고 있어 노인인권에 대해 깊고 자세하게 접근하는 데 한계가 있기에 노인보호전문기관을 중심으로 노인학대 예방 차원에서 노인인권강화를 위한 사업추진을 적극적으로 모색할 필요가 있다.

둘째, 노인학대는 관련 기관과의 연계와 협력 구축이 매우 중요하다. 일찍이 이에 대한 필요성을 인지하고 다양한 연계와 협력을 구축하였는데 단지 개별 기관 차원

에서가 아닌 정책적인 측면에서 필요한 기관과의 연계를 의무화할 필요가 있다. 2009년 노인학대실태조사 결과에서 노인학대가 발생하면 경찰서에 신고하겠다는 응답에 높게 나왔는데, 노인보호전문기관과 경찰서와의 협조체계가 더욱 긴밀하게 마련될 수 있도록 정책적 차원에서 연계와 협력을 추진할 필요가 있다.

셋째, 현재 노인복지법에는 노인학대 신고의무자가 신고하지 않아도 이에 대한 제제 또는 처벌조항이 없다. 즉, 학대가 의심되거나 학대가 발견되었음에도 신고하지 않아도 처벌을 받지 않기 때문에 굳이 신고를 행동으로까지 옮기지 않는다. 신고의무자에게 자신들이 노인학대 신고의무자임을 알고 그 역할을 수행할 수 있도록 신고의무자 교육을 적극적으로 실시하기 위한 의무화 교육을 추진할 필요가 있으며, 나아가 신고의무자가 신고해야 할 의무와 더불어 신고하지 않았을 때 받는 불이익에 대한 법적 조항을 삽입할 필요가 있다.

요점정리

- 아동이 학대로부터 안전하게 보호하는 가족 정책은 아동복지법을 기반으로 중앙 및 지방의 아동보호전문기관을 중심으로 실행하고 있으며, 학대받은 아동을 조기에 발견하고 치료하는 것뿐 아니라, 예방적 측면에서 아동학대에 대한 범국민적 인식을 높이도록 해야한다.
- 가정폭력 중 배우자폭력은 주로 아내폭력이 다수 차지하고 있으며, 여성복지부를 중심으로 전국의 가정폭력상담소 및 보호시설, 여성긴급전화, One-Stop 지원시설 등의 긴급구호시설 등을 통해 피해자를 보호하는 정책을 실행하고 있다.
- 주로 자녀가 부모를 학대하는 노인학대는 중앙 및 지방의 노인보호전문기관을 중심으로 정책을 실행하고 있으며, 최근에는 시설학대에 대한 관심도 높아지고 있다.

생각넓히기

1. 아동, 배우자, 또는 노인학대 사례를 찾아보고 학대가 왜 발생했는지 그 요인을 설명해 봅시다.
2. 가정폭력 발생을 예방하기 위해서 가장 먼저 선행되어야 할 제도 및 정책은 무엇인지 관련 자료를 검토해 보고 발표해 봅시다.

가 족 정 책 론

12 Chapter

한부모 가족 정책

1. 한부모 가족의 이해
2. 한부모 가족의 현황
3. 한부모 가족 정책 현황
4. 한부모 가족 정책의 과제

12

Chapter

한부모 가족 정책

다양한 가족 중 한부모 가족은 오래 전부터 우리 사회에 존재한 가족형태였지만, 사회적 편견 속에서 소외와 배제를 경험한 가족유형 중 하나이다. 다행히 이들 가족에 대한 사회적 관심이 증대와 관련 정책의 필요성이 요구되는 있는 것은 긍정적이나, 현재 이들을 위한 제도적 지원은 요보호가족에 대한 경제적 지원 중심으로 제공되고 있기에, 더 적극적으로 이들이 사회적으로 차별받거나 배제되지 않고 통합될 수 있는 정책이 요구된다.

본 장에서는 한부모 가족을 편견과 소외가 아닌, 하나의 가족으로 수용할 수 있는 열린 가족 정책 관점에서 이들이 직면한 문제와 현황, 그리고 현 정책 및 앞으로의 정책 과제를 살펴보도록 하겠다.

1. 한부모 가족의 이해

한부모 가족은 여러 가지 이유로 인해서 한쪽 부모의 부재가 발생하여 부 또는 모 중의 한 사람이 단독으로 부모의 역할을 수행하는 가족이다. 영어로는 single-parent family, one parent family, lone parent, fatherless · motherless parent로 표현하고 있다. 국내에서는 한부모 가족, 모자가정 · 부자가정, 편친가족, 모자세대 · 부자세대, 결손가족으로 다양하게 표현되고 있다. 이런 다양한 의미 속에서 최근 한부모 가족으로 용어를 통일해서 사용하고 있는데, 하나로서 '온전하다', '가득차다' 라는 의미를 가지고 있어 긍정적인 표현이라 할 수 있다.

한편 한부모 가족에 대한 정의는 일반적으로 부나 모 중의 한 사람이 단독으로 부모 역할을 수행하는 자녀가 있는 가족으로 정의하고 있고 '한부모가족지원법' 에서는 한부모 가정의 모와 부는 '배우자와 사별 또는 이혼하거나 배우자로부터 유기된 자', '정신이나 신체의 장애로 장기간 노동능력을 상실한 자', '미혼자(사실혼 관계는 제외)' 등으로 아동을 양육하는 자로 정의하고 있다. 이 규정에 의하면, 이혼과 사별뿐 아니라, 모 또는 부가 법적으로 명시되어 있다고 하더라도 장기가출, 실종, 그리고 정신적 신체적 장애로 근로능력이 상실되어 실제 한쪽 배우자가 단독으로 부모역할을 수행하는 경우도 해당되고, 결혼을 하지 않고 자녀를 출산하여 양육하는 미혼자까지도 한부모 가족에 포함하고 있다.

또한 한부모가족지원법에서는 보호대상자 범위에 대한 특례(제5조의 2) 조항을 통해 부모가 양육할 수 없는 아동[1]을 조부 또는 조모가 양육하는 경우도 보호대상자가 되며, 2011. 4. 12 법 개정(시행은 2012년 7월 1일)을 통해 미혼모가 출산 후 아동을 양육하지 아니하더라도 미혼모가족복지시설을 이용하는 경우에도 보호대상자가 되도록 규정하고 있다.

한부모가족지원법에서는 자녀라고 표현하는 아동은 18세 미만(취학 중인 경우에는 22세 미만을 말한다)의 자를 말하고 있어 이 연령이 초과된 경우 법률적으로는 한부모가 될 수 없는데, 2011년 개정에서 보호대상자 중 아동의 연령을 초과하는 자녀가 있는 한부모 가족의 경우 그 자녀를 제외한 나머지 가족 구성원을 보호대상자로 한다(제5조 제2항)라고 제시하여 자녀 중 한 명이라도 18세 미만이면 그 자녀와 관련된 보호를 받을 수 있도록 하였다.

1) 부모가 양육하지 않아 조부 또는 조모가 양육하는 경우 보호대상자로 해당되는 경우는 다음과 같다(한부모 가족지원법 제5조의 2 제2항), ① 부모가 사망하거나 생사가 분명하지 아니한 아동, ② 부모가 정신 또는 신체의 장애 · 질병으로 장기간 노동능력을 상실한 아동, ③ 부모의 장기복역 등으로 부양을 받을 수 없는 아동, ④ 부모가 이혼하거나 유기하여 부양을 받을 수 없는 아동, ⑤ 제1호부터 제4호까지에 규정된 자에 준하는 자로서 여성가족부령으로 정하는 아동

한부모가 자녀를 양육하면서 가지는 문제점은 크게 경제적 문제, 정서·심리적 문제, 사회적 편견 및 차별, 자녀양육 및 역할 재조정의 문제로 살펴볼 수 있다.

1) 경제적 문제

경제적 문제는 한부모 가족 중 모자가족이 더 어려움을 겪는 문제로, 이들은 대부분 남성들이 주요한 경제적 소득원이었던 상황에서 부의 상실로 소득이 감소하지만, 여성의 취업 어려움 그리고 취업의 불안정으로 경제적 어려움에 봉착하기 쉽다. 한편 부자가족의 경우는 가사, 육아가 유급의 타인에게 맡겨지므로 새로운 가계 지출이 발생된다.

이와 같은 경제적 어려움에 봉착할 때 이들에게 친인척 및 외부 지원체계도 거의 없게 되면 빈곤가족이 될 가능성은 높아질 뿐 아니라, 가정의 경제적 곤란이 실제 식생활, 자녀양육 및 교육 등에 영향을 미치고 불안과 긴장, 그리고 이로 인한 삶의 의욕 저하 및 좌절 등 정서와 심리적 불안정 등에도 영향을 미친다.

2) 정서·심리적 문제

한부모 가족의 정서적 문제의 가장 핵심은 부재된 부 또는 모의 역할과 지위 변화에 어떻게 적응하는가이다. 한부모는 부모 역할 모두를 모 또는 부가 감당해야 하는 과중한 부담을 갖게 되며 이러한 스트레스가 여러 부정적 정서 반응을 가져올 수 있다. 모의 경우는 아버지의 역할을 자녀에게 해 주어야 한다는 긴장과 스트레스를 경험하며, 부는 이혼 충격이 여성보다 오래 지속되고 이혼 초기의 자존감 상실이 심각하다. 정서·심리적 문제가 심화되면 무력감, 자신감 결여, 절망감 등으로 우울, 불안, 소외문제가 나타나는데 특히 사별이나 이혼 등을 갑자기 경험하게 되었을 때 상실감, 소외감, 불안감 등이 우울로 이어질 수 있기에 이들이 초기에 겪는 어려움을 잘 해결하고 적응할 수 있도록 돕는 것이 중요하다.

그러나 이와 같은 경험은 한부모의 정서 및 인지적 특성, 그리고 그들이 갖고 있는 지지망 등에 따라 개인차가 있다.

3) 사회적 편견 및 차별

아직까지 우리나라는 한부모 가족에 대해 부정적인 편견과 곱지 않은 시선이 남아 있다. 모자가족의 모는 과부, 부자가족의 부는 홀아비 등으로 불리며 인생의 실패자라는 낙인과 적절치 않은 동정으로 위축감을 갖게 하며, 실제적으로 결손이라는 사회적 편견으로 불편과 불이익을 경험하게 된다. 또한 한부모 가족의 자녀에게서 성역할 발달, 학업성취, 반사회적 행동 등에 문제가 있는 것으로 보고도 되어 한부모가족 전체에 편견을 갖는 면도 많다. 이와 달리 한부모들도 교육수준이나 사회경제적 지위가 높은 경우 심리적 안정이 유지되는 연구도 발표되고(Gove & Shin, 1989, 권진숙 외, 2006 재인용), 모자가정의 어머니의 경우 경제적, 구조적 문제와 어려움에도 불구하고 자기 삶의 통제 가능성이 높고, 경제적으로 자립하며, 미래에 대해 지금보다 나아질거라는 믿음, 그리고 건강한 부모자녀관계를 형성하는 것으로 나타나(정현숙·서동인, 1997), 이처럼 실제 가족구조의 문제가 아닌 기능 여부에 따른 문제일 수 있는데, 단지 한부모 가족이라는 특징으로 양부모가족과 비교하는 것은 사회적 편견의 영향을 편파적으로 해석하거나 불이익을 주는 것이라 할 수 있다. 최근 이런 문제를 지적하며 더 이상 한부모 가족을 병리적인 현상으로 보지 않고 강점 관점에서 이들의 강점을 부각하여 이해하려는 추세가 있는 것은 긍정적이다.

4) 자녀양육 및 관계의 문제

한부모 가족은 부재된 부 또는 모의 성역할 모델의 부재가 발생될 수 있으며, 이를 새롭게 적응하는 기간이 필요하다. 그러나 이들은 부모 역할을 한부모가 감당하면서 갖는 과중한 역할수행 부담이 되면서, 자녀양육에 어려움을 겪거나 자녀와의 관계에 갈등을 유발하고 이를 해결하는 데 미숙한 상황에 직면할 수 있다. 특히 자녀양육에서 오는 여러 어려움을 의논할 대상이 부재하거나, 이성의 자녀는 동일시 할 수 있는 부모가 부재하여 자녀양육에 어려움을 호소하기도 한다.

한편 다른 측면에서 오히려 자녀와 더 좋은 관계를 유지하며, 비교적 개방적인 의사소통이 이뤄지면서 자녀관계가 긍정적으로 변화하는 연구결과도 있다.

급증하는 '부자(父子)가족' … 자녀양육 · 교육이 애로
서울시여성가족재단, 10일 이슈분석 보고서 발간

여성 한부모(싱글맘) 가족에 비해 빠르게 증가 중인 남성 한부모(싱글대디) 가족이 특히 자녀 양육과 교육에 가장 큰 애로를 느끼는 것으로 나타났다.

서울시여성가족재단(대표이사 박현경)은 10일 '부자(父子)가족의 현황과 문제점'을 분석한 이슈분석 보고서를 발표했다.

서울시 한부모 가족은 서울시 전체가구의 9.6%(31만 7천여 가구)이며, 이중 부자가족은 20%(6만 3천여 가구) 수준이다. 모자가족은 1995년부터 10년간 29% 증가한 데 비해 부자가족은 41% 늘어 빠른 증가추세를 보이고 있다.

2010년 서울시여성가족재단이 서울시 한부모 가족 800가구(여성한부모 542명, 남성한부모 258명)를 대상으로 조사한 결과, 남성한부모의 가장 큰 어려움은 '자녀양육과 교육(42.6%)'인 것으로 나타났다. 이는 여성한부모의 가장 큰 애로가 '경제적 문제(37.8%)'인 것과 비교된다.

특히, 가계수입이 200만 원 미만인 경우, 자녀양육과 교육(40.6%), 경제적 문제(37.7%)에 애로를, 가계수입이 300만 원 이상인 경우 자녀양육과 교육(34.9%), 집안일 과중(46.5%)에 어려움을 느끼는 것으로 조사됐다.

한부모 가족의 자녀양육문제는, 생계와 양육을 동시에 책임져야 하는 남-녀 한부모 모두에게 심각한 어려움이 되고 있다. 그중에서도 남성한부모는 여성한부모에 비해 상대적으로 양육의 어려움에 취약한 것으로 나타났다.

특히 남성한부모는 한부모 가족이 된 후 자녀와의 관계가 모자가족에 비해 상대적으로 더 나빠진 것으로 나타났다(부자가족 24.0%/모자가족 9.6%). 또, 부자가족의 경우, 한부모가 된 후 자녀양육 및 교육에 있어 어려운 점으로 '부(모)의 역할을 대신해 줄 사람이 없다(47.7%)' '아이문제를 의논할 사람이 없다(38.8%)', '아이와 이야기할 시간이 부족하다(53.3%)' 등을 꼽았다.

보고서에 따르면, 한부모 가족이 된 후 이웃·친지나 친척들과의 관계가 '전보다 서먹해졌다'는 응답이 40%, '전보다 친해졌다'는 4.5%에 불과했다. 부자가족의 경우 '전보다 서먹해졌다'가 42.2%로 모자가족(38.9%)보다 약간 높았으며, 소득별로 보면, 200만 원 미만 남성한부모 64%, 300만 원 이상 19.6%가 '서먹해졌다'고 응답해 소득수준별로 격차를 보였다.

자료 : 업코리아(2010. 12. 10)

2. 한부모 가족의 현황

아래 제시된 표에 의하면 한부모 가족은 2000년 112만 4천 가구에서 2005년 137만 가구에 5년새 12.2%가 증가하였으며, 이 수치는 해마다 높아지고 있다(그림 12-1).

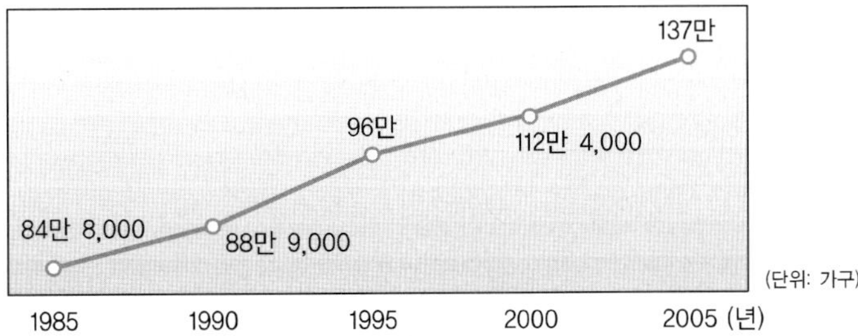

그림 12-1 전국 한부모 가족 현황

자료 : 보건복지가족부

한편, 한부모 가족이 전체가구에서 차지하는 비율은 크게 1985년부터 보았을 때 2000년 대비 7.9%에서 2005년에는 8.6%로 0.7% 증가하였다. 한부모 가구 구분에 따르면 2000년 모자가구 904만 가구, 부자가구 220만 가구였다면 2005년에는 모자가구 1,083만 가구, 부자가구 287만 가구로 모자가족이 약 80%, 그리고 부자가족이 20%를 차지하고 있었다(표 12-1).

표 12-1 전체가구 대비 한부모 가족 비율 (단위 : 1,000가구, %)

연 도	총가구 수	한부모 가구		
		계	모자가구	부자가구
1985	9,571	848(8.9)	–	–
1990	11,355	889(7.8)	–	–
1995	12,958	960(7.4)	788(82)	172(18)
2000	14,312	1,124(7.9)	904(80)	220(20)
2005	15,887	1,370(8.6)	1,083(79)	287(21)

※ 전체 가구 대비 한부모 가구 비율임

자료 : 보건복지가족부(2008). 2008년도 한부모가족지원사업 안내.

또한 한부모 가족 형성 요인을 살펴보면 2005년 한부모 가구 중 사별은 36.6%, 이혼은 29.1%, 미혼모·부는 10.4%의 순으로 나타났다. 특히, 이혼 한부모 가구가 1985년 5.9%에서 2000년 21.9%, 2005년 29.1%로 급속한 증가추세로 나타남을 알 수 있다(표 12-2).

표 12-2 한부모 가족 형성요인별 현황 (단위 : 1,000가구, %)

연 도	총 가구 수	한부모 가구					한부모 가구 비율
		유배우	사 별	이 혼	미 혼	계	
1985	9,571	254(30.0)	443(52.2)	50(5.9)	101(11.9)	848(100)	8.9
1990	11,355	227(25.5)	498(56.0)	79((8.9)	85(9.6)	889(100)	7.8
1995	12,958	216(225)	526(54.8)	124(12.9)	94(9.8)	960(100)	7.4
2000	14,312	252(22.5)	502(44.7)	245(21.9)	122(10.9)	1,124(100)	7.9
2005	15,887	328(23.9)	501(36.6)	399(29.1)	142(10.4)	1,370(100)	8.6

※ 전체 가구 대비 한부모 가구 비율임
자료 : 보건복지부(2009). 2009 보건복지가족통계연보.

한편 저소득 한부모 가족현황(표 12-2)을 살펴보면 부자가족은 전체 저소득 한부모 가족에서 약 20% 정도를 차지하고 있으며, 연도별 증감율을 보면 2005년 세대 수는 23,995세대이고 2008년은 30,468세대로 무려 27.0%의 증가를 보였다.

모자가족의 경우에도 전체 저소득 한부모 가족에서 약 80%를 차지하고 있으며, 연도별 증감율을 보면 2005년 99,671세대 대비 2008년의 경우 117,538 세대로 11.8%가 증가하였다. 이와 같은 변화추이는 지속적일 것으로 예측된다.

또한 2007년 말을 기준으로 보호방법별 모부자 가정현황을 살펴보면 먼저, 모자가정에 있어서는 2007년 전체 가구 수 118,074세대 중 한부모가족지원법 보호대상 가구는 총 57,924세대이고 기초생활수급자 세대는 60,108세대로 나타났다.

표 12-3 저소득 한부모 가족 현황(전체) (단위 : 세대, 명)

연도별	계		모자가족		부자가족	
	세 대	세대원	세 대	세대원	세 대	세대원
2004	109,039	294,648	88,179	238,341	20,860	56,307
2005	123,666	334,066	99,671	268,975	23,995	65,091
2006	140,188	374,094	112,347	299,430	27,841	74,664
2007	147,947	395,335	118,074	315,220	29,873	80,115
2008	148.006	393,542	117,538	311,501	30,468	82,041

※ 전체 : 한부모 가족지원법대상+국민기초생활보장법대상+국가보훈법대상
※ 한부모 가족에서 조손 가족은 제외함
자료 : 보건복지가족부(2008). 2008년도 한부모가족지원사업안내.
보건복지부(2009). 2009 보건복지가족통계연보.

표 12-4 보호방법별 모부자 가정현황(2007년 말 기준) (단위 : 세대, 명)

구 분		계	한부모 가족 보호대상			국민기초 수급대상	국가보훈 대 상
			소 계	재가보호	시설보호		
계	세 대	147,947	73,471	72,632	839	74,409	67
	인 원	395,335	190,303	188,040	2,263	204,882	150
모 자 가 족	세 대	118,074	57,924	57,085	839	60,108	42
	인 원	315,220	148,919	146,656	2,263	166,202	99
부 자 가 족	세 대	29,873	15,547	15,547	–	14,301	25
	인 원	80,115	41,384	41,384	–	38,680	51

자료 : 여성가족부(2007). 2007년 저소득 한부모 실태조사.

한편 부자가정에 있어서는 2007년 전체 가구 수 29,873세대 중 한부모가족지원법 보호대상 가구수는 총 15,547세대로 나타나고 있으며 기초수급 대상은 14,301 세대이다.

3. 한부모 가족 정책 현황

한부모 가족 관련 정책은 우선 국민기초생활보장법에 의한 생계급여 및 교육급여 등이 제공되는데, 이는 기초수급자로 선정되어야 가능하다. 기초수급자에 해당되지 않는 한부모 가족에게 한부모가족지원법에 의거하여 다음과 같은 정책이 실시되고 있다.

1) 한부모 가족 아동양육비·교육비 지원

한부모 가족 아동양육비 및 교육비 지원 대상은 세대주인 모 또는 부와 그에 의하여 양육되는 만 18세 미만(취학 시 만 22세 미만)의 자녀로 이루어진 가정에게 다음과 같은 지원이 이뤄진다.

표 12-5 2011년 한부모 가족 소득인정액 기준

가구 규모	2인	3인	4인	5인	6인
2011년(원/월)	1,178,879	1,525,057	1,871,237	2,217,415	2,563,594

*7인 이상 가구의 경우 가구원 수 1인 증가 시 소득인정액 346,179원씩 증가(7인 가구 2,909,773원)
자료 : 여성가족부 http://mogef.go.kr 한부모 가족 지원

- 아동양육비[2] : 소득인정액 기준 최저생계비 130% 이하의 한부모 가족 만 12세 미만 아동에 대하여 아동양육비 월 5만 원 지원(2011년 기준)
- 고교생학비 : 소득인정액 기준 최저생계비 130% 이하의 한부모 가족 고등학생 자녀에 대해 입학금 및 수업료 지원

여기서 소득인정액 기준은 가구별로 산정된 소득인정액을 가구규모별 최저생계비와 비교하여 수급자 선정 및 급여액을 결정하고 있는데 2011년 최저생계비에 따른 130% 이하를 적용했을 때 소득인정액 기준은 표 12-5와 같다.

2) 한부모 가족 복지자금 대여

한부모 가족 복지자금 대여의 대출대상자는 저소득 한부모 가족으로서 근로능력 및 자립자활 의지가 뚜렷하고 현실성 있는 사업계획을 제시하는 자로서 타 기관과의 중복융자는 불가하다.

- 자금재원 : 공공자금관리기금(2011년, 40억 원)
- 대여기준 및 조건(2011년 기준)
  - 1인당 대여한도액 : 2,000만 원 이내
  - 대여이율 : 연리 3%의 고정금리
  - 대여기간 : 5년 거치 5년 분할 상환
    ※ 가구원수별 선정기준(소득인정액기준 최저생계비 150% 이하)

2) (2007년) 만 6세 미만 → (2008년) 만 8세 미만 → (2009년) 만 10세 미만 → (2010년) 만 12세 미만으로 변경됨

3) 한부모 가족 복지시설 이용

한부모 가족 복지시설은 대부분 정부에서 지원하고 있기 때문에 시설 입·퇴소는 시·군·구청 신청과 상담을 통해 결정된다. 관련시설은 대상자의 특징, 한부모 가족의 유형 등에 따라 입소하며, 시설마다 제공하는 서비스 및 급여를 받을 수 있다(표 12-6). 특히 직업교육 등을 실시하는 시설에서는 일정시간 직업훈련을 참여하게 되면 교통비, 가계보조비 지원 등이 있으며, 고용촉진훈련에 참여하는 경우 매월 수당이 지급된다. 또한 시설에 따라 아동 방과후 지도, 가족문제에 대한 상담 등의 서비스, 그리고 사업자금, 의료비, 주택자금, 자립정착금 등도 지급된다.

표 12-6 한부모 가족 복지시설(2010년 12월 31일 현재)

시설종류	입소 대상	지원 내용	보호기간 (연장기간)
모자보호시설 (41개소)	무주택 저소득 모자가족	보호 및 생계지원	3년(2년)
부자보호시설 (1개소)	무주택 저소득 부자가족	보호 및 생계지원	3년(2년)
모자자립시설 (3개소)	무주택 저소득 모자가족 및 모자 보호시설에서 퇴소한 모자	주택편의 제공	3년(2년)
모자일시보호시설 (15개소)	배우자의 물리적 정신적 학대로 아동의 건전양육과 모의 건강에 지장을 초래할 우려가 있는 모와 아동	숙식, 의료, 법률상담 및 심리상담 등	6월(3월)
미혼모자시설 (32개소)	미혼의 임산부 및 출산 후(6월 미만) 보호를 요하는 여성	분만 의료 지원, 인성교육 및 상담, 자립지원	1년(6월)
미혼모자 공동생활가정 (24개소)	2세 미만의 영유아를 양육하는 미혼모로서 일정기간 숙식보호와 자립지원을 필요로 하는 여성	직업교육 등 자립지원, 양육교육	1년(1년)
미혼모 공동생활가정 (1개소)	출산 후 해당아동을 양육하지 아니하는 미혼모로서 일정기간 숙식보호와 자립지원을 필요로 하는 여성	직업교육 등 자립지원	2년(6월)
모자공동생활가정 (2개소)	독립적인 가정생활이 어렵고 일정기간 공동으로 가정을 이루어 생활하면서 자립을 준비하고자 하는 모자가족	직업교육 등 자립지원	2년(1년)
부자공동생활가정 (2개소)	독립적인 가정생활이 어렵고 일정기간 공동으로 가정을 이루어 생활하면서 자립을 준비하고자 하는 부자가족	직업교육 등 자립지원	2년(1년)

자료 : 여성가족부 http://mogef.go.kr 한부모 가족 지원

4) 미혼모·부 지원 거점기관 운영

미혼모·부 지원 거점기관은 미혼모·부의 자녀양육 및 경제자립을 위한 포괄적이고 종합적인 서비스를 제공하는 목적으로 설립되었다. 2011년 현재 11개의 사업수행기관을 두고 있는데 주로 건강가정지원센터를 중심으로 서비스가 제공되고 있다. 구체적인 사업내용은 임신 초기부터 온-오프라인 상담 및 종합적인 정보 제공, 자녀 출산 및 양육과정에서 응급상황 발생 시 아이병원비, 생필품 등 지원, 미혼모·부자를 위한 문화체험 및 교육 프로그램 운영, 자조 모임 운영을 지원하여 미혼모·부 간 자립경험 공유 및 네트워크 구축 등이다.

5) 취약가족 역량강화 사업

취약가족 역량강화 사업 대상자는 국민기초생활보장 수급자, 최저생계비 이하 비수급 빈곤층, 저소득 여성가장, 가족역량이 부족한 부자, 미혼모·부자, 조손가정을 포함한 한부모 가족 등으로 주요 사업내용은 다음과 같다.

- 전국 17개소 건강가정지원센터(2011년 현재)에서 사례관리를 통해 취약가족의 복합적인 어려움 해결 및 욕구 충족
- 취약가족의 취업, 자녀, 주거문제 등 개별문제 해결에 필요한 맞춤서비스 제공을 위하여 각종 후원단체, 한부모 가족복지시설 등 지역사회 자원 연계 및 발굴 지원

6) 한부모 가족 자녀양육비 이행확보 무료 법률 구조사업

아동을 양육하고 있는 이혼가족, 별거가족, 미혼모·부가족 등 한부모 가족 및 조손가족을 대상으로 다음과 같은 법률 관련 구조사업을 실시한다. 단, 승소금액이 2억 원 초과인 경우는 지원대상에서 제외된다.

- 한부모 가족 자녀양육비 청구 소송 지원(법률 상담, 소송대리 등)
- 미혼부 상대 자녀 인지청구 소송 지원(유전자 검사 등)
- 자녀양육비 이행확보 지원(과태료, 이행명령, 감치처분 등)

한부모가족지원법 외에도 주택법에 의거하여 무주택 저소득 모·부자가정을 대상으로 국민주택을 분양하거나 임대할 때 한부모 가족에게 일정비율 우선 분양될 수 있도록 하고 있다. 또한 군사원호보상법, 국가유공자 등 특별원호법에 의해 군인거나 경찰관인 배우자가 사망한 경우 원호금을 지원받을 수 있다.

4. 한부모 가족 정책의 과제

한부모 가족이라고 해서 모두가 사회적 보호 및 지원을 받을 필요는 없지만, 한부모가 한 가정의 가장의 역할을 하는 데 있어 필요한 도움을 사회적 지지체계로서 제공할 필요는 분명히 있다. 특히 이들이 갖는 경제적 문제, 자녀양육문제, 그리고 사회적 편견 등에 맞서서 자립할 수 있도록 사회가 돕는 것은 마땅한 책임이라 여겨야 한다. 그러나 현재 한부모 가족 관련 정책은 이들을 결핍모델로 접근하여 최소생계를 유지하는 수준에 머물러 실제 자립을 하기 어려운 경우가 많은데 앞으로 발전시켜야 할 과제를 살펴보면 다음과 같다.

첫째, 한부모 가족의 경우 경제적 지원은 국민기초생활수급자로 선정되지 않으면 실제 제공받은 제도가 많지 않다. 물론 한부모가족지원법에 의거하여 소득인정액 기준 최저생계비 130% 이하인 경우 아동양육비와 자녀 고등학교 입학금 및 수업료를 지원받을 수 있지만, 자녀양육비가 증가하고 있는 현실을 충족시키기에는 터무니 없이 부족하다. 그러므로 한부모 가족을 위한 가족수당 또는 자녀의 사교육비 등에 대한 지원을 확대하는 방안을 모색해야 할 것이다.

둘째, 지난 2000년 22만 5천 명이었던 부자가정은 5년새 28만 6천 923명으로 28% 증가했다. 같은 기간 17.3% 증가한 모자가정보다 빠르게 늘어나고 있는데, 현재 한부모 가족지원 내용은 모자가족에 치중되는 면이 많다. 물론 이를 인지하고 부자가족시설 및 공동생활가정 등을 설치하고 있지만, 매우 부족한 실정이고, 이들만이 갖는 문제를 도와 줄 별도의 센터나 상담창구는 부재하다. 따라서 이들이 한부모 가족지원에서조차 또 다른 배제를 갖지 않도록 양성평등적 측면에서 부자가정에 대한 지원 정책을 마련해야 할 것이다.

셋째, 한부모 가족은 하나의 가족 유형으로 복합적이고 특정적인 문제를 겪고 있다. 그러나 많은 경우 이들을 도울 수 있는 외부지원체계가 부족하므로 공적인 면에서 이들이 갖는 여러 문제 및 욕구를 해결할 지원체계 구축이 필요하다. 현재 건강가정지원센터 중심으로 거점센터를 2011년 현재 17개소 운영하고 있는데 수적인 면에서도 부족할 뿐 아니라, 한부모 가족을 돕는 전담시설이 아니기 때문에 실제 한부모 가족을 위한 서비스가 체계적이고 통합적이지 않을 수 있다. 또한 거점기관 외에도 지역사회복지시설 등 여러 관련 기관에서 한부모 가족 대상 프로그램 및 서비스를 실시하고 있는데, 이 서비스가 통합적으로 관리되지 못하고 있다. 따라서 한부모 가족 관련 서비스를 전체적으로 관리하며 체계적이고 통합적으로 운영할 수 있는 기구가 필요하며, 한부모 가족지원사업 활성화를 위한 전달체계가 강화되어야 한다.

요점정리

- 우리나라에서 다양한 가족을 위한 열린 가족 정책 중 한부모 가족을 위한 정책은 주로 저소득층의 한부모를 위한 자립지원정책에 한정되어 있어 한부모 가족의 증가와 더불어 더욱 적극적인 가족 정책이 요구된다.
- 한부모가족지원법에 의해 모자가족만이 아니라 부자가족, 미혼자가족을 위한 지원과 서비스가 정책적으로 마련되고 있으나, 보편적 복지보다 저소득층 위주의 경제적 지원 중심이라는 제한성이 여전히 존재하고 있다.
- 한부모 가족 중 부자가족이 빠르게 증가하고 있는데, 한부모 가족지원에서조차 또 다른 배제를 갖지 않도록 양성평등적 측면에서 부자가정에 대한 지원정책을 마련해야 할 것이다.

생각넓히기

1. 한부모 가족이 사회에서 받고 있는 편견의 내용이 무엇인지 조사해 보고 그 편견으로 인해 가족이 경험하는 심리 정서적 어려움은 어떤 것이 있는지 생각해 보자.
2. 현재 우리나라 한부모 가족에게 제공되고 있는 정책을 정리해 보고 그 문제점과 앞으로의 과제에 대해 의견을 나눠 보자.

가 족 정 책 론

13 Chapter

조손 가족 정책

1. 조손 가족의 이해
2. 조손 가족의 현황
3. 조손 가족 관련 정책
4. 조손 가족 정책의 과제

13 Chapter 조손 가족 정책

자녀를 더 이상 양육할 수 없는 부모들은 자신의 혈육인 부모에게 자녀 양육을 의탁하는 경우가 있는데, 이와 같은 가족유형인 조손 가족이 증가하고 있다. 이들은 2세대인 부모가 부재한 상황에서 1세대와 3세대가 한 가구를 이루고 사는 형태로써 하나의 가족유형으로 보기 시작한 것은 얼마되지 않았다. 따라서 다른 가족 유형에 비해 단독의 정책과 서비스가 부재하고 다른 관련법에 의한 지원이 거의 전부인 상태이다. 최근 조손 가족에 대해 정부 또는 사회가 실태조사를 실시하면서 관련 정책이 마련되고 있음은 바람직하나, 빠른 시간 내기 정책이 마련되어 가능한 조손 가족이 건강하고 안전하게 손자녀를 양육할 수 있는 환경을 제공할 필요가 있다.

본 장에서는 최근 하나의 가족형태로 수용되고 있는 조손 가족의 실태와 직면한 문제와 현황, 그리고 현 정책 및 앞으로의 정책 과제를 살펴보도록 하겠다.

1. 조손 가족의 이해

미국에서는 조손 가족을 가족해체의 결과로 조부모가 미성년 손자녀와 함께 동일한 거주단위에서 6개월 이상 생활하면서 손자녀의 일차적 책임을 지고 있는 합법적인 가족관계로 정의하고 있다. 한편 우리나라는 1995년도에 와서 인구주택 총조사에서 2세대 가구 가운데, 조손가구를 분리하여 조사하기 시작하여 실제 관심을 받기 시작한 것은 얼마되지 않았다.

따라서 아직까지 조손 가족에 대한 구체적인 정의나 규정 여건이 마련되어 있지 않고 있는데, 한부모가족지원법에서 보호대상자 범위에 대한 특례(제5조의 2) 조항을 통해 부모가 양육할 수 없는 아동을 조부 또는 조모가 양육하는 경우 보호대상자로 책정하고 있다. 여기서 아동은 ① 부모가 사망하거나 생사가 분명하지 아니한 아동, ② 부모가 정신 또는 신체의 장애·질병으로 장기간 노동능력을 상실한 아동, ③ 부모의 장기복역 등으로 부양을 받을 수 없는 아동, ④ 부모가 이혼하거나 유기하여 부양을 받을 수 없는 아동, ⑤ 제1호부터 제4호까지에 규정된 자에 준하는 자로서 여성가족부령으로 정하는 아동 등으로 규정하고 있어 법적인 면에서 조손 가족은 부모가 양육할 수 없어 그 양육을 조부모가 담당하는 것으로 본다.

그러나 단지 부모가 양육할 수 없는 조건 외에 조부모 조건, 양육기간, 양육조건 및 기능 등을 고려하여 다각적인 측면에서 조손 가족을 정의하지 않아 앞으로 조손 가족의 정의와 범주에 대한 모색이 더 필요하다.

한편 조손 가족의 증가의 주요 요인은 뚜렷이 밝혀진 바는 없지만 사회적 배경 요인으로는 경제적 불안정성과 가족해체의 결과 등으로 볼 수 있고, 개인적 요인으로는 부모의 양육 기능 부재와 무책임성, 십대임신, 자녀양육을 할 수 없는 상태(취업, 재혼 등)의 증가 등으로 예측할 수 있다(도미향 외, 2009). 조손 가족의 증가는 세계적인 경향으로 보기도 하지만, 우리나라의 경우 1997년 말 IMF 경제금융위기 이후 증가된 경제적 불안정성과 이혼 등으로 인해 더욱 증가된 양상을 보이고 있다.

조손 가족의 경우, 가계 담당자인 노령의 조부모와 미성년 손자녀만으로 이루어진 가족구조상 생계 담당 능력이 상대적으로 약할 수밖에 없어, 외부의 지원이 절실한 실정이다. 실제로 지난 2007년 여성가족부에서 발간한 '조손 가족 실태조사 및 지원방안 연구' 조사결과에 따르면, 조손 가족은 "조부모의 낮은 학력(초졸 이하 : 79.5%)과 낮은 소득(100만 원 미만 : 82.0%)의 어려운 생활"을 하고 있는 것으로 조사되었다(여성가족부, 2010 재인용).

조손 가족은 한부모가족지원법에서 특례조항으로 한부모 가족 형태로 보고 있지만, 그러나 가족구성이 한부모 가족구성과는 다르기 때문에 다른 가족 유형으로 보는 것이 타당하다. 조손 가족의 어려움을 살펴보면 조부모에게 양육되는 손자녀는 이미 가족이 해체되어 대체가족에게 옮겨졌기에 일반아동과는 다른 비정상적인 상황을 경험하므로 정서적 불안이 높을 수 있다. 또한 조부모는 생애주기에서 양육으로부터 벗어난 노년기에 다시 손자녀 양육을 감당하면서 신체적, 정신적으로 스트레스나 불안감 등과 같은 부정적인 정서를 가지고 있을 수 있고 이와 같은 감정이 손자녀에게 영향을 주게 되면, 손자녀의 정서·행동 및 사회적 문제가 나타날 가능성이 높다.

그러나 반대로 조부모들이 부모로부터 가족해체나 학대 및 방임을 경험한 손자녀들을 맡아 양육하게 되는 경우, 손자녀의 심리적 안정과 사회적 적응에 긍정적인 영향을 준다고도 한다(Solomon & Marx, 1995). 자신들의 부모로부터 사랑, 보살핌과 같은 우호적 관계를 보장받을 수 없는 상황에서 조부모들이 손자녀에게 안정적이고 우호적인 가족 분위기와 가르침을 제공하면, 손자녀들의 삶은 더 풍요로워지고 개선될 수 있다(Brian, 2000).

2. 조손 가족의 현황

여성가족부(2010)에서 조사한 조손 가족 실태조사 보고서에 의하면 2010년 주민등록상의 만 65세 이상의 조부모와 만 18세 이하의 손자녀만으로 이루어진 조손 가족은 51,852가구로 조사되었고, 이중에서 전국의 동, 읍, 면 3,172개소에서 임의 표집한 12,750가구를 대상으로 한 결과를 살펴보면 다음과 같다.

우선, 조손 가족의 사회인구학적 특성을 보면 조부나 조모 모두 생존하여 손자녀를 양육하는 조손 가족은 전체 가구 중 17.1%에 불과한 반면, 조부나 조모 홀로 손자녀를 양육하는 가구는 82.9%로 조손 가족 10가구 중 8가구 이상이 조부나 조모 홀로 손자녀를 양육하고 있었다. 또한 조손 가족에서 양육되는 손자녀 수는 평균 1.4명이었으며, 1명의 손자녀를 양육하고 있는 가족은 전체의 66.2%였고, 2명 이상의 손자녀를 양육하는 가족은 33.8%였다.

표 13-1 조손 가족의 사회인구학적 특성

구 분		응답가구 수(가구)	구성비(%)
가족 유형	양조부모 가족	2,176	17.1
	한조부모 가족	10,574	82.9
양육 손자녀 수	1명	8,439	66.2
	2명	3,816	29.9
	3명 이상	495	3.9
월평균 가구소득	40만 원 미만	2,569	20.1
	40만 원~80만 원 미만	5,610	44.0
	80만 원 이상	2,285	17.9
	무응답	2,287	17.9
거주지도시화	대도시	5,181	40.6
	중소도시	5,131	40.2
	농어촌(군)	2,437	19.1
전 체		12,750	100.0

조손 가족의 월 평균 가구소득은 평균 약 59.1만 원 정도였으며, 40만 원 이상 80만 원 미만의 가구가 전체의 44.0%였고, 40만 원 미만 가구가 20.1%였으며, 80만 원 이상의 소득은 전체의 17.9%로 10가구 중 2가구에도 미치지 못하였다. 한편, 조손 가족 10가구 중 8가구 이상이 도시에 살고 있는데, 대도시 거주가족이 40.6%, 중소도시 가족이 40.2%이며, 농어촌인 군에 거주하는 가구는 19.1%였다(표 13-1 참조).

한편 조손 가족의 조부모 평균 연령은 만 72.6세이며, 조부는 평균 만 73.1세, 조모는 평균 만 72.5세이며(표 13-2 참조), 조손 가족의 조부모 학력은 초등학교 졸업 이하가 대부분으로 약 82.3%였으며, 중졸이 10.0%, 고졸 이상은 7%(고졸 : 5.5%, 대졸 이상 : 1.3%)에도 미치지 못하였다(표 13-3 참조).

표 13-2 응답자의 성, 연령 분포 (단위: %, n=12,750)

구 분	만 65~69세	만 70~74세	만 75세 이상	합 계
남 성	4.8	6.3	6.2	17.3
여 성	26.6	29.1	27.0	82.7
합 계	31.4	35.4	33.2	100.0

표 13-3 응답자의 성별 학력 분포 (단위: %)

구 분	응답자 수(명)	초졸 이하	중 졸	고 졸	대졸 이상	무응답	합 계
남 성	2,207	62.2	19.2	13.7	4.2	0.7	100.0
여 성	10,543	86.5	8.1	3.8	0.7	1.0	100.0
전 체	12,750	82.3	10.0	5.5	1.3	0.9	100.0

양육 손자녀의 성은 전체 17,616명의 손자녀 중 남아는 54.6%였고, 여아는 45.4%였다(그림 13-1 참조). 또한 양육 손자녀들의 평균 연령은 만 13.3세로 집계되었고, '만 7세부터 만 12세' 사이의 손자녀가 50.3%였고, '만 13세부터 만 18세' 까지의 손자녀는 47.0%였으며, '만 6세 이하' 의 유아는 2.7%에 불과하였다(그림 13-2 참조).

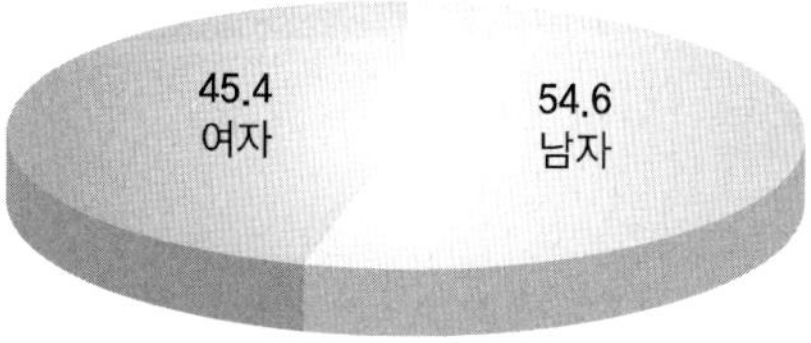

그림 13-1 양육 손자녀 성(단위: %, n=17,616)

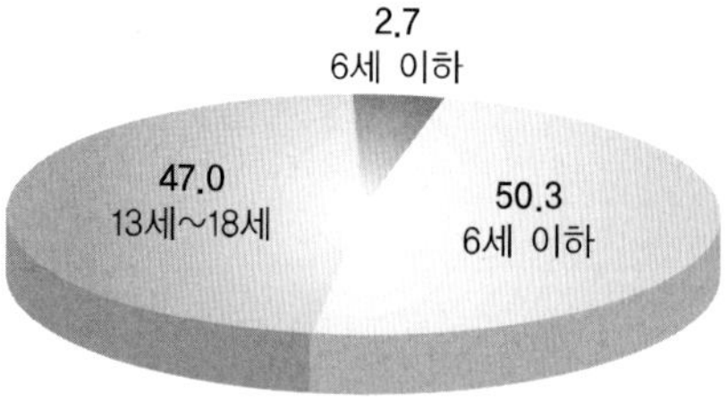

그림 13-2 양육 손자녀 연령(단위: %, 평균 13.3세, n=17,616)

손가족이 형성되게 된 주요 이유는 손자녀의 '친부모 이혼이나 재혼'에 의한 경우가 전체의 53.2%로 반을 넘었고, '친부모 가출이나 실종'에 의한 경우가 14.7%, '친부모의 질병이나 사망'에 의한 경우가 11.4%였으며, '친부모의 실직이나 파산' 및 '친부모 취업(맞벌이)' 등 경제적 이유로 조손 가족을 이루게 된 경우는 각각 7.6%와 6.7%였다(그림 13-3 참조).

손자녀 양육의 애로사항으로 전체의 66.2%는 '아이 양육(교육)에 따른 경제적 문제'를 가장 큰 애로사항으로 지적하였으며, '아이의 생활 및 학습지도 문제' 11.5%, '아이의 장래를 준비해 주는 문제' 10.0%의 순이었다(그림 13-4 참조).

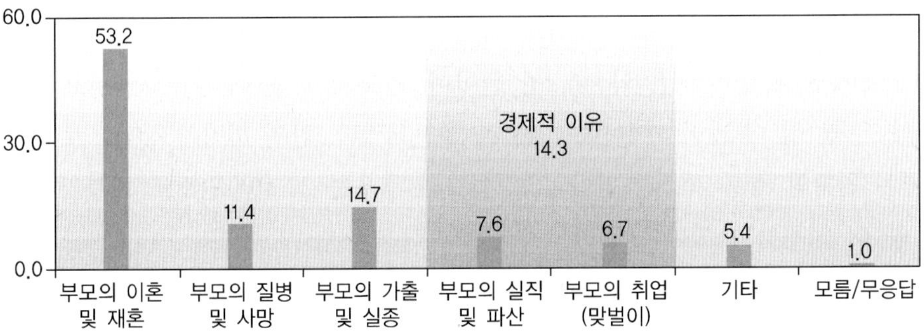

그림 13-3 손자녀 양육 이유(단위 : %, n=12,750)

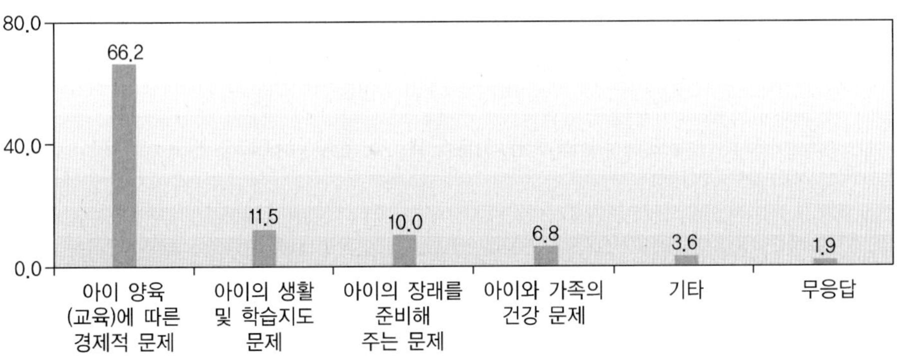

그림 13-4 손자녀 양육 애로사항(단위 : %, n=12,539)

이렇게 손자녀 양육에 따른 경제적 어려움을 겪고 있으면서도, 응답자들의 63.5%가 손자녀가 성년이 될 때까지 자신들이 양육하겠다는 의지를 보였고, 친부모가 찾으러 올 때까지 키우겠다는 응답도 29.5%로 93.0%에 달하는 대부분의 응답자가 손자녀 양육에 대한 의지를 포기하지 않고 있다.

친부가 양육비를 정기적으로 보내 주는 경우는 13.3%였고, 부정기적으로 보내는 경우는 12.6%로 응답 가족 4가구당 1가구 정도(25.9%)만이 손자녀의 친부로부터 양육비를 지원받고 있는 실정이며, 친모의 경우에는 정기적으로 보내 주는 경우가 8.6%, 부정기적으로 보내 주는 경우가 6.1%로 14.7%에 불과한 실정이었다(그림 13-5 참조).

친부모의 양육비 제공 액수 조사에서는 정기적으로 양육비를 제공하고 있는 친부가 보내 주는 평균 금액은 약 46.2만 원이며, 친모의 경우에는 38.3만 원으로 친부가 약 7.9만 원 더 많이 지원하는 것으로 추산되었다. 한편 비정기적으로 보내 주는 금액은 친부의 경우 26.5만 원이었고, 친모의 경우는 22.4만 원으로 친부가 약 4.1만 원 더 지원하고 있다(그림 13-6 참조).

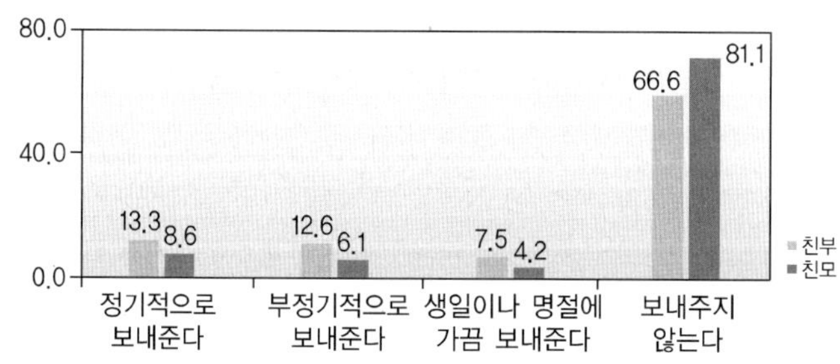

그림 13-5 친부모의 양육비 지원 여부(단위: %, 친부 n=9,434, 친모 n=7,895)

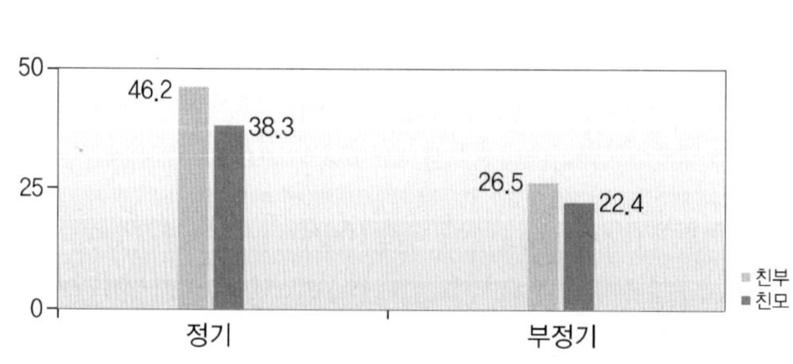

그림 13-6 친부모 양육비 지원 금액(단위: 만 원)

3. 조손 가족 관련 정책

조손 가족에 해당되는 직접적 정책은 현재 거의 없다. 단지 국민기초생활보장법에 의한 저소득층 지원 정책[1)]과 한부모가족지원법에 의한 지원[2)], 그리고 조부모의 경우 해당되는 노인에게 지급되는 기초노령연금 정도의 경제적 지원이 있으며, 그 외 사회서비스 등은 일부 건강가정지원센터의 조손 가족을 위한 가족지원서비스 프로그램, 그리고 제도에 의하지 않고 지역사회 관련단체가 진행하고 있는 조손 가족 프로그램 및 지원 등이 실시되고 있다.

1) 기초노령연금

노인에게 지급하는 현금지원책의 하나인 기초노령연금은 2007년 12월 말까지 경로연금이라는 이름으로 시행되다가, 2008년 1월부터 새로 제정되었다. 기초노령연금은 65세 이상 노인 중에서 월소득 인정액을 기준으로 하여 그 이하인 노인에게 일정금액을 지급하고 있다. 즉, 65세 이상의 노인들의 소득평가액과 재산소득 환산

표 13-4 소득인정액 구간별로 차등지급(2011. 01~2011. 03 적용기준)

노인단독가구					
소득인정액	66만 원 미만	66만 원 이상 ~68만 원 미만	68만 원 이상 ~70만 원 미만	70만 원 이상 ~72만 원 미만	72만 원 이상 ~74만 원 이하
연금액	90,000원	80,000원	60,000원	40,000원	20,000원
노인부부가구 중 1인 수급					
소득인정액	110.4만 원 미만	110.4만 원 이상 ~112.4만 원 미만	112.4만 원 이상 ~114.4만 원 미만	114.4만 원 이상 ~116.4만 원 미만	116.4만 원 이상 ~118.4만 원 이하
연금액	90,000원	80,000원	60,000원	40,000원	20,000원
노인부부가구 2인 수급					
소득인정액		106.4만 원 미만	106.4만 원 이상 ~110.4만 원 미만	110.4만 원 이상 ~114.4만 원 미만	114.4만 원 이상 ~118.4만 원 이하
연금액		144,000원	120,000원	80,000원	40,000원

1) 8장 저소득 가족 정책 참조
2) 9장 한부모 가족 정책 참조

액을 더한 소득인정액을 산출하고, 이 산출액이 기초노령연금의 선정 기준액과 같거나 그 이하인 노인들에게 매월 일정 금액을 지급하는 제도이다. 2011년 기준으로 배우자가 없는 노인가구의 경우는 월 소득인정액이 74만 원, 배우자가 있는 노인가구의 경우는 월 소득인정액이 118.4만 원이다.

급여액은 소득인정액 구간별로 차등지급하는 데 2011년 1월부터 3월 적용기준으로 본 지원액은 표 13-4와 같다.

2) 건강가정지원 제도

여성가족부에서는 2005년 제정된 '건강가정기본법' 에 따라 건강가정지원센터를 통하여 각 지역별로 지역 특성에 따라 다양한 가정지원 프로그램을 실시하고 있다. 건강가정지원센터는 사업 영역 중 '다양한 가족을 위한 통합서비스' 에서 맞벌이, 신혼부부, 한부모, 장애아, 재혼, 조손, 새터민, 결혼이민자, 군인, 노인가족 등 특별한 가족기능 강화요구가 있는 가족 유형 하나 이상을 선택하여 맞춤형서비스 제공하도록 되어 있어, 조손 가족을 위한 지원사업을 실시할 여지를 마련하고 있다.

또한 2011년 6월부터는 여성가족부의 별도지침에 의해 조손 가족 통합지원 프로그램(조손 가족희망사다리사업) 운영지원사업을 시범 실시하고 있다(여성가족부, 2011).

조손 가족 통합지원 프로그램(조손 가족희망사다리사업)은 조손 가족이 가장 어려워하는 자녀양육과 관련하여 손자녀 학습지원, 조부모 생활가사 지원, 상담·건강·문화 서비스를 지원하는 프로그램이다. 이 서비스는 조부모가 18세 미만의 손자녀를 양육하고 있는 조손 가족 중에서 생활여건이 어려운 가구부터 우선 선정, 지원하여 방문서비스, 직접서비스, 연계서비스 등을 실시한다. 2011년 6월부터 시범실시하는 이 사업의 구체적 내용은 다음과 같이 제시되었다(여성가족부, 2011).

1. 사업목적

조손 가족 조부모의 양육스트레스 경감 및 가사생활, 건강지원과 손자녀의 학습부진, 정서적 상실감 치유, 문화활동 지원 등 통합적 지원을 통한 친서민 공정사회 실현

2. 사업대상

- 65세 이상의 가구주 또는 그의 배우자와 18세 미만 손자녀가 생계·주거를 함께하는 조손가정(고등학생 이하 손자녀로 이루어진 조손가구)
  ※ 지방자치단체장(시·군·구 및 읍·면·동장), 학교장, 사업수행기관장 등이 특별한 보호와 지원이 필요하다고 인정할 경우 65세 이하 조손가구도 가능
- 우선지원대상
  - 최저생계비 130% 이하 가정(기초생활수급자, 차상위계층, 저소득한부모 포함)
  - 가정위탁유형 중 대리양육 가정(아동복지법 제10조 ① 부모를 제외한 부양의무자(친조부모, 외조부모)에 의한 양육을 하는 대리양육가정)
  - 최저생계비 130% 이상으로서 선정대상 지원기준을 초과하더라도 지방자치단체장(시·군·구 및 읍·면·동장), 학교장, 건강가정지원센터장이 특별한 보호와 지원이 필요하다고 인정하여 추천한 가정

3. 사업예산

- 전체예산 : 8억 원(국비 50%, 지방자치단체 50%)

4. 지원내용

구분	서비스	대상	지원내용
방문서비스	배움지도사 파견(학습정서지원 서비스)	초4~6학년, 중1~3학년 손자녀	• 배움지도사의 가정방문을 통한 손자녀 학습지도 및 정서지원 : 주1회(2시간) 이상 • 서비스 : 자기학습관리, 학습지도, 정서지도
	키움보듬이 파견(생활가사지원 서비스)	65세 이상 조부모	• 조부모의 건강상태 악화로 인한 일시돌봄 및 가사지원: 연 96시간(월 32시간) • 서비스 : 생활가사 돌봄, 가사활동지원, 병원진료 동행 등 개인활동 지원 등
직접서비스	가족심리정서지원	18세 미만 손자녀 65세 이상 조부모	• 개인상담 및 가족상담, 조부모교육, 손자녀 교육 등 심리정서 프로그램 지원
	가족문화지원		• 조손 가족의 문화소외 해소를 위한 문화체험활동지원
	조부모건강지원 서비스	65세 이상 조부모	• 지역사회 내 보건소, 병의원, 정신보건센터 등과의 연계를 통한 지원 및 조손 가족방문, 기관방문 등을 통한 서비스 지원
연계서비스	장학사업	손자녀	• 장학재단, 지역사회의 기관 및 인력, 자원 등을 연계하여 서비스 지원
	주거환경 개선지원	조손 가족	

(계속)

5. 사업시행기관

지 역	기관명
부 산	사하구 건강가정지원센터
인 천	중구 건강가정지원센터
충 남	천안시 건강가정지원센터
전 북	전주시 건강가정지원센터

자료 : 여성가족부(2011). 조손 가족 희망사다리시범사업실시(보도자료)

3) 대리양육 가정위탁 제도

보건복지부에서는 '아동복지법' 제2조 등에 따라 보호를 필요로 하는 아동을 보호하기에 적합한 가정에 일정기간 위탁하는 가정위탁 제도를 실시하고 있다. 대리양육 가정위탁, 친·인척 가정위탁, 일반 가정위탁 등의 유형이 있으며, 이중 대리양육 가정위탁이 친조부모 또는 외조부모에 의한 손자녀 양육에 해당되는데, 이 제도를 이용하면 대리양육 가정에 대하여 양육보조금을 지원하며, 아동을 국민기초생활수급자로 책정하여 생계·의료·교육 등의 해당급여를 지원하고 있다.

그러나 대리양육 가정위탁 제도는 단순히 혈연이라는 이유가 아닌, 일정한 조건을 갖추고, 요보호 아동을 건전하게 키울 수 있는 요건을 갖춘 가정이 대상이 되고 있어, 조손 가족이 실제로 대리양육 가정으로서 기능할 만한 여건이 되지 않으면 이 제도 이용이 어렵다.

4. 조손 가족 정책의 과제

우리나라의 조손 가족 정책은 거의 전무하다고 보아도 과언이 아니다. 왜냐하면 조손 가족을 위한 단독 제도는 현재 없으며, 단지 관련법에서 가족 구성원이 이용 자격에 해당되어 지원을 받거나, 한부모가족지원법의 특별조항을 조손 가족을 포함하여 관련 제도를 이용하고 있기 때문이다. 그나마 최근 법 개정을 통해 조손 가족이 한부모 가족지원법에서 지원하는 제도를 이용할 수 있다는 것은 고무적이나, 조손 가족은 한부모 가족과 다른 구조와 특성을 가지고 있기 때문에 조손 가족의 욕구와 필요에 부응하지 못하는 한계를 가지고 있다. 예를 들면, 한부모가족지원법의 한부모 가족 아동양육비·교육비 지원은 이용이 가능하나, 한부모 가족 복지자금 대여, 한부모 가족 복지시설 이용은 조손 가족 특성상 이용이 거의 어렵다.

또한 조손 가족은 자활능력을 없는 가구란 점에서 정책의 기본방향은 보호지원이어야 하나, 국민기초생활보장제도나 한부모 가족지원법은 빈곤가족의 자활을 지원하고, 자활능력을 북돋아주는 것을 법의 기본 취지로 삼고 있어 조손 가족 지원 방향과 다른 한계도 있다. 물론 국민기초생활보장제도에서 근로능력 불가능한 수급자로 관련 제도 이용이 가능하지만, 제도의 방향이 단지 수혜가 아닌, 자활을 통한 기초생활수급권 이탈을 강조하고 있어 조손 가족은 자활이라기보다 손자녀가 독립할 때까지 안정적 보호에 역점을 두는 것과 상반된 관점을 가지고 있다.

이 외에도 대리양육 가정위탁 제도의 경우는 기본적으로 가족의 해체적 상황에서 아동을 보호하기 위한 제도이므로, 조부모가 손자녀를 양육하게 되면서 발생하는 가족관계와 문제에 대한 지원정책이라 보기 어렵고 건강가정지원센터의 지원 프로그램 운영의 경우 조손 가족의 특성이 반영된 전문 프로그램과 이를 운영할 수 있는 전문 인력의 부족 등으로 그 확산이 미미한 실정이다.

기초노령연금제도의 경우도 만 65세 이상부터 지급대상이 되고 있으나, 이전에 이미 조손 가족을 형성하게 되는 경우가 많아, 조부모가 65세 미만인 경우에는 혜택을 기대할 수 없고 지급액수가 적고 본인에게만 해당되는 개인연금이라, 손자녀로 인한 생계비 증가에 대한 현실적인 대책이 되지 못하고 있다.

따라서 조손 가족 정책에 대한 향후 과제는 다음과 같다.

첫째, 조손 가족은 가족 해체적 과정의 일시적 유형이 아니라 대안적 유형이라는 점에 기본적인 초점이 맞추어져야 한다. 그러므로 손자녀를 건강하고 안전하게 양육할 수 있도록 기반조성과 지원이 필요하다. 그런 면에서 한부모가족지원법에서 지원하는 한부모 가족 아동양육비·교육비는 조손 가족의 욕구에 부응한 것이며, 최근 여성가족부에서 시범실시하는 조손 가족 통합지원 프로그램(조손 가족희망사다리사업)은 유용한 서비스라 할 수 있다. 그러나 이외에도 조손 가족의 경우는 대부분 경제능력이 떨어진 노인이라는 점에서 추가적인 수당과 관련한 다양한 서비스가 마련되어야 할 것이다.

둘째, 조손 가족을 지원하기 위한 정책은 자활능력을 갖도록 유도하는 정책이 아니라 손자녀가 성장하여 자립할 수 있을 때까지 지속적으로 보호지원하는 정책이 바람직하다. 즉, 조손 가족의 안정된 생활보호라는 목표하에서 지원이 이루어져야 한다. 물론 국민기초생활보장제도를 통해 경제적으로 최저생계비를 보장하는 정책 이용은 가능하지만, 조손 가족의 특성상 손자녀의 부모, 즉 조부모의 자녀들이 양육비 제공도 하지 않고, 연락도 되지 않는 상태에서 부양의무자로서 일정한 소득 이상을 보유하고 있는 경우는 국민기초생활보장제도의 사각지대에 놓여 버리게 된다. 따라서 조손 가족의 특성을 고려한 유연한 제도 개선 또는 특별 규정 및 제도가 필요하다.

셋째, 조손 가족은 정보이용이 용이하지 않기에 관련 지원은 수혜자의 직접적인 신청과 요구에 의해 이루어진 수동적 방식이 아니라 제공자가 개별 신청자의 상황을 파악하여 의무적으로 제공하는 방식이어야 하며, 경제적 지원과 함께 조손 가족의 특수한 환경에서 비롯될 수 있는 다양한 문제들을 조손 가족의 건강성 유지 차원에서 지원할 수 있는 다양한 프로그램의 개발이 이루어져야 한다. 따라서 현재 손자녀들의 양육 관련하여 지원하는 조손 가족 통합지원 프로그램(조손 가족희망사다리 사업)을 기본으로 하여 관련 법 규정과 서비스의 수준 및 내용의 적합성이 계속 고찰되어야 할 것이다.

요점정리

- 조손 가족에 대한 구체적인 정의나 규정이 마련되지 않았는데, 부모가 양육할 수 없는 조건 이외에도 조부모 조건, 양육기간, 양육조건 및 기능 등 다각적인 측면에서 조손 가족을 정의할 필요가 있다.
- 조부모가 손자녀 양육의 애로사항은 아이 양육(교육)에 따른 경제적 문제, 아이의 생활 및 학습지도 문제, 아이의 장래를 준비해 주는 문제 등 손자녀 양육 문제가 컸다. 그럼에도 불구하고 손자녀가 성년이 될 때까지 자신들이 양육하겠다는 의지를 대부분 보이고 있어 일시적 양육형태가 아닌 대안적 양육형태로 조손 가족을 보아야 한다.
- 우리나라에서 최근 조손 가족이 증가하고 있는데 조손 가족과 관련한 주된 법 또는 서비스는 거의 없고 관련법도 조손 가족의 특성과 보호의 방향 등을 고려할 수 없어 조손 가족에 대한 제도의 정립 및 서비스 제공이 필요하다.

생각넓히기

1. 조부모가 손자녀를 양육할 때 발생하는 문제를 유아기, 아동기, 청소년기로 나눠서 제시해 보고 정책적으로 어떤 제도가 지원되어야 하는지 의견을 나눠 보자.
2. 조손 가족이 가지는 특성을 일반가족 또는 한부모 가족의 특성과 비교하면서 조손 가족의 정책방향의 차별성은 어떤 기준이 되어야 하는지 고찰해 보자.

14 Chapter

다문화 가족 정책

Chapter 14 다문화 가족 정책

1980년대 후반부터 외국인 노동자들과 제3국에 거주하던 재외한국인들이 유입되면서 이들은 우리나라 고용시장 및 일상생활문화에 영향을 미치고 있으며, 특히 국제결혼이민가족이 1990년대부터 본격적으로 증가되면서 또 다른 가족유형으로 등장하고 있다. 이들 가족 구성원은 인종만이 아닌 민족, 언어, 생활양식, 그리고 문화 등에서 상이한 특징을 가지고 있어, 이민가족 구성원이 사회의 한 구성원으로 적응하는 데 어려움을 경험하기도 한다.

본 장에서는 우리나라에 증가되고 있는 다문화 가족을 중심으로 이들이 직면한 문제와 현황, 그리고 현 정책 및 앞으로의 정책 과제를 살펴보도록 하겠다.

1. 다문화 가족의 이해

다문화 가족은 국제결혼 등을 통해서 서로 다른 인종의 상대를 만나 결합한 가족으로 가족 내 구성원의 인종 간 차별성과 한 가정 내에서 2개 이상의 서로 다른 문화가 만나는 특징을 가지고 있다(이진숙 외, 2010).

여기서 문화란 인간집단이 자신들의 생활양식, 행동, 규범, 가치, 신념 등을 구조화하는 방법으로 순간적이거나 우연적인 것이 아니라, 일정기간 지속하면서 행태만이 아니라 의식구조와 가치관까지도 관련되어, 구성원들의 행위와 태도에 광범위하고 강력한 영향력 발휘하는 것으로, 다문화는 이와 같은 문화가 다양한 형태로 구성된 상태를 말한다. 그러므로 다문화 가족은 다양한 문화적 배경을 가진 가족 구성원으로 이뤄진 가족유형을 일컫는다.

한편 2008년 제정된 다문화가족지원법 정의에서 다문화 가족이란 '재한외국인 처우 기본법' 제2조 제3호[1]의 결혼이민자와 '국적법' 제2조부터 제4조[2]까지의 규정에 따라 대한민국 국적을 취득한 자로 이루어진 가족으로 규정하고 있다.

또한 '국적법' 제3조 및 제4조에 따라 대한민국 국적을 취득한 자와 같은 법 제2조에서 제4조까지의 규정에 따라 대한민국 국적을 취득한 자로 이뤄진 가족으로 정의하고 있다.

우리나라는 다문화 가족의 증가에는 외국인 노동자의 유입으로 이주노동자의 증가, 생존의 대안으로 결혼이민을 선택하여 한국 남성과 국제결혼을 감행하는 이주여성의 증가, 그리고 같은 민족이지만 오랜 분단으로 생활양식과 가치관이 달라진 북한이탈주민의 증가 등과 상관관계가 깊다. 즉, 이들이 우리나라에 유입되면서 결혼을 통해 다문화 가족을 구성하게 되었는데, 특히 한국인 남성과 외국인 여성 간에 이뤄진 국제결혼의 형태가 다수를 차지한다.

우리나라 국제결혼은 1960～1970년대 한국여성이 외국남성, 특히 미국 남성과의 결혼이 주를 이뤘으나, 1990년대부터는 한국남성과 외국여성의 결혼이 증가하게 되었다. 이 시기에 '농촌총각결혼시키기' 사업은 중국동포여성과의 국제결혼을 증가시켰고, 2000년대 국제결혼 중개업체 난립은 동남아, 몽골 등으로 국제결혼을 활성화 시키면서 다문화 가족 증가에 많은 영향을 미쳤다(정영애 외, 2010).

특히 우리나라 다문화 가족은 가족관이나 혈통주의에서 가장 보수적인 가치를 가지고 있는 농촌가족이 한국에 대해 거의 이해와 경험이 없는 결혼이민여성을 수용하는 형태의 가족이 많은 편이다. 따라서 결혼이민여성은 언어적 장애의 문제뿐 아

1) 재한외국인 처우 기본법 제2조 제3호 : "결혼이민자"란 대한민국 국민과 혼인한 적이 있거나 혼인관계에 있는 재한외국인을 말한다.

2) 국적법 제2조(출생에 의한 국적 취득), 제3조(인지에 의한 국적 취득), 제4조(귀화에 의한 국적 취득)

니라, 그들 문화의 상이성을 수용해 주기보다 실제 문화에 적응할 수 있는 교육 및 기회는 거의 주어지지 않은 채 문화를 강요받는 경우가 많아, 가족 내 위기문제 또는 해체를 발생시켜 사회적 문제로 자주 이슈화되기도 한다.

따라서 이와 같은 국제결혼 등에 의해 구성된 다문화 가족에게 나타나는 문제와 현상은 다음과 같다.

첫째, 국제결혼 과정의 문제이다. 국제결혼은 상업적 이윤추구 수단으로 악용되어 결혼당사자의 인권침해, 결혼 후 갈등, 국가 이미지 실추 등 사회문제가 되고 있다. 또한 모집과정에 있어서도 여성 비하적 광고, 외국 현지에서의 대량속성 결혼중개로 자율적 배우자 결정권 침해 등의 인권 유린이 발생했다. 한편 결혼당사자 간 사전정보 부실 및 상호이해 부족으로 결혼 후 가족 갈등이 심화되고 이혼 건수 증가, 가정폭력, 사망사고로 비화되는 사례도 발생되고 있다. 한 조사에 의하면, 여성결혼이민자의 13.2%(베트남 여성 이민자는 31%)가 결혼 전에 들은 배우자에 대한 정보가 사실과 다르다고 응답(여성가족부, 2006)하고 있다.

두 번째, 가족 간 갈등 및 사회적 소외문제가 있다. 대다수 다문화 가족은 언어와 문화차이는 기본으로 갖고 있으며, 여기에 경제적 어려움이나 자녀양육의 차이 및 곤란 등으로 가족 간의 갈등과 사회적 소외를 경험하고 있다. 특히 농촌지역에 거주하는 다문화 가족의 경우 배우자만이 아닌 확대가족과의 갈등과 학대도 종종 사회이슈로 오르는 등 가족 내 복합적인 문제가 심각하게 진행되기도 한다.

셋째, 역으로 다문화 가족의 한국인 배우자 및 가족 문제이다. 다문화 가족의 한국인 배우자가 결혼이민자의 위장결혼, 가출, 성격이상 등으로 인해 피해를 입는 사례도 발생하고 있다. 이로 인해 한국인 배우자 및 가족은 경제적 손실과 정신적 피해 등을 겪는다.

넷째, 다문화 가족 자녀의 학교 및 사회적응 문제이다. 다문화 가족 자녀의 발달지체 및 학교·사회 적응곤란으로 향후 사회문제로 대두될 수 있는 우려가 있다. 부모의 양육능력 부족으로 언어·인지발달 지체 등의 문제나 학교 사회의 차별, 다른 외모와 말씨 등으로 조기에 사회적 소외를 경험하는 우려가 있다. 교육과학부(2006) 조사에 의하면 다문화 아동 10명 중 2명 정도가 집단 따돌림 경험이 있었으며, 결혼 이민자 초등학생 10명 중 1명, 중학생 10명 중 2명이 중도탈락된다고 보고하고 있다.

다섯째, 사회적 문제로 바라보는 입장에 있어서는 국제결혼에 대한 선입견이나 편견을 가지고 바라보는 시선도 있겠지만, 현재 세계화와 개방화의 물결로 국제결혼이 수적으로 증가하고 있고 다양한 국적의 사람들과 다양한 유형으로 이민족과의 결혼이 이루어지는 경향을 보인다. 따라서 가족해체가 증가하고 있는 상황에서 다문화 가족의 자녀양육 및 결혼이민자 보호의 문제가 새로운 사회문제로서의 이슈로 대두되고 있다.

2. 다문화 가족의 현황

다문화 가족의 현황을 살펴보기 위해 먼저 결혼이민자 현황을 보면 2011년 5월말 기준 결혼이민자(혼인귀화자 포함)는 211,458명으로 2009년 5월 기준 결혼이민자는 167,090명, 2008년 5월 기준 144.385명과 비교할 때 매년 증가 추세를 보이고 있다(행정안전부, 2008, 2009, 2011). 2011년 기준 결혼이민자 211,458명의 국적별 비율은 보면 중국 57.3%, 동남아 28.5%, 일본 5.1%, 몽골 1.4% 순으로 매년 비율은 조금씩 다르지만 국적별 순위는 같다(표 14-1 참조). 성별로는 단연 여성이 89.2%인 188,580명으로 절대다수를 차지하고 있다.

표 14-1 결혼이민자의 국적별 비율

2010년	중국(60.9%)	동남아(28.5%)	일본(2.9%)	미국(0.9%)	러시아(0.6%)
2011년	중국(57.3%)	동남아(29.5%)	일본(5.1%)	미국(1.1%)	러시아(0.7%)

자료 : 행정안전부(2011)

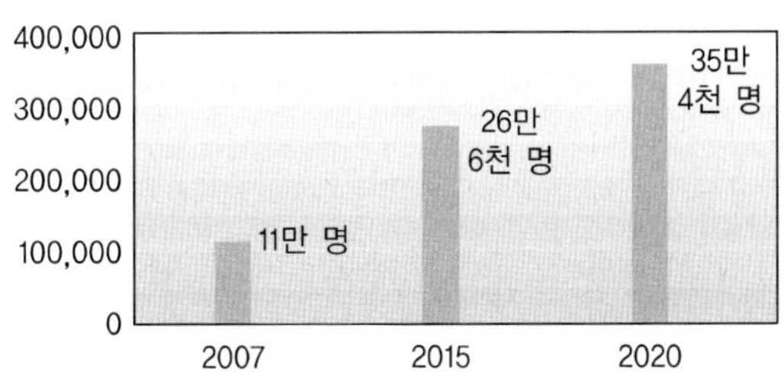

그림 14-1 결혼이민자 증가추이

한편 결혼이민자 증가추이는 매년 2007년 11만 명에서 2015년 26만 6천 명, 그리고 2020년 35만 4천 명으로 증가할 것으로 보고 있어 점차 다문화 가정과 사회로 변화할 것이다(그림 14-1 참조).

국제결혼 현황을 살펴보면 2000년 11,605건에서 2008년 36,204건으로 약 3배 정도가 증가하였다. 그러나 국제결혼 건수의 연도별 비교를 보면 2005년 42,356건으로 최고 증가하였다가 점차 줄어드는 경향을 보이고 있는데, 2006년 이후 총 혼인 건수와의 비율을 보면, 거의 11%를 상회하고 있어 국제결혼이 증가하기 시작한 2000년 3.5%와 비교할 때 국제결혼은 전체 혼인 건수에서 차지하는 비율이 높아지고 있다(그림 14-2 참조).

한편 다문화 가족의 자녀별 연령별 현황(표 14-3 참조)을 살펴보면 학생 수 103,484명을 기준으로 만 6세 미만이 61,700명으로 59.6%로 가장 높은 비율을 차지하고 있는 것으로 나타났다.

표 14-2 국제결혼의 현황국제결혼의 현황 (단위 : 건수, %)

연 도	국제결혼 건수(%)	한국남성+외국여성	한국여성+외국남성	총 혼인 건수
2000	11,605(3.5)	6,945	4,660	332,090
2001	14,523(4.6)	9,684	4,839	318,407
2002	15,202(5.0)	10,698	4,504	304,877
2003	24,776(8.2)	18,751	6,025	302,503
2004	34,640(11.2)	25,105	9,535	308,598
2005	42,356(13.5)	30,719	11,637	314,304
2006	38,759(11.7)	29,665	9,094	330,634
2007	37,560(10.9)	28,580	8,980	343,559
2008	36,204(11.0)	28,163	8,041	327,715

자료 : 통계청. 인구동향조사.

표 14-3 다문화 가족 자녀의 연령별 현황(2009. 5. 행안부)

구 분	만 6세 미만	만 7~12세	만 13~15세	만 16~18세	계
학생 수	61,700명	27,568명	7,785명	6,431명	103,484명
비 율	59.6%	26.7%	7.5%	6.2%	100%

* 행안부 통계상 '외국인주민 자녀(107,689명)' 중 부모가 모두 외국인일 경우는 제외

자료 : 행정안전부(2009)

3. 관련 정책 현황

1) 다문화가족지원법

다문화 가족이 증가하면서 2008년 다문화가족지원법이 제정되기에 이른다. 다문화 가족지원법의 주요내용은 다음과 같다.

- 목적 : 다문화 가족 구성원이 안정적인 가족생활을 영위할 수 있도록 함으로써 이들의 삶의 질 향상과 사회통합에 이바지함
- 국가와 지방자치단체의 책무
- 다문화 가족 지원을 위한 기본계획의 수립(5년 주기)과 연도별 시행계획의 수립
- 다문화 가족 정책위원회의 설치 : 국무총리 소속으로 소속다문화 가족의 삶의 질 향상과 사회통합에 관한 중요 사항을 심의조정
- 실태조사 : 3년마다 다문화 가족에 대한 실태조사를 실시하고 그 결과를 공표
- 다문화 가족에 대한 이해증진: 다문화 가족에 대한 사회적 차별 및 편견을 예방하고 사회구성원이 문화적 다양성을 인정하고 존중할 수 있도록 다문화 이해교육과 홍보 등 필요한 조치를 함
- 생활정보 제공 및 교육 지원 : 생활하는 데 필요한 기본적 정보를 제공하고, 사회적응교육과 직업교육훈련 및 언어소통 능력 향상을 위한 한국어교육, 교육을 실시함에 있어 거주지 및 가정환경 등으로 인하여 서비스에서 소외되는 결혼이민자등이 없도록 방문교육이나 원격교육 등 다양한 방법으로 교육을 지원하고, 교재와 강사 등의 전문성을 강화하기 위한 시책을 수립·시행
- 평등한 가족관계의 유지를 위한 조치 : 다문화 가족이 민주적이고 양성평등한 가족관계를 누릴 수 있도록 가족상담, 부부교육, 부모교육, 가족생활교육 등을 추진
- 가정폭력 피해자에 대한 보호·지원
- 의료 및 건강관리를 위한 지원 : 결혼이민자 등이 건강하게 생활할 수 있도록 영양·건강에 대한 교육, 산전·산후 도우미 파견, 건강검진 등의 의료서비스를 지원할 산전·산후 건강관리 지원
- 아동 보육·교육 : 다문화 가족 아동 차별 안 됨, 학교생활에 신속히 적응할 수 있도록 교육지원대책 마련, 초등학교 취학 전 보육 및 교육 지원을 위하여 노력

- 다국어에 의한 서비스 제공
- 다문화 가족지원센터의 지정 등
- 다문화 가족 지원업무 관련 공무원의 교육
- 사실혼 배우자 및 자녀의 처우
- 민간단체 등의 지원 : 다문화 가족 지원 사업을 수행하는 단체나 개인에 대하여 필요한 비용의 전부 또는 일부를 보조하거나 그 업무수행에 필요한 행정적 지원

2) 다문화가족지원센터

다문화가족지원센터는 다문화가족지원법 제12조에 의거하여 설치된 시설로 동법 제12조 제2항의 다음과 같은 업무를 수행하도록 되어 있으며, 지원센터에는 다문화 가족에 대한 교육·상담 등의 업무를 수행하기 위하여 관련 분야에 대한 학식과 경험을 가진 전문인력을 두어야 하며, 지방자치단체는 제1항에 따라 지정한 지원센터에 대하여 예산의 범위에서 법령에 제시된 업무를 수행하는 데에 필요한 비용의 전부 또는 일부를 보조할 수 있다고 규정하고 있다.

1. 다문화 가족을 위한 교육·상담 등 지원사업의 실시
   1의 2. 결혼이민자등에 대한 한국어교육
2. 다문화 가족 지원서비스 정보제공 및 홍보
3. 다문화 가족 지원 관련 기관·단체와의 서비스 연계
4. 일자리에 관한 정보제공 및 일자리의 알선
5. 다문화 가족을 위한 통역번역 지원사업
6. 그 밖에 다문화 가족 지원을 위하여 필요한 사업

따라서 다문화지원센터는 다문화 가족의 안정적인 정착과 가족생활을 지원하기 위해 한국어교육, 가족교육·상담, 정보제공, 역량강화지원 등 종합적인 서비스를 제공하여 다문화 가족의 한국사회 조기적응 및 사회·경제적 자립지원 도모하는 목적을 가지고 2006년 시·군·구별로 '결혼이민자가족지원센터' 21개소를 시작으로 2007년 38개소, 2008년 다문화가족지원법 제정으로 원스톱 서비스 제공기

반 강화를 위해 '다문화가족지원센터'로 명칭 변경하여 80개소로 확대하고, 2009년 100개소, 2010년 171개소, 그리고 2011년 200개소가 운영되고 있다(여성가족부, 2011). 한편, 전국 다문화가족사업지원단을 여성가족부에 의해 지정하고, 다문화 지원센터를 전국 10개 권역으로 나눠 총 10개소의 거점센터를 운영하고 있다(그림 14-2 참조).

다문화가족지원센터의 사업내용은 기본사업과 특성화사업으로 나눠지며, 2011년 기준 기본사업 5개(홍보 등 운영사업 제외) 특성화 사업 7개를 운영하고 있다.

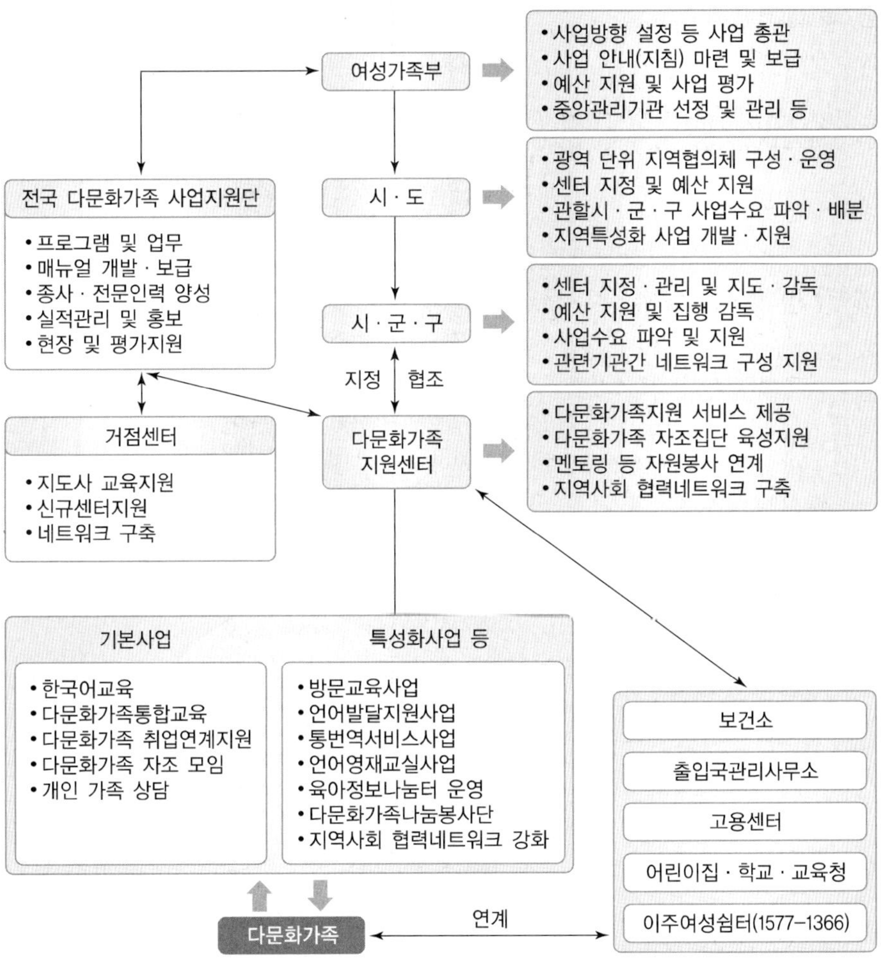

그림 14-2 다문화가족지원센터 추진체계

자료 : 여성가족부(2011). 2011년 다문화가족지원센터 운영가이드북.

다문화 가족지원센터 기본사업(필수) 내용은 다음과 같다(표 14-4).

표 14-4 다문화가족지원센터의 기본사업

<table>
<tr><th>구분</th><th>영역1</th><th>세부영역</th><th>운영 시간</th><th>내 용</th><th>대 상</th></tr>
<tr><td rowspan="11">기본
사업
(필수)</td><td rowspan="6">한국어
교육</td><td>1단계</td><td>40시간
×연간 2번</td><td>기초적인 단어 및 문장, 간단한 표현</td><td rowspan="6">결혼
이민자 및
중도
입국자녀</td></tr>
<tr><td>2단계</td><td>40시간
×연간 2번</td><td>기초적인 단어 및 문장, 다양한 표현</td></tr>
<tr><td>3단계</td><td>40시간
×연간 2번</td><td>일상생활에 필요한 표준어교육 등 일상적인 의사소통 가능하도록 교육</td></tr>
<tr><td>4단계</td><td>40시간
×연간 1번</td><td>구체적이고 폭넓은 의사소통 가능 수준의 교육</td></tr>
<tr><td>특별반
(선택)</td><td>교재에
맞게 설정</td><td>한국어능력시험 대비반 등</td></tr>
<tr><td colspan="3">※ 1개 반은 6~20명 이내로 구성(인원수 등에 따라 분반 가능)
※ 개별반 개설 기준인원(6명 이상)이 달성되지 않았을 경우 타 단계와 통합반 운영 가능(단, 2개 단계 이내에서 통합)</td></tr>
<tr><td rowspan="3">다문화
가족
통합
교육</td><td>가족
통합교육</td><td>연간
45시간
이상</td><td>• 다문화 이해교육
• 법률과 인권교육
• 결혼과 가족의 이해
• 한국사회 적응교육
• 가족의사소통 프로그램
• 가족관계 향상 프로그램
• 가족의 의미와 역할
• 기타</td><td>다문화가족</td></tr>
<tr><td>배우자·
부부교육</td><td>연간 5시간
이상</td><td>• 배우자이해 프로그램
• 부부관계향상 프로그램</td><td>부부</td></tr>
<tr><td>자녀지원</td><td>연간
30시간
이상</td><td>• 자녀교육 프로그램
• 부모역할교육
• 부모-자녀관계 및 자긍심 향상 프로그램
• 아버지교육
• 자녀건강지도
• 자녀생활지도 등 기타</td><td>부모/자녀</td></tr>
<tr><td rowspan="2">다문화
가족
취업
연계
지원</td><td>다문화가족
취업능력
향상교육</td><td>연중</td><td>직업기초소양교육 : 직업문화안내, 직장예절·이미지케이킹, 컴퓨터교육, 지역내 취업기관견학 등 지역특성 및 대상자 역할에 적합한 직업교육실시</td><td rowspan="2">다문화가족</td></tr>
<tr><td>취업연계</td><td>연중</td><td>결혼이민자 취업처 발굴 및 관리
※ 워크넷 설치 기관(143개 센터)은 구직상담, 취업알선, 취업정보 제공 등에 동 시스템을 적극 활용</td></tr>
</table>

(계속)

구분	영역1	세부영역	운영 시간	내 용	대 상
기본 사업 (필수)	다문화 가족자 조모임	결혼 이민자	연중	• 결혼이민자 출신국별 자조모임 • 결혼이민자 통합국적 자조모임 • 통번역사 자조모임 • 기타 자조모임	결혼이민자
		가족	연중	• 가족통합 자조모임 • 배우자 자조모임 • 부부 자조모임 • 시부모 자조모임	다문화가족
	개인·가족 상담	개인/가족	연중	• 각종법률문제, 부부문제, 부모문제, 자녀문제, 성문제, 경제문제, 취업문제, 심리치료 및 기관 연계, 온라인상담, 기타 • 집단상담, 사례회의, 상담슈퍼비전	다문화가족 등

특성화사업은 방문교육사업, 다문화 가족 자녀 언어발달지원사업, 통번역서비스 사업, 언어영재교실, 육아정보나눔터, 다문화 가족나눔봉사단, 지역사회 협력 네트워크 강화 등이 있으며 주요 내용은 다음과 같다.

- 방문교육사업: 다문화 가족 한국어교육서비스, 다문화 가족 부모교육 서비스, 다문화 가족 자녀생활서비스, 다문화 가족 방문상담서비스
- 다문화 가족 자녀 언어발달 지원사업: 다문화 가족 자녀 언어평가, 다문화 가족 자녀 언어교육, 부모상담 및 교육
- 통·번역서비스 사업: 결혼이민자를 통·번역 전문인력으로 채용하여 의사소통이 어려운 결혼이민자에게 통·번역 서비스 제공
- 언어영재교실: 다문화 가족 자녀 대상의 결혼이민자 주요 출신국 언어 수업을 통해 다문화 감수성을 지닌 글로벌 인재로 성장 지원

한편, 다문화가족지원센터 2006년에서 2009년까지의 사업을 정리한 4년 백서를 중심으로 참여인원을 살펴보면 다문화가족지원센터의 이용인원은 2006년 94,277명을 시작으로, 2009년 734,131명까지 7배 가까이 증가하였다(표 14-5, 그림 14-3 참조). 다문화가족지원센터 개소 수 증가와 더불어 안정적이고 체계적인 사업과, 지속적이고 전문적인 홍보 및 인식개선으로 인해 이용인원이 증가하였다고 평가하고 있다.

표 14-5 다문화가족지원센터사업 연도별 참여인원 (단위: 연인원, 명, 회)

구 분	2006	2007	2008	2009
연인원	94,277명	277,926명	615,802명/3,135회	734,131명/3,005회

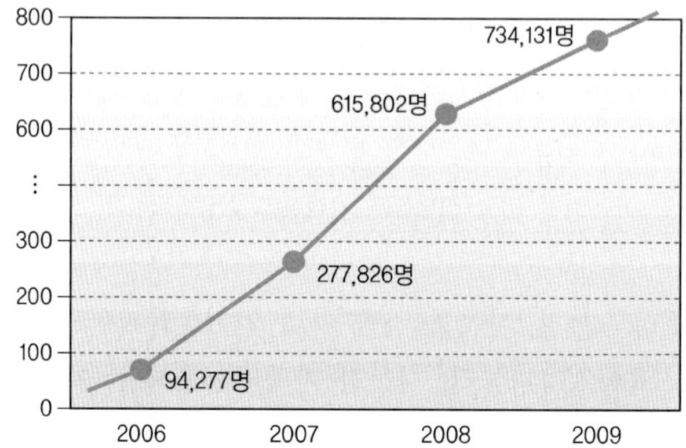

그림 14-3 다문화가족지원센터사업 연도별 참여인원

또한 2006~2009년 간 다문화가족지원센터를 이용한 결혼이민자는 베트남 국적이 28,478명으로 가장 많았으며, 중국 국적이 23,062명으로 두 번째로 많았다(표 14-6 참조). 그 외 필리핀과 일본국적 결혼이민자들의 이용도 높아, 결혼이민자 국적별 비율과 비교할 때 가장 많은 비율을 차지하고 있는 중국 국적보다 오히려 베트남 등 동남아 국적의 대상의 더 많은 이용을 하고 있었다. 이는 중국 국적의 결혼이민자 중 다수가 조선족이라 언어의 장애의 어려움이 거의 없기 때문이라 추측된다.

표 14-6 국적별 결혼이민자 참여인원 (단위: 실인원, 명)

구 분	중 국	베트남	일 본	필리핀	태 국	몽 골	러시아	우즈베키스탄	기 타	총 계
2006	568	1,007	205	261	80	91	88	67	166	2,533
2007	1,954	2,524	632	1,903	263	246	112	100	328	8,062
2008	7,528	9,404	2,062	4,098	822	768	203	481	1,538	26,904
2009	13,012	15,543	2,650	5,285	840	944	274	702	2,752	42,002

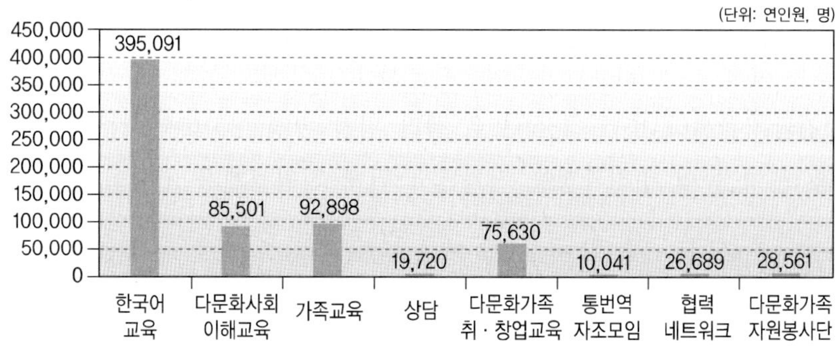

그림 14-4 영역별 참여연인원

전국 다문화가족지원센터 각 사업별 실적을 2009년 기준으로 살펴보면 한국어교육에 395,091명 참여가 단연 높고 가족교육(92,898명), 다문화사회이해교육(85,501명), 다문화 가족 취업·창업 교육(75,630명) 순이었고, 다른 사업은 미비하였다(그림 14-4 참조).

3) 폭력피해 이주여성 보호 지원

여성가족부는 폭력피해 이주여성 보호 지원의 통합적 지원 체계를 마련하고 있는데, 피해 이주여성에 대해 9개 국어 상담 및 통역지원(1577~1366) → 현장지원(6개 지역센터), 일시보호 및 의료·법률·출국지원(이주여성 쉼터) → 자립·자활지원(이주여성자활지원센터) → 주거지원(그룹홈) 등의 통합적 지원을 제공하고 있다. 2010년 12월 기준 폭력피해 이주여성 보호 관련 시설현황은 표 14-7과 같다.

표 14-7 폭력피해 이주여성 보호 지원 시설 현황

번 호	시설별	시설 수	대 상	보호기간	비 고
13	이주여성 긴급지원센터 1577-1366	7	가정폭력 등 피해 이주여성이용시설		
14	이주여성 쉼터	18	가정폭력 등 피해 이주여성 및 동반아동	2년 이내	생활시설
15	이주여성 자활지원센터	1	가정폭력 등 피해 이주여성 및 동반아동	3년 이내	생활시설
16	이주여성 그룹홈	1	가정폭력 등 피해 이주여성 및 동반아동	4년 이내	생활시설

자료 : 여성가족부(2011). 2011 여성아동권익증진사업 운영지침.

폭력피해 이주여성 보호 및 예방사업은 2004년 외국인 가정폭력 피해자 보호시설(2개소)을 시작으로 2006년 이주여성긴급전화 136 센터 설치·운영, 그리고 이후 이주여성긴급지원센터 1577-1366으로 센터 명칭 변경, 2010년 이주여성자활센터 및 그룹홈 운영 등의 추진과정을 거치면서 현재 지원체계가 구성되었다(표 14-8 참조).

표 14-8 폭력피해 이주여성 보호 및 예방사업의 주요추진내용

연 도	추진내용
2004	외국인 가정폭력 피해자 보호시설 지원 시작 : 2개소
2006	• 이주여성긴급전화 1366 센터 설치·운영(11월) - 7개 국어 지원
2007	• 외국인 가정폭력 피해자 보호시설 지원 확대 : 4개소 • 이주여성긴급전화 1366 홈페이지 오픈(1월)
2008	• 이주여성긴급지원센터 1577-1366으로 센터 명칭 변경(6월) • 이주여성긴급지원센터 상담원 및 지원언어를 8개 국어로 확대(7월) • 국제결혼 정보제공 프로그램 교육 실시 - 프로그램 연구·개발 - 4개 지역 시범교육 실시(7월) - 전국 확대 실시(12월)
2009	• 이주여성긴급지원센터 1577-1366 권역별 지역센터 설치(1~2월) - 4개소(수원, 대전, 광주, 부산) • 외국인 가정폭력 피해자 보호시설 지원확대 : 18개소 • 국제결혼 행복 프로그램으로 명칭 변경(11월) • 이주여성자활공간터 설치 계획 수립 및 부지선정(서울시 시흥동) • 이주여성긴급지원센터 1577-1366 3주년 성과 및 실적분석(12월)
2010	• 이주여성긴급지원센터 1577-1366 권역별 지역센터 설치(1~7월) - 2개소(구미, 전북) • 이주여성긴급지원센터 지원언어를 8 → 9개 국어로 확대 - 우즈베키스탄어 추가 • 이주여성 쉼터 18개소 운영 및 기능보강을 통한 환경개선 • 이주여성자활지원센터 개소 및 운영(2010년 11월, 서울시 시흥동) • 이주여성 그룹홈 운영 1개소(서울) • 국제결혼 행복 프로그램 운영(2,742명)

자료 : 여성가족부(2011). 2011 여성아동권익증진사업 운영지침.

4. 다문화 가족 정책의 과제

현, 다문화 가족에 대한 사회적 관심이 높아지면서 다문화 가족지원법을 제정하여, 여러 정책을 지원하고 있지만, 기존정책들을 보면 첫째, 다문화가족지원센터를 통해 결혼이민자, 자녀, 그리고 그 가족을 위한 여러 사업을 실시하고 있지만, 많은 경우가 결혼이민자의 한국어교육에 치중하고 있으며, 가족전체를 대상으로 한 통합적 정책은 미흡하다. 둘째, 결혼이민자는 장기적으로 한국에서 살아갈 국민으로 보고 중장기적 전망에 입각한 미래전략 대비 또는 적극적 인재육성 차원 등이 고려되어야 하는데 아직까지 사업이 대중적, 시혜성 지원에 집중되는 실정이다. 셋째, 중앙부처 차원 및 지자체 단위에서는 일부 사업들의 중복 시행과 단편적 집행의 한계가 있으며, 다문화 가족지원을 위한 서비스 전달체계가 아직은 분산적이고 격차가 심해 지역별, 서비스별 사각지대가 상존하고 있어 통합적 차원에서 체계구축 과제가 남아 있다.

따라서 앞으로 다문화 가족 정책과제를 살펴보면 다음과 같다.

첫째, 다문화 가족의 상호문화 이해 증진을 위한 가족통합 지원이 필요하다. 현재 다문화 가족지원센터에서 가족 대상 사업은 가족교육(다문화 가족, 배우자, 다문화 가정자녀를 대상으로 가족교육)과 상담을 실시하고 있다. 그러나 대부분의 사업은 결혼이민자 대상의 한국어교육과 취업교육 및 알선에 치우쳐 있어 가족이 상호 문화를 이해하며 가족의 기능을 건강하게 수행하도록 돕는 면은 부족하다. 장기적 입장에서 결혼이민자들이 한국문화에 적응하는 차원만이 아니라, 결혼이민자가 가진 문화도 이해하고 그들 문화를 통해 긍정적인 면을 개발하는 프로그램 개발로 필요하다. 이를 위해서는 무엇보다 결혼이민자의 가족 이해와 지지가 필요하므로 보다 가족통합적 차원에서 상호문화를 이해하고 새로운 문화를 만들어 가도록 해야 한다.

둘째, 결혼이민자는 출생 국적이 외국이지만, 현재와 미래는 한국 국적으로 한국사회에서 평생 살아갈 가능성이 크다. 그러므로 이들의 가족 생애주기별로 발생할 수 있는 위기와 문제에 따라 맞춤형 서비스가 제공되어야 할 것이다. 그런 의미에서 보건복지부는 다문화 가족 생애주기별 정책과제를 내놓은 것은 참으로 고무적이다(그림 14-5). 그러나 이와 같은 정책과제를 실현하기 위해서는 관련 부처 간의 협력과 더불어 효과적이며 체계적인 통합 시스템이 요구되는데, 이를 아직 현실로 반영하지 못하고 있다. 그러나 우리나라 국제결혼이 전체 혼인 비율에 11%를 상회하는 현 시점에서 더 이상 다문화 가족을 소수의 가족유형으로 보아서는 안 될 것이다.

셋째, 다문화 가족의 위기 문제를 대처하는 지원 체계가 다양하게 마련되어야 한다. 현재 다문화 가족의 위기 문제는 가정폭력 및 성폭력 피해를 받았을 때 긴급전화와 일시 또는 출국지원, 그리고 주거 및 자립 지원 등이 마련되어 있는데 이는 우선적으로 제공할 필수 지원이라 할 수 있다.

주기별	정책과제	세부추진과제
결혼준비기	결혼중개 탈법 방지 및 혼예정자 사전준비 지원	• 국제결혼 탈법 방지 및 결혼당사자 인권보호 • 결혼이민예정자 사전정보 제공 • 한국인 예비배우자 사전교육
가족형성기	결혼이민자 조기적응 및 다문화가족의 안정적 생활 지원	• 결혼이민자 의사소통 지원 • 다양한 생활정보 제공 • 다문화가족 생활보장 • 가족관계증진 및 가족위기 예방
자녀양육기	다문화가족 자녀 임신 · 출산 · 양육 지원	• 임신 · 출산 지원 • 부모의 자녀양육 능력 배양 • 영유아 보육 · 교육 강화 • 부모 · 자녀 건강관리
자녀교육기	다문화 아동 · 청소년 학습 발달 및 역량 개발 강화	• 아동 언어 · 학습 · 정서 발달 지원 • 아동 · 청소년 역량개발 지원 • 빈곤 · 위기 아동 · 청소년 지원 • 부모의 자녀 교육 역량 강화
가족역량강화기	결혼이민자 경제 · 사회적 자립역량 강화	• 결혼이민자 경제적 자립 역량 강화 • 결혼이민자 사회연계 강화
가족해체시	해체 다문화가족 자녀 및 한부모 가족 보호 · 지원	• 한부모가족 지원 • 요보호 아동 지원
전(全)단계	다문화사회 이행을 위한 기반 구축	• 사업추진체계 정비 • 대국민 다문화 인식 제고

그림 14-5 생애주기별 정책과제

자료 : 보건복지부(2008). 다문화 가족 생애주기별 맞춤형 지원 강화대책.

그러나 다문화 가족의 위기 문제는 가정폭력 및 성폭력만의 문제만이 아니라, 자녀에게 나타나는 학교 부적응 문제, 남편 및 본인 등의 건강적 위기, 가족의 경제적 위기, 확대 가족과의 가족갈등 등 다양한 위기에 봉착할 수 있다. 따라서 다문화 가족지원센터를 중심으로 이들이 여러 위기 문제를 찾아내고 도울 수 있는 다양한 위기상담 및 지원이 마련되어야 할 것이다.

요점정리

- 우리나라는 다문화 가족의 증가에는 외국인 노동자의 유입으로 이주노동자의 증가, 생존의 대안으로 결혼이민을 선택하여 한국 남성과 국제결혼을 감행하는 이주여성의 증가, 그리고 같은 민족이지만 오랜 분단으로 생활양식과 가치관이 달라진 북한이탈 주민의 증가 등과 상관관계가 깊다.
- 다문화가족지원법에 의한 다문화가족지원센터에서 결혼이민자, 자녀, 그리고 그 가족을 위한 여러 사업을 실시하고 있지만, 많은 경우가 결혼이민자의 한국어교육에 치중하고 있으며, 가족 전체를 대상으로 한 통합적 정책이 필요하다.
- 국제결혼의 증가로 다양한 가족이 증가하고 있는데 이들은 대부분 한국 국적으로 한국 사회에서 평생 살아갈 가능성이 크기에 다문화 가족 생애주기별로 통합적인 지원 대책이 실시되어야 한다.

생각넓히기

1. 다문화 가족에게 갖는 우리의 느낌과 생각을 구체적으로 나열해 보고 같은 의미끼리 상위 범주로 묶어 보면서 우리의 편견과 오해는 어떤 것이 있는지 생각해 보자.
2. 다문화 가족을 주변에서 직접 만나볼 기회를 가지고 국제결혼한 이유, 국제결혼의 장단점, 한국사회에서 겪는 장애나 문제는 무엇인지 조사하고 발표해 보자.

참고문헌

■ 국내문헌

강영희(2008). 생명과학대사전 아카데미서적.

강창범(2006). 가족복지정책이 갖는 의미에 대한 연구 : 가족 행위 규제 내용을 중심으로. 한국보건복지학회, 8, 173-193

강혜련·김태홍·김진아(2001). 가족친화적 환경과 기업정책. 경영연구

고보혜(2011). 헌법상 국가의 혼인과 가족 보호의무와 그 실현방안에 관한 연구. 박사학위논문. 전남대학교.

구인회(2005). 빈곤의 동태적 분석 : 빈곤 지속기간과 그 결정요인. 한국사회복지학, 57(2), 351-374.

권금주(2007). 노인학대 과정에 관한 연구 : 가해며느리 경험을 중심으로. 박사학위논문. 이화여자대학교.

권진숙·신혜령·김정진·김성경·박지영(2006). 가족복지론. 공동체

기획재정부(2011). 세계적 고령화 현상과 시사점 보고서.

김기원(2000). 공공부조론. 학지사.

김미혜·김혜선(2004). 저소득층 조손가족 조부모의 생활만족도에 영향을 미치는 요인연구. 한국노년학, 24(3), 153-170.

김민정(2009). 프랑스의 가족 정책. 한국가족학회 2009년 춘계학술대회.

김성천·안현미(2003). 참여정부 : 가족 정책의 기본 구성요소의 분석과 발전방향 모색. 한국가족복지학, 12, 35-63.

김승권(2005). 한국 사회변동과 다양한 가족의 출현. 보건복지포럼, 103, 5-23.

김승권·양옥경·조애저·김유경·박세경·김미희(2004). 다양한 가족의 출현과 사회적 지원체계구축방안. 한국보건사회연구원

김인숙(2007). 건강가정기본법 제정과정에서 나타난 가족 및 가족 정책 담론. 한국사회복지학, 59(3), 253-280.

김인숙·정재훈·윤홍식(2004). 가족 정책의 성인지적 관점 강화 방안 연구. 보건복지부

김정진(2010). 국가별 다문화 가족 정책의 비교. 월간 복지동향, 138, 18-23.

김태호·고인아(2001). 가족친화적 고용정책의 현황과 활성화 방안. 한국여성개발원 연구보고서.

김태현(2002). 21세기 만나는 여성의 삶. 성신여자대학교출판부.

김효순(2006). 재혼가족의 양육태도 유형이 가족적응에 미치는 영향에 관한 연구. 한국가족복지학, 17, 57-87.

대한민국정부(2008). 제1차 저출산고령사회기본계획(보완판).
대한민국정부(2011). 제2차 저출산·고령사회기본계획.
도미향·이기숙·강기정·이무영·박경애. 한국가족복지학회(2009). 가족정책론. 신정.
박명선(2006). 독일의 여성 한부모가족을 위한 지속가능한 가족 정책 연구. 사회과학논총, 22, 85-109.
박보영(2006). 저출산·고령사회에서의 가족 정책: 일-가족 양립지원정. 상황과 복지, 22, 119-153.
박재홍(1991). 현대사회문제: 노인문제. 사회문화연구소(고형복), 305-333.
백지애·최수찬(2006). 남성 주말부부 근로자의 가족역할갈등과 직무만족간의 관계에서 스트레스의 매개효과에 관한 연구. 한국심리학회지: 산업 및 조직, 19(4), 617-649.
변화순(2004). 관점으로서 가족 정책이란 무엇인가?. 2004년도 한국가족학회 추계학술대회.
변화순(2008). 가족사회학적 관점에서 본 가족법의 변화와 전망. 사회변화에 따른 한일양국의 가족가족법(가족법의 변동요인과 과제)-한일법학회 제6회 공동심포지움. 249-266.
변화순·조은희(2003). 다양한 가족출현에 따른 쟁점과 가족관련법의 방향 정립에 관한 연구. 한국여성개발원.
변화순·최윤정(2004). 가족 정책 방향 정립 및 통합적 시행방안 연구. 한국여성개발원.
변화순·원영애, 최은영(1993). 가정폭력의 예방과 대책에 관한 연구. 한국여성개발원.
보건복지부(2008). 2008년도 전국 노인생활실태 및 복지욕구 조사.
보건복지부(2008). 2008년도 한부모가족지원사업 안내.
보건복지부(2008). 다문화가족 생애주기별 맞춤형 지원 강화대책.
보건복지부(2009). 2009 보건복지가족통계연보.
보건복지부(2010). 2011년 보건복지부 업무계획.
보건복지부(2010). 2010년 아동청소년사업안내.
보건복지부(2010). 2010년 자활사업안내.
보건복지부(2010). 2009 전국노인학대현황보고서.
보건복지부(2010). 2010년 희망키움통장 사업 운영 지침.
보건복지부(2011). 2010년 국민기초생활보장 수급자 현황.
보건복지부(2011). 2011년 기초노령연금사업안내.
보건복지부(2011). 2011년 노인보건복지사업안내.
보건복지부(2011). 2010년 보육통계.
보건복지부(2011). 2011년 보육사업안내.
보건복지부(2011). 2011년도 아동분야 사업안내.
보건복지부(2011). 2010 전국아동학대현황보고서.
보건복지가족부(2008). 2008년도 전국 노인생활실태 및 복지욕구 조사.
보건복지가족부(2008). 2008년도 한부모가족지원사업 안내.

보건복지가족부(2008). 다문화가족 생애주기별 맞춤형 지원 강화대책.
보건사회연구원(2011). 100세 대응을 위한 미래 전략 세미나 자료.
삼성경제연구소(2005). 외환위기 이후 저출산의 원인 분석.
서동인·정현숙(1997). 편모가족의 청소년 자녀가 지각한 가족자원 및 심리적 적응. 아동학회지, 18(2), 163-176.
서울시정개발연구원(2011). 초고령 사회 서울, 어떻게 대처할 것인가 정책보고서.
서울특별시(2011). 2011 저출산·고령사회 시행계획.
송다영·장수정·김은지(2008). 일가족양립지수 개발 및 적용방안 연구. 한국여성정책연구원.
신현기·박익종·성조환·윤종설·최미옥·한형서(2003). 정책학 개론. 웅보출판사.
양옥경·이재경·김인숙·윤홍식·송다영·박영희·정순둘·김유순·김신열·이은주·류미란·최명민·이선혜(2007). 가족복지의 정책과 실천. 공동체.
여성가족부(2005). 가족실태조사.
여성가족부(2005). 가족 정책기본계획수립을 위한 연구.
여성가족부(2006). 결혼이민자 가족실태조사 및 중장기 지원정책방안 연구.
여성가족부(2007). 2007년 저소득 한부모 실태조사.
여성가족부(2007). 조손가족 실태조사 및 지원방안 연구.
여성가족부(2011). 조손 가족 희망사다리시범사업실시(보도자료).
여성가족부(2011). 2010년도 가정폭력보호시설 및 상담소 등 운영실적.
여성가족부(2011). 2010년 제2차 가족실태조사.
여성가족부(2011). 2010년 조손가족 실태조사.
여성가족부(2011). 2011 여성아동권익증진사업 운영지침.
여성가족부(2011). 2011년도 건강가정지원센터 사업안내.
여성가족부(2011). 2011년 다문화가족지원센터 운영가이드북.
유계숙(2007). 가족친화 기업정책의 시행 및 이용 여부와 근로자의 직업만족도, 이직의도, 직무성과. 가족과 문화, 19(2), 35-59.
유계숙(2008). 가족친화적 조직문화가 근로자의 일-가족 조화와 삶이 질에 미치는 영향. 한국가정관리학회지, 26(5), 1-11.
유계숙·전혜정·최성일·김병석·장보현·한지숙(2006). 출산·가족친화 기업경영 확산방안 연구. 보건복지부 연구보고서
유계숙·장혜경·전혜정·김윤정·민성혜·박은미·안재희·장보현·한지숙(2007). 가족정책론. 시그마프레스.
윤홍식(2005). 가족 정책의 성 통합적 재구조화 : 노동 주체의 관점에 근거한 일과 가족의 양립을 중심으로. 한국사회복지학 57(4), 291-319.
윤홍식(2006). 부모·부성휴가를 통해 본 남성 돌봄 노동참여 지원정책 비교 : 경제협력개발기구 15개국을 중심으로. 한국사회복지학, 58(2), 223-249.

윤홍식(2007). 노르딕 4개국 가족 정책의 보편성과 상이성 : 아동보육과 돌봄 관련 휴가 정책을 중심으로. 한국사회복지학, 59(2), 327-354.
윤홍식, 송다영, 김인숙(2010). 가족 정책. 공동체.
이여봉(2006). 가족안의 사회, 사회 안의 가족. 양서원.
이용승(2007). 특집 : 현대의 다문화가족; 독일의 다문화 가족 정책. 민족연구, 31, 113-129.
이원숙(2004). 가족복지론. 학지사
이진숙(2005). 사회통합과 외국인 가족복지정책 : 독일 사민당 정부 하에서의 정책변화를 중심으로. 한국사회복지학, 57(2), 231-252.
이진숙(2006). 가족-직장 양립관점에서 본 독일 가족 정책. 한국사회복지학회 학술대회 자료집, 359-363.
이진숙(2006). 독일 가족 정책의 현황과 젠더적 성격. 한국사회복지학, 58(4), 93-118.
이진숙 · 신지연 · 윤나리(2010). 가족정책론. 학지사
이효재(1985). 분단시대의 사회학. 한길사.
장혜경 외(2005). 가족정책기본계획수립을 위한 연구. 여성부.
장혜경 · 이미정 · 김경미 · 김영란(2004). 저출산시대 여성과 국가대응 전략. 여성개발원.
저출산고령사회위원회(2007). 일과 가정의 양립을 위한 가족친화경영 확산 방안.
전국다문화가족사업지원단(2009). 다문화가족지원센터 백서 : 네트워크 및 전문인력 활용.
정영애 · 장화경(2010). 가족과 젠더. 교문사.
조애저(2005). 생활양식 특면의 다양한 가족 실태. 보건복지포럼, 103, 24-46.
조홍식 · 김인숙 · 김혜란 · 김혜련 · 신은주(2002). 가족복지학. 학지사.
최성재(1992). 가족과 사회정책. 한국가족학회 추계학술발표대회 논문집.
통계청(2005). 인구동태조사.
통계청(2008). 합계출산율 추이.
통계청(2008). 통계로 보는 여성의 삶.
통계청(2009). 한국의 사회동향.
통계청(2010). 인구동태통계연보.
통계청(2011). 2010 인구주택총조사.
통일부(2008). 북한이탈주민 현황.
한국가족문화원(2009). 새로 본 가족과 한국사회. 경문사.
한국성폭력상담소(2003). 형사사법절차상 성폭력피해자 보호방안에 관한 연구-성폭력 2차 피해 상담사례분석을 중심으로-.
한국여성복지연구회(2005). 가족복지론. 청목출판사.
행정안전부(2008). 결혼이민자 현황.
행정안전부(2009). 결혼이민자 국적별 통계자료.
행정안전부(2011). 지방자치단체 외국인주민 현황 조사결과.

황근수(2007). 가족법개정의 내용과 향후의 전망-2005년 가족법개정의 주요 내용을 중심으로-. 민사법연구, 15(1), 323-357.
황상주(2007). 가족법개정의 내용과 향휴의 전망 : 2006년 가족법개정 주요내용을 중심으로. 민사법연구, 15(1), 323-357.

■ 국외문헌

Allen, T.(2001). Family-supportive Work Environments : The Role of Organizational Perceptions. *Journal of Vocational Behavior, 58*, 414-435.
Campbell, C.(2001). Work Cultures and Work/family Balance. *Journal of Vocational Behavior, 58*, 348-365.
Easton, D.(1965). *A Framework for Political Analysis.* Englewood Cliffs, NJ : Prentice-Hall.
Esping-Andersen, G.(1996). Welfare States without Work : The Impasses of Labour Shedding and Familialism in Continental European Social Policy. 66-87. in *Welfare States in Transition : National Adaptations in Global Economies*, edited by Esping-Andersen, G.. London: Sage.
Gauthier, H.(1996). *The State and the Family.* Oxford Univ. Press.
Gove, W. R., Shin, Hee-Choon(1989). The Psychological Well-being of Divorced and Widowed Men and Women. *Journal of Family Issues, 10*(1), 122-144.
Guest, D.(2002). Perspectives on the Study of Work-Life Balance. *Social Science Information, 41*(2), 255-279.
Gutis, P.(1989). What Makes a Family? Traditional Limits are Challenged. *Star Tribune*, 15Y.
Hartmann, H.(1981). The Family as the Locus of Gender, Class and Political Struggle : the Example of Housework, Signs. *Journal of Women in Culture Society, 6*(3).
Harding. L.(1996). *Family, State and Social Policy.* MacMillan Publishing Co.
Kean, P.(2002). What Difference Does Work-life Balance Make? *Press Release, 14*(October).
Kingsbury, N. & Scanzoni, J.(1993). Structural Functionalism, Boss, P. et al,. ed., *Source book of Family Theories and Methods.* New York : Plenum.
Konrad, A. M., Mangel, R.(2000). The Impact of Work-life Programs on Firm Productivity. *Strategic Management Journal, 21*, 1225-1237.

Kamerman, S. B., Kahn, A. J.(1978). *Family Policy : Government and Families in Fourteen Countries.* New York : Columbia Univ. Press.

Kamerman, S. B., Kahn, A. J. (2000). *Family Policy Since World War II.* Evolving National Commitments.

Lachs, M. S., & Pillemer, K.(1995). Abuse and Neglect of Elderly Persons. *The New England Journal of Medicine, 332*(7). 437-443.

Murdock, G. P.(1949). Social Structure. New York : MacMillan Publishing Co.

Parsons, T. & Bales, R. F.(1955). *Family, Socialization and Interaction Process.* Glencoe III. : Free Press.

Quinn, M. J. & Tomita, S. K.(1986). *Elder Abuse and Neglect : Causes, diagnosis, and Intervention Strategies.* New York : Springer.

Zimmerman, S. L.(1995). *understanding Family Policy.* Sage.

Zimmerman, S. L.(2001). *Family Policy : Constructed Solutions to Family Problem.* London : Sage.

■ 기타 자료

6년간 원룸 살다 한 줌 재가 된 기러기 아빠(2005. 10. 19). 오마이뉴스.

20대 남녀 60% "혼전 동거 상관없다"(mbc뉴스 2010. 10. 26). mbc뉴스.

계층 간 교육비 지출 격차 더 커져(2009. 06. 04). 경향신문.

급증하는 '부자(父子)가족' …… 자녀양육·교육이 애로(2010. 12. 10). 업코리아.

다문화가정 학생 3년새 3배 증가(2009. 05. 04). 한겨레신문.

맞벌이, 한국에서는 너무 힘들다(2009. 10. 23). 조선일보.

[목요일 아침에] '1인 가구 시대'가 낳을 재앙(2011. 07. 13). 서울경제.

올해 이혼건수 증감률 추이(2008. 12. 29). 세계일보.

외국인주민 126만 5천 명, 주민등록인구의 2.5%-행정안전부, 2011년 지방자치단체 외국인 주민 현황 조사결과 발표-(2011. 06. 24). 행정안전부 보도자료.

유독 높은 이 회사 출산율 …… 비결 알고보니(2011. 06. 27). 공감코리아.

작년 무연고 사망, 서울에서만 174명(2011. 07. 14). 조선일보.

저출산·고령사회 본격 대비를 위한 제2차 기본계획 확정 보도자료(2010. 10. 26). 보건복지부 보도자료.

저출산·고령사회 본격 대비를 위한 제2차 기본계획 확정(2010. 10. 26). 뉴스웨이비.

제2차 저출산 고령사회 기본계획(안)의 문제점과 과제(2010. 11. 18). 경총플라자.

조기 유학생 3년째 줄었는데 …… 성인 유학생은 1년새 4.5% 늘어(2011. 07. 27). 문화일보.

조손가족 희망사다리 사업 6월부터 시범 운영- 조손가족에게 배움지도사, 키움보듬이 파견-(2011. 05. 31). 여성가족부 보도자료.
지자체 지원 '든든' 힘내라! 직장맘(2009. 07. 16). 포커스신문사.
직장 보육시설 31%만 설치 …… 법 어긴 곳 처벌 조항 만들어야(2011. 07. 11). 조선일보.

국민건강보험공단 노인장기요양보험 http://www.longtermcare.or.kr
기초노령연금 http://bop.mohw.go.kr
네이버 백과사전 및 국어사전 http://dic.naver.com
보건복지부 http://www.mw.go.kr
여성가족부 http://www.mogef.go.kr
위키백과 http://ko.wikipedia.org/wiki
중앙노인보호전문기관 http://www.noinboho.or.kr
중앙아동보호전문기관 http://www.korea1391.org
행정안전부 http://www.mopas.go.kr
희망키움통장 http://hopegrowing.com

가정폭력 방지 및 피해자보호 등에 관한 법률
가정폭력범죄의 처벌 등에 관한 특례법
국민기초생활 보장법, 국민기초생활 보장법시행령
건강가정기본법, 건강가정기본법시행령
기초노령연금법
긴급복지지원법
노인복지법, 노인복지법시행령
노인장기요양보험법
대한민국 헌법
민법 제4편(친족편), 제5편(상속편)
모자보건법
성폭력범죄의 처벌 및 피해자보호 등에 관한 법률
아동복지법, 아동복지법시행령
한부모가족지원법

저자소개

권금주

이화여자대학교 사회사업학과 졸업
이화여자대학교 대학원 사회복지학과 석사 및 박사
현재 서울사이버대학교 복지시설경영학과 교수
저서 『사회복지개론』(공저, 2010)
『새로 본 가족과 한국사회』(공저, 2009)
『노인과 문화』(공저, 2008)

가족정책론

2011년 9월 10일 초판 발행
2012년 9월 4일 2쇄 발행

지은이 권 금 주
펴낸이 류 제 동
펴낸곳 ㈜교 문 사

책임편집 정혜재 · 이은혜
본문디자인 에바다에딧
표지디자인 신나리
제작 김선형
영업 정용섭 · 이진석 · 송기윤

출력 현대미디어
인쇄 동화인쇄
제본 과성제책사

우편번호 413-756
주소 경기도 파주시 교하읍 문발리 출판문화정보산업단지 536-2
전화 031-955-6111(代)
팩스 031-955-0955
등록 1960. 10. 28. 제406-2006-000035호

홈페이지 www.kyomunsa.co.kr
E-mail webmaster@kyomunsa.co.kr
ISBN 978-89-363-1180-3 (93590)

값 18,000원